民國文化與文學研究文叢

二 編

李 怡 主編

第 17 冊

民國苦魂：周作人的精神肖像

黃 開 發 著

國家圖書館出版品預行編目資料

民國苦魂：周作人的精神肖像／黃開發 著 ── 初版 ── 新北市：
花木蘭文化出版社，2013〔民 102〕
目 2+186 面；19×26 公分
（民國文化與文學研究文叢 二編：第 17 冊）
ISBN：978-986-322-320-7（精裝）
1. 周作人　2. 學術思想　3. 文學評論
541.26208　　　　　　　　　　　　　　　102012328

特邀編委（以姓氏筆畫為序）：

丁　帆　　　王德威　　　宋如珊
岩佐昌暲　　奚　密　　　張中良
張堂錡　　　張福貴　　　須文蔚
馮　鐵　　　劉秀美

民國文化與文學研究文叢
二 編　第十七冊　　　　　　　ISBN：978-986-322-320-7

民國苦魂：周作人的精神肖像

作　　者　黃開發
主　　編　李 怡
企　　劃　四川大學現代中國文化與文學研究中心
　　　　　民國文學與海外漢學研究中心（籌）
　　　　　北京師範大學民國歷史文化與文學研究中心
總 編 輯　杜潔祥
印　　刷　普羅文化出版廣告事業
出　　版　花木蘭文化出版社
發 行 人　高小娟
聯絡地址　235 新北市中和區中安街七二號十三樓
　　　　　電話：02-2923-1455 ／傳真：02-2923-1452
網　　址　http://www.huamulan.tw 信箱 sut81518@gmail.com
初　　版　2013 年 9 月
定　　價　二編 22 冊（精裝）新台幣 38,000 元

民國苦魂：周作人的精神肖像

黃開發　著

作者簡介

黃開發，男，1963 年 12 月生。安徽六安人。文學博士。教授，博士生導師。1986 年獲安徽師大中文系文學學士學位。1989 年獲北京師範大學中文系中國現代文學專業碩士學位，後到北京教育學院工作。1997 年考入北師大中文系，攻讀中國現當代文學專業博士學位，2000 年 7 月畢業後留校任教至今。2002 年在韓國國民大學任客座教授。現為丹麥奧爾堡大學創新學習孔子學院中方院長。主要研究現代漢語散文、現代文學觀念和周作人。著有《人在旅途——周作人的思想和文體》（1999 年）、《文學之用——從啟蒙到革命》（2004 年，2006 年台灣版），主編有《中國散文通史・現代卷》（上）等。

提　　要

　　本書在民國歷史、文化、文學的背景下，勾畫出中國現代文學大家周作人的精神肖像。描繪一幅畫，需要一個觀察的角度。本書以周作人的人生哲學為基本視角，對其人生道路、思想和文體進行整體的闡釋。長期以來，在不少人的心目中，周作人的形象是分裂的，一個進步的思想家、文學家與「漢奸」之間是無法調和的。本書作者認為，在新詩集《過去的生命》中有著周作人的人生哲學。周氏選擇的是以審美的態度來看待人生，與現實保持不即不離的關係，用「生活之藝術」來抵禦人生的虛無。這個帶有存在主義意味的人生體驗及其選擇對理解周作人以後的思想和創作具有非常重大的意義，可以此來解讀他矛盾複雜的一生，呈現出一幅周作人的清晰、完整的肖像：民國的陰影始終籠罩著他，構成了畫面的基調；畫中人物的表情是瀟散平淡的，然而雖掩內心深處的苦澀。

就「民國機制」與民國文學答問
——《民國文化與文學研究文叢》第二輯引言

李　怡

文學的「民國機制」是什麼

周維東：我注意到，最近有一些學者提出了「民國文學史」研究的問題，例如張福貴先生、丁帆先生、湯溢澤先生等等。而在這些「文學史」重新書寫的呼聲中，您似乎更專注於一個新的概念的闡述和運用，這就是文學的「民國機制」，您能否說明一下，究竟什麼是文學的「民國機制」呢？

李怡：「民國機制」是近年來我在中國現代文學史研究中逐漸感受到並努力提煉出來的一個概念。形成這一概念大約是在 2009 年，爲了參加北京大學召開的紀念五四新文化運動 90 周年研討會，我重新考察了「五四文化圈」的問題，我感到，五四文化圈之所以有力量，有創造性，根本原因就在於當時形成了一個砥礪切磋、在差異中相互包容又彼此促進的場域，而這樣的場域所以能夠形成，又與「民國」的出現關係甚大，中國現代文學之有後來的發展壯大，在很大程度上得力於當時能夠形成這個場域。在那時，我嘗試著用「民國機制」來概括這一場域所表現出來的影響文學發展的特點。〔註1〕我將五四時期視作文學的「民國機制」的初步形成期，因爲，就是從這個時期開始，推動中國現代文化與文學健康穩定發展的基本因素已經出現並構成了較爲穩定的「結構」。〔註2〕

〔註 1〕 李怡：《誰的五四：論五四文化圈》，見《中國現代文學研究叢刊》2009 年 3 期。
〔註 2〕 李怡：《「五四」與現代文學「民國機制」的形成》，《鄭州大學學報》2009 年

2010 年，在進一步的研究中，我對文學的「民國機制」做出了初步的總結。我提出：「民國機制」就是從清王朝覆滅開始在新的社會體制下逐步形成的推動社會文化與文學發展的諸種社會力量的綜合，這裏有社會政治的結構性因素，有民國經濟方式的保證與限制，也有民國社會的文化環境的圍合，甚至還包括與民國社會所形成的獨特的精神導向，它們共同作用，彼此配合，決定了中國現代文學的特徵，包括它的優長，也牽連著它的局限和問題。為什麼叫做「民國機制」呢？就是因為形成這些生長因素的力量醞釀於民國時期，後來又隨著 1949 年的政權更迭而告改變或者結束。新中國成立以後，眾所周知的事實是，政治制度、經濟形態及社會文化氛圍及人的精神風貌都發生了重大改變，「民國」作為一個被終結的歷史從大陸中國消失了，以「民國」為資源的機制自然也就不復存在了，新中國文學在新的「機制」中轉換發展，雖然我們不能斷言這些新「機制」完全與舊機制無關，或許其中依然包含著數十年新文化新文學發展無法割斷的因素，但是從總體上看，這些因素即便存在，也無法形成固有的「結構」，對於文化和文學的發展而言，往往就是這些不同的「結構」在發生著關鍵性的作用，所以我主張將所謂的「百年中國文學」、「二十世紀中國文學」分段處理，不要籠統觀察和描述，它們實在大不相同，二十世紀下半葉的中國文學應該在新的「機制」中加以認識。〔註3〕

周維東：「民國機制」與同時期出現的「民國文學史」、「民國史視角」有什麼差別？

李怡：「民國文學史」提出來自當代學人對諸多「現代文學」概念的不滿，據我的統計，最早提出以「民國文學史」取代「現代文學史」設想的是上海的陳福康先生，陳福康先生長期致力於現代文獻史料的發掘勘定工作，他所接觸和處理的歷史如此具體，實在與抽象的「現代」有距離，所以更願意認同「民國」這一稱謂，其實這裏有一個值得注意的現象：真正投入歷史的現場，你就很容易發現文學的歷史更多的是一些具體的「故事」，抽象的「現代」之辨並不都那麼激動人心，所以在近現代史學界，以「民國史」定位自己工作者先前就存在，遠比我們觀念性強的「文學史」界為早。繼陳福康先生之後，又先後有張福貴、魏朝勇、趙步陽、楊丹丹、湯溢澤、丁帆等人繼續闡

<hr />

4 期。

〔註 3〕 李怡：《民國機制：中國現代文學的一種闡釋框架》，《廣東社會科學》2010年 6 期。

述和運用了「民國文學史」的概念，尤其是張福貴和丁帆先生，更以「國務院學位委員」特有的學科視野爲我們論述和規劃了這一新概念的重要意義與現實可能，我覺得他們的論述十分重要，需要引起國內現代文學同行的高度重視和認眞討論。在一開始，我也樂意在「民國文學史」的框架中討論現代文學的問題，因爲這一框架顯然能夠把我們帶入更爲具體更爲寬闊的歷史場景，而不必陷入糾纏不清的概念圈套之中，例如借助「民國文學史」的框架，我們就能夠更好地解釋「大後方文學」的複雜格局，包括它與延安文學的互動關係。〔註4〕

不過，「民國文學史」主要還是一個歷史敘述的框架，而不是具體的認知視角和研究範式，或者說他更像是一個宏闊的學科命名，而不是「進入」問題的角度，我們也不僅僅爲了「寫史」，在書寫整體的歷史進程之外，我們大量的工作還在對一個一個具體文學現象的理解和闡釋，而這就需要有更具體的解讀歷史的角度和方法，我們不僅要告訴人們這一段歷史「叫做」什麼，而且要回答它「爲什麼」是這樣，其中都有哪些值得注意的東西，對後者的深入挖掘可以爲我們的文學研究打開新的空間，「機制」的問題提出就來源於此。

周維東：我也意識到這一問題。「民國文學史」提出的學理依據和理論價值，在於它一時間化解了「中國現代文學史」框架中許多難以解決的難題，譬如中國現代文學的「起點」問題，中國現代文學的「包容度」問題，中國現代文學史寫作的價值立場問題等等。但「化解」並不等同於「解決」，當我們以「民國」的歷史來界分中國現代文學時，我們依舊需要追問「現代」的起源問題；當我們不在爲中國現代文學的包容度而爭議時，如何將民國文學錯綜複雜的文學現象統攝在同一個學術平臺上，又成了新的問題；我們可以不爲「現代」的本質而煩擾，但一代代中國現代知識份子的文化追求還是會引發我們思考：他們爲什麼要這樣而不是那樣？

李怡：還有一個概念也很有意思，這就是秦弓先生提出的「民國史視角」，〔註5〕「視角」的思路與我們對其中「機制」的關注和考察有彼此溝通之處，

〔註4〕 李怡：《「民國文學史」框架與「大後方文學」》，《重慶師範大學學報》2009年1期。

〔註5〕 秦弓先後發表《從民國史的角度看魯迅》（《廣東社會科學》2006年4期）、《現代文學的歷史還原與民國史視角》（《湖南社會科學》2010年1期）。

我們都傾向於通過對特定歷史文化的具體分析為文學現象的解釋找到根據。在我們的研究中，有時也使用「視角」一詞，只是，我更願意用「機制」，因為，它指涉的歷史意義可能更豐富，研究文學現象不僅需要「觀察點」，需要「角度」，更需要有對文化和文學的內在「結構性」因素的總結，最終，讓二十世紀中國文學上下半葉各自區分的也不是「角度」而是一系列實在內涵。

周維東：「民國機制」的研究許多都涉及社會文化的制度問題，這與前些年出現的「中國現當代文學制度研究」有什麼差別呢？

李怡：最近一些年出現的「中國現當代文學制度研究」為中國文學的發生發展尋找到了豐富的來自社會體制的解釋，這對過去機械唯物主義的「社會反映論」研究具有根本的差異，我們今天對「民國機制」的思考，當然也包含著對這些成果的肯定，不過，我認為，在兩個大的方面上，我們的「機制」論與之有著不同。首先，這些「制度研究」的理論資源依然主要來自西方學術界，這固然不必指責，但顯然他們更願意將現代中國的各種「制度現象」納入到更普遍的「制度理論」中予以認識，「民國」歷史的特殊性和諸多細節還沒有成為更主動的和主要的關注對象，「民國視角」也不夠清晰和明確，而這恰恰是我們所要格外強調的；其次，我們所謂的「機制」並不僅是外在的社會體制，它同時也包括現代知識份子對各種體制包圍下的生存選擇與精神狀態。例如民國時期知識份子所具有的某種推動文學創造的個性、氣質與精神追求，這些人的精神特徵與國家社會的特定環境相關，與社會氛圍相關，但也不是來自後者的簡單「決定」與「反映」，有時它恰恰表現出對當時國家政治、社會制度、生存習俗的突破與抗擊，只是突破與抗擊本身也是源於這個國家社會文化的另外一些因素。特別是較之於後來極左年代的「殘酷鬥爭、無情打擊」，較之於「知識份子靈魂改造」後的精神扭曲，或者較之於中國式市場經濟時代的信仰淪喪與虛無主義，作為傳統文化式微、新興文明待建過程中的民國知識份子，的確是相對穩健地行走在這條歷史的過渡年代，其中的姿態值得我們認真總結。

周維東：經過您的闡述，我可不可以這樣理解：「民國機制」包含了一種全新的文學理解方式，「民國」是靜態的歷史時空，而「機制」則是文化參與者與歷史時空動態互動中形成的秩序，兩者結合在一起，強調的是在文學活動中「人」與「歷史時空」的豐富的聯繫，這種聯繫可以形成一種類似「場域」的空間，它既是外在的又是內在的。通過對「文學機制」的發現，文學

研究可以獲得更大的彈性空間，從而減少了因爲理論機械性而造成的文學阻隔。單純使用「民國」或「制度」等概念，往往會將文學置於「被決定」的地位，它值得警惕的地方在於，我們既無法窮盡對「民國」或「制度」全部內容的描述，也無法確定在一定的歷史時空下就必然出現一定的文學現象。

李怡：可以這樣理解。

爲什麼是「民國機制」

周維東：應該說，目前中國現代文學研究已經相當成熟了，各種研究模式、方法、框架都取得了引人注目的成就，在這個時候，爲什麼還要提出這個新的闡述方式呢？

李怡：很簡單，就是因爲目前的種種既有研究框架存在一些明顯的問題，對進一步的研究形成了相當的阻力。我們最早是有「新文學」的概念，這源於晚清「新學」，「新文學」也是「新」之一種，顯然這一術語感性色彩過強，我們必須追問：「新」旗幟的如何永遠打下去而內涵不變？「現代」一詞從移入中國之日起就內涵駁雜，有歐洲文明的「現代觀」，也有前蘇聯的十月革命「現代觀」，後者影響了中國，而中國又獨出心裁地劃出一「當代」，與前蘇聯有所區別，到了新時期，所謂「與世界接軌」也就是與歐美學術看齊，但是我們的「現代」概念卻與人家接不了軌！到 1990 年代，「現代性」知識登陸中國，一陣恍然大悟之後，我們「奮起直追」，「現代性」概念漫天飛舞，但是新的問題也來了：如何證明中國文學的「現代」就是歐美的「現代」？如果證明不了，那麼這個概念就是有問題的，如果眞的證明了，那麼中國文學的獨立性與獨創性還有沒有？我們的現代文學研究眞的很尷尬！提出「民國機制」其實就是努力返回到我們自己的歷史語境之中，發現中國人在特定歷史中的自主選擇，這才是中國文學在現代最值得闡述的內容，也是中國文學之所以成爲中國文學的理由，或者說是中國自己的眞正的「現代」。

周維東：我在想一個問題，「民國機制」的提出在很大程度上來自對目前「現代」概念的質疑和反思，這是不是意味著，我們從此就確立了與「現代」無關的概念，或者說應該把「現代」之說驅除出去呢？

李怡：當然不是。「現代」概念既然可以從其知識的來源上加以追問，借助「知識考古」的手段釐清其中的歐美意義，但是，在另外一方面，「現代」

從日本移入中國語彙的那一天起，就已經自然構成了中國人想像、調遣和自我感性表達的有機組成部分，也就是說，中國人已經逐步習慣於在自己理解的「現代」概念中完成自己和發展自己，今天，我們依然需要對這方面的經驗加以梳理和追蹤，我們需要重新摸索中國自己的「現代經驗」與「現代思想」，而這一切並不是 1990 年代以後自西方輸入的「現代性知識體系」能夠解釋的，怎麼解釋呢？我覺得還是需要我們的民國框架，在我們「民國機制」的格局中加以分析。

周維東：也就是說，只有在「民國機制」中，我們才可以真正發現什麼是自己的「現代」。

李怡：就是這個意思，「現代」並不是已經被我們闡述清楚了，恰恰相反，我覺得很多東西才剛剛開始。

周維東：「民國」一詞是中性的，這是不是更方便納入那些豐富的文學現象呢？例如舊體詩詞、通俗小說等等。提出「民國機制」是否更有利於現代文學史的「擴軍」？也就是說將民國時期的一切文化文學現象統統包括進去？

李怡：從字面上看似乎有這樣的可能，實際上已經有學者提出了這個問題。但是，對於這個問題，我卻有些不同的看法，實際上，一部文學史絕對不會不斷「擴容」的，不然，數千年歷史的中國古典文學今天就無法閱讀了，不斷「減縮」是文學史寫作的常態，文學經典化的過程就在減縮中完成。這就為我們提出了一個問題：一種新的文學闡釋模式的出現從根本上講是為了「照亮」他人所遮蔽的部分而不是簡單的範圍擴大，「民國」概念的強調是為了突出這一特定歷史情景下被人遺忘或扭曲的文學現象，舊體詩詞、通俗小說等等直到今天也依然存在，不能說是民國文學的獨有現象，而且能夠進入文學史研究的一定是那些在歷史上產生了獨立作用和創造性貢獻的現象，舊體詩詞與通俗小說等等能不能成為這樣的現象大可質疑，與唐宋詩詞比較，我們現代的舊體詩詞成就幾何？與新文學對現代人生的揭示和追求比較，通俗小說的深度怎樣？這都是可以探討的。實際上，一直都由學者提出舊體詩詞與通俗小說進入「現代文學史」，與新文學並駕齊驅的問題，呼籲了很多年，文學史著作也越出越多，但仍然沒有發現有這麼一種新舊雜糅、並駕齊驅的著作問世，為什麼呢？因為兩者實在很難放在同一個平臺上討論，基礎不一樣，判斷標準不一樣。我認為，提出文學的「民國機制」還是為了更好地解

釋那些富有獨創性的文學現象，而不是爲了擴大我們的敘述範圍。

周維東：文學史研究從根本上講，就不可能是「中性」的。

李怡：當然，任何一種闡述本身就包含了判斷。

「民國機制」何爲

周維東：在文學的「民國機制」論述中，有哪些內容可以加以考察？或者說，我們可以爲現代中國文學研究開拓哪些新空間呢？

李怡：大體上可以區分爲兩大類：一是對「民國」各種社會文化制度、生存方式之於文學的「結構性力量」的考察、分析，二是對現代作家之於種種社會格局的精神互動現象的挖掘。前者可以展開的論題相當豐富，例如民國經濟形態所造就的文學機制。從 1913 年張謇擔任農商務部總長起，在大多數情形下，鼓勵民營經濟的發展已經成了民國的基本國策，中國近現代的出版傳播業就是在這樣的格局中發展起來的，這賦予了文學發展較大的空間；至少在法制的表面形態上，民國政府表現出了一系列「法治」的努力，以「三民主義」和西方法治思想爲基礎民國法律同樣也建構著保障民權的最後一道防線，雖然它本身充滿動搖和脆弱。這表層的「法治」形式無疑給了知識份子莫大的鼓勵，鼓勵他們以法律爲武器，對抗獨裁、捍衛言論自由；多種形態的教育模式營造了較大的精神空間，對國民黨試圖推進的「黨化」教育形成抵制。後者則可以深入挖掘現代知識份子如何通過自己的努力、抗爭調整社會文化格局，使之有利於自己的精神創造。

周維東：這些研究表面上看屬於社會體制的考察，其實卻是「體制考察與人的精神剖析」相互結合，最終是爲了闡發現代文學的創造機能而展開的研究。

李怡：對，尋找外在的社會文化體制與人的內部精神追求的歷史作用，就是我所謂的「機制」的研究。

周維東：這樣看來，民國機制的研究也就帶有鮮明的立場：爲中國現代文學的創造力尋求解釋，深入展示我們文學曾經有過的歷史貢獻，當然，也爲未來中國文學的發展挖掘出某些啓示。所以說，「民國機制」不是重新劃範圍的研究，不是「標籤」與「牌照」的更迭，更不是貌似客觀中性的研究，它無比明確地承擔著回答現代文學創造性奧秘的使命。

李怡：這樣的研究一開始就建立在「提問」的基礎上，是未來回答現代文學的諸多問題我們才引入了「民國機制」這樣的概念，因為「提問」，我想我們的研究無論是在文學思潮運動還是在具體的作家作品現象方面都會有一系列新的思維、新的結論。例如一般認為 1930 年代左翼作家的現實揭弊都來源於他們生活的困窘，其實認眞的民國生活史考察可以告訴我們，但凡在上海等地略有名氣的作家（包括左翼作家）都逐步走上了較為穩定的生活，他們之所以堅持抗爭在很大程度上還是來自理想與信念。再如目前的文學史認為茅盾的《子夜》揭示了民族資產階級在現代中國沒有前途，但問題是民國的制度設計並非如此，其實民營經濟是有自己的生存空間的，尤其 1927～1937 被稱作民國經濟的黃金時代，這怎麼理解？顯然，在這個時候，茅盾作為左翼作家的批判性佔據了主導地位，而引導他如此寫作的也不是什麼「按照生活本來面目加以反映」的 19 世紀歐洲的「現實主義」原則，而是新進引入的馬克思主義的階級觀念。民國體制與作家實際追求的兩相對照，我們看到的恰恰是民國文學的獨特景象：這裏不是什麼遵循現實主義原則的問題，而是作家努力尋找精神資源，完成對社會的反抗和拒斥的問題，在這裏，文學創作本身的「思潮屬性」是次要的，構建更大的精神反抗的要求是第一位的。在這方面，是不是存在一種「民國氣質」呢？

周維東：根據您的闡述，我理解到「民國機制」所要研究的問題。過去我們研究文學史，也注重了歷史語境的問題，但從某個單一視角出發，就可能出現「臆斷」和「失度」的現象，這也就是俗話中的「只知其一不知其二」。「民國機制」研究民國「社會文化制度、生存方式之於文學的『結構性力量』」，實際還強調了歷史現場的全景考察。其次，「現代作家之於種種社會格局的精神互動現象」在過去常常被認為作家的個體想像，您在這裏特別強調這種互動的集體性和有序性，並試圖將之作為結構文學史的重要基礎。

李怡：是這樣的。過去我們都習慣用階級對抗在解釋民國時代的「左」、「中」、「右」，好像現代文學就是在不同階級的作家的屬性衝突中發展起來的，其實，就這些作家本身而言，分歧和衝突是一方面，而彼此的包容和配合也是不容忽視的一面，更重要的是，他們意見和趣味的分歧往往又在對抗國家專制統治方面統一了，在面對獨裁壓制的時候，都能夠同仇敵愾，共同捍衛自己的利益。當整個知識份子階層形成共同形成精神的對抗之時，即便是專制統治者也不得不有所忌憚，例如擔任國民黨中宣部部長的張道藩就在

1940 年代的「文學政策」論爭中無法施展壓制之術。民國文學創作的自由空間就是不同思想取向的知識份子共同造成的。

周維東：這樣看來，「民國機制」還有很多課題值得挖掘。譬如民國時期知識份子與大眾傳媒關係問題，過去我們基本從「稿費」和「經濟」的角度理解這一現象，不過如果我們注意到這一時期的「零稿費」現象、「虧本經營」現象，以及稿件類型與稿酬水平的關係問題等等，就可以從單純的經濟問題擴展到民國文人、民國傳媒的趣味和風尚問題，進而還能擴展到民國知識份子生存空間的細枝末節。這樣研究文學史，真可謂「別有洞天」呀！

作為方法的「民國機制」

周維東：我覺得，提出文學的「民國機制」不僅可以為我們的學術研究開闢空間，同時它也具有方法論的價值。

李怡：我以為這種方法論的意義至少有三個方面：一是倡導我們的現代文學學術研究應該進一步回到民國歷史的現場，而不是抽象空洞的「現代」，即便是中國作家的「現代」理念，也有必要在我們自己的歷史語境中獲得具體的內容；二是史料考證與思想研究相互深入結合，近年來，對現代文學史料的重視漸成共識，不過，究竟如何認識「史料」卻已然存在不同的思路，有人認為提倡史料價值，就是從根本上排除思想研究，努力做到「客觀」和「中性」，其實，沒有一種研究可以是「客觀」的，從來也不存在絕對的「中性」，最有意義的研究還是能夠回答問題，是具有強烈的問題意識的研究。如何將史料的考證和辨析與解答民國時期文學創造的奧秘相互結合，這在當前還亟待大家努力。第三，正如前面我們所強調的那樣，我們也努力將外部研究（體制考察）與內部研究（精神闡釋）結合起來，以「機制」的框架深入把握推動文學發展的「綜合性力量」，這對過去「內外分裂」的研究模式也是一種突破。

周維東：最近幾年，中國出現了「民國熱」，談論民國，想像民國，出版民國讀物，蔚為大觀，有人擔心是否過於美化了那一段歷史？

李怡：這個問題也要分兩重意義來說，首先是為什麼會出現這樣的「熱」？顯然是我們的歷史存在某種需要反省的東西，或者將那個時候的一切統統斥之為「萬惡的舊社會」，從來沒有正視過歷史的應有經驗，或者是對我們今天——市場經濟下虛無主義盛行，知識份子喪失理想和信仰的某種比照，在這

樣兩種背景上開掘「民國資源」，我覺得都有明顯的積極意義，因為它主要代表了我們的不滿足，求反思，重批判，至於是否「美化」那要具體分析，不過，在「民國」永遠不會「復辟」的前提下，某些美好的想像和誇張也無需過分擔憂，因為，「民國」資源本身包含「多元」性，左翼批判精神也是民國精神之一，換句話說，真正進入和理解「民國」，就會引發對民國的批判，何況今天分明還具有太多的從新體制出發抨擊民國的思想資源，學術思想的整體健康來自不同思想的相互抵消，而不是每一種思想傾向都四平八穩。

周維東：的確是這樣。所謂「美化」的背後其實是缺失和批判。學術史上又太多類似的「美化」，屈原、陶淵明、李白、杜甫等文化名人形成的光輝形象，不正是研究者「美化」的結果嗎？魯迅也曾經「美化」過魏晉。在研究者「美化」歷史人物和歷史時期時，我想他（她）不是諂媚也不是褒貶，而是在更大的文化空間上，揭示我們還缺少什麼，我們如何可以過的更好。

李怡：還有，也是更主要的一點，我們的「民國機制」研究與目前的「民國熱」在本質上沒有關係。我們要回答的是民國時期現代文學的創造秘密，這與是否「美化」民國統治者完全是兩回事，我們從來嚴重關切民國歷史的黑暗面，無意為它塗脂抹粉，恰恰相反，我們是要在正視這些黑暗的基礎上解答一個問題：現代知識份子如何通過自己的抗爭和奮鬥突破了思想的牢籠，贏得了民國時期的文學輝煌，我們把其中的創生力量歸結為「民國機制」，但是顯而易見，民國機制並不屬於那些專制獨裁者，而是根植於近代以來成長起來的現代知識份子群體，根植於這一群體對共和國文化環境與國家體制的種種開創和建設，根植於孫中山等民主革命先賢的現代理想。

周維東：「民國機制」不是民國統治者的慈善，不是政治家的恩賜，而是以知識份子為主體的社會力量主動爭取和奮鬥的結果，在這裏，需要自我反省的是知識份子自己。

李怡：「民國機制」的提出歸根結底是現代文學學術長期發展的結果，絕非當前的「風潮」鼓動（中國是一個充滿「風潮」的社會，實在值得警惕），近三十年來，中國現代文學研究一直在尋找一種更恰當的自我表達方式，從1980 年代「二十世紀中國文學」在「走向世界」中抵消政治意識形態的干預到1990 年代「現代性」旗幟的先廢後存，尷尷尬尬，我們的文學研究框架始終依靠外來文化賜予，那麼，我們研究的主體性何在？思想的主體性何在？我曾經倡導過文學研究的「生命體驗」，又集中梳理過中國現代文學批評的術

語演變，這一切的努力都不斷將我們牽引回中國歷史的本身，我們越來越真切地感受到更完整地返回我們的歷史情境才有可能對文學的發展作進一步的追問。對於現代的中國文學而言，這一歷史情境就是「民國」，一個無所謂「美化」也無所謂「醜化」的實實在在的民國，回到民國，才是回到了現代中國作家的棲息之地，也才回到了中國文學自身。

周維東：最後一個問題，我們研究民國時期的文學，是否也應該考慮當時歷史狀況的複雜性，比如是不是民國時代的所有文學都從屬於「民國機制」？比如解放區文學、淪陷區文學？除了「民國機制」，當時還存在另外的文學機制沒有？

李怡：這樣的提問就將我們的問題引向深入了！我一向反對以本質主義的思維來概括歷史，社會文化的內在結構不會是一個而是多個，當然，在一定的歷史時期，肯定有主導性的也有非主導性的，有全局性的也有非全局性的。在「民國」的大框架中，也在特定條件下發展起了一些新的「機制」，但是民國沒有瓦解，這些「機制」的作用也還是局部的。延安文學機制是在蘇區文學機制的基礎上發展起來的，軍事性、鬥爭性和一元性是其主要特徵，但這一機制全面發揮作用是在「民國」瓦解之後，在民國當時，延安文學能夠在大的國家文化體系中存在，也與民國政治的特殊架構有關，在這個意義上，也可以說是民國機制在特殊的局部滋生了新的延安機制，並最終爲發展後的延安機制所取代。至於淪陷區則還應該仔細區分完全殖民地化的臺灣以及置身中國本土的東北淪陷區、華北淪陷區和上海孤島等，對於完全殖民地化的尚未光復的臺灣，可能基本置於「民國機制」之外，而對其他幾個地區，則可能是多種機制的摻雜，雖然摻雜的程度各不相同。但是，從總體上看，我並不主張抽象地籠統地地議論這些「機制」比例問題，我們提出「民國機制」最終還是爲了解決現代中國文學發生發展的若干具體問題，只有回到具體的文學現象當中，在分析解決具體的文學問題之時，「民國機制」才更能發揮「方法論」的作用，啓發我們如何在「體制與人」的交互聯繫中發掘創造的秘密。我們無需完成一部抽象的「民國機制發展史」，可能也完成不了，更迫切的任務是針對文學具體現象的新的符合中國歷史情境的闡述和分析。

周維東：對，我們的任務是進入具體的文學問題，將關注「民國機制」作爲內在的思想方法，引導對實際現象的感受和分析。

目

次

引　言

　　周作人（1885～1967）是一個在中國現代有著深刻影響的文學家和思想家。在文學理論批評、文學翻譯、新詩創作、散文創作諸方面都取得了開創性的一流的貢獻。作為文藝理論家，他在五四時期提出的「人的文學」的主張，與胡適的白話文學主張同是五四文學革命的綱領性意見；以後又構建「言志」文學理論，強調作家的主體性，對主流的綿延千年的載道主義傳統進行了空前的阻擊，雖然評價不一，但深刻地影響了 1930 年代的言志文學思潮，對認識新文學與傳統文學的關係以及 20 世紀中國文學的成就得失，富於啟示性。作為社會文化批評家，他秉承現代知識分子的良知，站在自由主義的立場上，開展了廣泛的社會批評與文明批評，被視為一個與魯迅、胡適不相上下的思想家〔註 1〕。作為文學批評家，他走的是印象式批評的路子，《自己的園地》一書確立了新文學批評的礎石。作為新詩人，他的成就相對較小，然而《小河》等氣象新穎的詩歌卻是初期新詩運動中的傑作。作為翻譯家，他別求新聲於異邦，以堪稱典範的譯作參與了新文學建設的進程，譯品甚高，特別是其古希臘文和日本古典文學翻譯鮮有人能與之比肩。當然，他最著名的身份還是散文家，大約從 1930 年代初期開始就被稱為小品文之王，與魯迅

〔註 1〕蘇雪林在《周作人先生研究》（1934 年 12 月《青年界》第 6 卷第 5 期）中說：「周作人先生是現代作家中影響我最大的一個人。」「我們如其說周作人先生是個文學家，不如說他是個思想家。十年以來他給予青年的影響之大和胡適之陳獨秀不相上下。……他與乃兄魯迅在過去時代同稱為『思想界的權威』。」夏志清指出：「從文學革命到抗戰前夕，這一段時期在當時社會發生最大影響，最能表現獨特思想的三位文化界巨人，要算是胡適、魯迅、周作人。」（夏志清：《人的文學》，臺北：純文學出版社 1977 年 1 月，228 頁）

並列爲現代漢語散文的兩座最高峰。只是由於在抗戰時期未能保持自己的節操，附逆投敵，他的名聲才黯淡下去，以致於在一段相當長的時間裏到了被遺忘的程度。

周作人一生走過了晚清、中華民國、中華人民共和國三個歷史時期。無疑，他生平最重要的輝煌、失敗、屈辱都是在民國時期經歷的。特別是民國歷史上有三次重大的危機，對周作人的人生道路產生了決定性的影響，這三次危機是：辛亥革命後的封建復辟、國民黨的「清黨」運動、日本全面侵華。

民國建立以後，新的政治、經濟、教育、文化制度漸漸成形，特別是大學制度爲他提供了安身立命之所，新聞出版制度則提供了自由言說的文化空間。雖然辛亥革命帶來了新的政體，建立了一系列民主政治制度，但並沒有帶來人們期望中的現代民族國家。軍閥混戰，封建復辟，民不聊生，教育凋蔽，文化保守主義沉渣泛起……面對亂世中的共和國，知識者普遍的態度是極度的失望乃至絕望。這是五四新文化運動興起的最爲直接的歷史背景。魯迅在《華蓋集・忽然想到（一至四）》中說：「我覺得彷彿久沒有所謂的中華民國。」「我覺得革命以前，我是做奴隸；革命以後不多久，就受了奴隸的騙，變成他們的奴隸了。」失望之餘，自然要追尋緣由。魯迅在上文中還說：「我覺得有許多民國國民而是民國的敵人。」留學日本期間，周作人與魯迅一樣，信奉民族主義思想，同情和支持革命，並參加了一些留學生的革命活動。民國成立後，周作人在家鄉紹興著文爲新生的共和國歡欣鼓舞，還很快在新政權下的教育部門任職。1915 年 12 月，袁世凱稱帝。1917 年 4 月，周作人來到北京，不久即遭遇張勳復辟的鬧劇，產生了強烈的思想上的震動。他後來在《知堂回想錄・一一三》中寫道：「復辟一案雖然時間不長，實際的害處也不及帝制的大，可是給人的刺激卻大得多，這便是我在北京親身經歷的結果了。」還在《知堂回想錄・一一二》中說：「經歷這次事變，深深感覺中國改革之尚未成功，有思想革命之必要。」在新文化倡導者們那裏，這是一個普遍的認知。於是，他們想通過文學革命來實現思想革命，從而爲政治革新打下一個堅實的基礎。他們中的大多數對民國政府和政權意識形態畢生都採取了不認同或反叛的姿態。在五四運動的高潮中，面對紛至沓來的社會思潮，周作人提倡空想社會主義的新村主義，與共產主義者和無政府主義者一樣試圖在民國體制以外另起爐竈。然而，正是種種的民國亂象爲周作人與其他五四新文化運動的領袖們提供了巨大的歷史舞臺。這是一個數千年未曾有過的

新的王綱解紐的時代。「現代」的春天乍暖還寒，傳統的堅冰開始分崩離析，然而一座座冰山漂浮在海面上，危機四伏，周作人與幾個主要的新文化的締造者一起，設計出了新的航向，使新文化義無反顧地駛入了一條寬廣的現代航道。在五四新文化運動中，周作人提出了「人的文學」、「思想革命」、「平民文學」等主張，表現出系統的「人學」思想，爲新文化確立了思想基調。1920 年代，他創造性地運用雜文和小品文的形式，與魯迅、胡適等一起開展了影響深遠的社會批評與文明批評。

　　1927 年，國民黨爲了爭權和統一而發動的「清黨」運動。這是周作人前、後期思想和創作的一道分水嶺。1927 年、1928 年對周作人到底意味著什麼？中國大陸在過去很長時間裏流行說，周作人被反革命的白色恐怖嚇怕了，再也不敢像在女師大學潮、「三一八」慘案中那樣仗義執言了。其實，他在北京知道南方發生的一系列駭人聽聞的事件後，發表了一系列雜文，抨擊國民黨政府的殘暴和麻木的國民所表現出的變態根性。國民黨政府大肆屠殺共產黨人和革命群眾，周作人的不少青年朋友和學生也在其中罹難，他再次感到精神上的恐懼和思想上的震動。他在《語絲》140 期上發表雜文《偶感之三》，文末寫道：「至於那南方的殺人者是何心理狀態，我們不得而知，只覺得驚異：倘若這是軍閥的常態，那麼驚異也將消失，大家唯有復歸於沉默，於是沉默遂統一中國南北。」這是一個沉痛、憂憤深廣的發現，他看到南方國民黨政府與北方軍閥相同的本質，更進而看到中國人自古就有的不知道尊重生命的「嗜殺狂」。1927 年的事件對周作人和魯迅具有完全不同的意義。國民黨「清黨」事件同樣給了魯迅強烈的震撼，他在《答有恒先生》、《三閒集・序言》等文章中說其進化論的世界觀因此崩毀。不過，他選擇了與共產黨聯合，與現實的政權對抗，對一系列社會和文化事件發聲。而周作人對現實的政治運動不感興趣，堅持從思想、文化的角度來看待問題，從中看出國人根深蒂固的甚至說病入膏肓的國民「惡根性」。他消退了對啓蒙主義的信心和熱情，走上了一條消極個人主義式的「閉戶讀書」之路。特別強調讀古書，目的是要通過參照歷史來解讀現實，找出國民性的病根。明明知道虛無，偏又要去追迹、去察明，他把這種態度稱爲「偉大的捕風」。〔註 2〕周作人在民國社會裏形成了獨特的民國體驗，這決定了他對民族國家、中國文化以及人類文明的基本判斷，與其一生的功過是非有著內在的關聯。現實的黑暗和腐敗使其對

〔註 2〕 《看雲集・偉大的捕風》。

中國傳統中遺傳性的「小鬼」〔註3〕有一種近乎神經質的尖利的敏感，他始終警惕民國背後傳統的長長的、濃重的陰影。傳統文化在他那裏受到全面的懷疑和批判。研究者往往因爲周作人現實態度的消極性，忽視周作人這種探索的重要的思想意義。儘管現實態度消極悲觀，周氏仍然以一個現代知識分子平正、通達的態度，以「人學」思想爲標準，去照亮、甄別傳統，更進而以現代思想重釋傳統。其中所體現的批判性思維是五四新文化的一種寶貴品格，對於我們今天建設新文化也有富有啓示。一種成熟、先進的文化離不開對自身的反思。

　　1937 年盧溝橋事變發生，日本反動全面的侵華戰爭，民國遭遇空前的危機，中華民族也到了生死存亡的緊要關頭。在一片抗戰聲中，周作人選擇了逃避——「苦住」北平。他滯留北平當然有諸多現實的考量，但不可否認也有思想上的原因，這就是他對中國抗戰前途的悲觀。鄭振鐸在《惜周作人》〔註4〕一文中，記下了在「七七」事變之前和周作人的一次談話：「他說，和日本作戰是不可能的。人家有海軍。沒有打，人家已經登岸來了。我們的門戶是洞開的，如何能夠抵抗人家？他持的是『必敗論』。」「『必敗論』使他太不相信中國的前途，而太相信日本海軍力量的巨大。」這是他在現實層面上的悲觀，然而在其對民族國家的悲觀中，更主要的是他對本民族歷史文化的悲觀。他相信，一個「惡根性」已不可救治的民族是無法贏得一場現代戰爭的，缺乏抗戰的物質裝備倒是次要的因素。早在 1933 年 1 月 14 日致曹聚仁的信中，他就說：「榆關事起，平津騷然，照例逃難如儀，十日來要或能逃者各已逃了，似乎又靜了一點下來；如不佞等覺得無可逃，則仍未逃耳。中國大難恐未有已，上下虛驕之氣太甚，竊意喪敗無妨，只要能自反省，知道自己的缺點何在，可望復興。……五四時自己譴責最急進者，□□□□□都變成如此，他可知矣；他們雖似極左，而實在乃極右的一種國粹的狂信者。不佞平常爲遺傳學說（古人所謂『業』）所恐脅，覩此更爲栗然。中國如亡，其原因當然很多，而其一則斷然爲此國粹的狂信與八股的言論，可無疑也。此刻現在，何處可找理性哉！且坐看洪水——來或不來，此或亦虛無主義之一支配！」〔註5〕對抗戰前途的悲觀也是他後

〔註 3〕 同上。
〔註 4〕 1946 年 1 月 12 日《周報》第 19 期。
〔註 5〕 周作人：《致曹聚仁》，《知堂集外文》（下冊），海口：國際新聞出版中心 1995
　　　　年 9 月，397～398 頁。

來附逆投敵的思想原因之一。敵僞時期，一方面，他做了不少損害民族國家的事情；另一方面，其思想和創作大體延續了30年代的路子，並有新的拓展。

以上所述是民國時期對周作人影響最大的幾次歷史事件。民國是周作人一生中最重要的生存空間，他與民國的關係如同植物與土地、空氣的關係，是須與不離的。本書正是力圖在民國歷史、文化、文學的背景下，勾畫出周作人的精神肖像。描繪一幅畫，需要一個觀察的角度。本書以周作人的人生哲學爲基本視角，對其人生道路、思想和文體進行整體的闡釋。長期以來，在不少人的心目中，周作人的形象是分裂的，一個進步的思想家、文學家與「漢奸」之間是無法調和的。有人曾把周作人附逆與李叔同出家、王國維自沉視爲民國文化史上的三大謎團。魯迅曾對人說過，散文詩集《野草》包括了他的全部哲學。〔註6〕許壽裳也有言：「至於野草，可說是魯迅的哲學。」〔註7〕我認爲，在新詩集《過去的生命》中有著周作人的人生哲學。該集收錄了作者從1919年到1923年的詩作，完整地記錄這一階段周作人的心路歷程。他和魯迅等五四知識分子一樣經歷了夢醒了無路可走的悲哀，苦苦地尋覓人生的出路。在1921年4月所作《歧路》一詩中，他吐露了苦悶徬徨的心迹，面對人生的歧路不知該作如何選擇。到1923年7月的《尋路的人》，他找到了答案：「……〔在人生的旅途上〕有的以爲是往天國去，正在歌笑；有的以爲是下地獄去，正在悲哭；有的醉了，睡了。我卻只想緩緩的走著，看沿路的景色，聽人家的談論，盡量的享受這些應得的苦和樂，至於路線如何……那有什麼關係？」他最終選擇的是以審美的態度來看待人生，與現實保持不即不離的關係，用「生活之藝術」（這是他作於1924年11月的一篇小品文的名字）來抵禦人生的虛無。這個帶有存在主義意味的人生體驗及其選擇對理解周作人以後的思想和創作具有非常重大的意義，可以爲他矛盾複雜的一生提供統一的闡釋。換一句話說，從這個視角我們可以爲周作人畫出一幅清晰、完整的肖像。民國的陰影籠罩著他，構成了畫面的基調；畫中人物的表情是瀟散平淡的，然而難掩內心深處的苦澀。

本書曾以《人在旅途——周作人的思想和文體》（北京：人民文學出版社

〔註6〕章衣萍：《古廟雜談》（五），1925年3月31日《京報副刊》第105號。
〔註7〕許壽裳：《我所認識的魯迅》，北京：人民文學出版社1952年8月2版，42頁。

1999 年）爲題出版過。這是我的第一本著作，現在看來青澀之處甚多。這次作了較大幅度的修訂：撤去原書關於周作人研究的論爭和研究述評的部分，附錄了《周作人研究的十一部著作》一文；撤去原書「文藝思想的考察」、「民俗學方面的工作」，換上了三章論述周氏文藝思想的文字；其他各個部分只做了局部的增刪修改，盡量保留原有的觀點和脉絡。總地來說，這是舊房子翻新，而非在原址上的重建。有些舊有的問題依然存在。

　　《人在旅途》得到過不少肯定和鼓勵。錢理群先生爲本書寫了熱情的序文。吳成年先生發表書評《悲觀主義的啓蒙思想家周作人──讀黃開發的〈人在旅途〉》（《中國現代文學研究叢刊》2000 年第 3 期），佘愛春先生發表論文《中西文化語境中的周作人文藝思想──黃開發〈人在旅途〉與卜立德〈一個中國人的文學觀〉之比較》（《理論月刊》2010 年第 8 期），孫郁、陳劍暉、安文軍、李憲瑜諸位在相關著述中，都曾給予過積極的評價。他們的鼓勵是本書得以修訂的動力之一。

2013 年 1 月 8 日於北京北七家海鷗樓

一、周作人的「人學」思想

　　周作人與魯迅的文章爲世人所重，在很大的程度上靠的是其中所蘊含的深刻而獨到的思想。早在 1930 年代，蘇雪林就高度肯定了周作人作爲思想家的存在：「我們如其說周作人先生是個文學家，不如說他是個思想家。十年以來他給予青年的影響之大和胡適之陳獨秀不相上下。」〔註1〕後來由於他的不光彩的行爲，人們就諱談他在現代思想史上的貢獻了。隨著研究工作的推進，在 1990 年代，這個問題又被顯著地提了出來。舒蕪長文《周作人概觀》在《中國社會科學》1986 年第 4 期、第 5 期上發表時，就點到周作人作爲思想家的存在，此文以「以憤火照出他的戰績──周作人概觀」爲題收入《周作人的是非功過》一書時，舒蕪作了補充：「『五四』以來的新文學作家很多，文學家而同時還是思想家的，大概只有魯迅和周作人兩個，儘管兩人的思想不相同，個人的思想前後也有變化，但是，他們對社會的影響土要是思想上的影響，則是一樣的。」〔註2〕周作人的思想影響既然如此之大，那就需要我們嚴肅認眞地對待和繼承。

　　周作人的思想可以概括爲「人學」思想。「人學」是貫穿於他整個散文創作的思想中心，也是其文學理論和文學批評的思想基礎。1940 年代，他在回顧自己的讀書生活時說：「不佞讀書甚雜，大抵以想知道平凡的人道爲中心。」〔註3〕他對文化人類學頗有興味，「這原因並不是爲學，大抵只是爲人」，爲知

〔註1〕 蘇雪林：《周作人先生研究》，1934 年 12 月《青年界》第 6 卷第 5 期。
〔註2〕 舒蕪：《周作人的是非功過》，北京：人民文學出版社 1993 年 6 月，4 頁。
〔註3〕 《書房一角‧原序》。

道「人在自然中的地位」（或云「化中人位」）。〔註4〕這說明他對「人學」思想的建構有著明確的自覺。他的「人學」思想可以分為兩個層面，一個可以叫做社會倫理層面，是人本主義的，以個人主義和人道主義為核心；另一個可以叫做形而上層面，表現出了悲觀主義的內容。在現實的撞擊下，他的悲觀主義時常從思想深處上泛，使他的「人學」思想呈現出複雜的色彩。悲觀主義的「人學」思想制約了他人生哲學的形成，他選擇了以審美的態度來觀照人生，既不忘情於現實，又超越現實。周作人不斷調整和重新組合他的「人學」思想。他努力溝通它與儒家思想之間的聯繫，重新闡釋以儒家思想為主體的中國文化，然而他在傳統的形式中表述的仍是西方人本主義的精神實質。

然而，在一些人的眼裏，漢奸與思想家是水火不相容的。我們不妨先把周作人是不是一個思想家的問題擱置起來，看一看他表述了怎樣的思想。

（一）人本主義

1918年12月，周作人發表論文《人的文學》〔註5〕，揭櫫了「人的文學」大旗，在對文學主張的系統闡釋中表述了他的個人主義和人道主義思想。什麼是「人的文學」呢？「用這人道主義為本，對於人生諸問題，加以記錄研究的文字，便謂之人的文學。」因此，「人的文學」又被他稱作「人道主義的文學」。人道主義本身是一個不斷變化著的範疇，不同的時代、國家和個人往往對它有不同的理解。周作人明確指出他所說的人道主義並非「世間所謂『悲天憫人』或『博施濟眾』的慈善主義，乃是一種個人主義的人間本位主義」。〔註6〕簡言之，就是以個體為本位的人本主義。

人道主義思潮源於西方的文藝復興時期，當時的人道主義思想家們還沒有真正能從哲學的高度為他們所信奉的原則提供依據，他們的思想基礎只是還不成熟的強調人自然本性的人性論。17、18世紀法國唯物主義思想家提出的自然主義人性論是這種人性論的系統化。到19世紀，費爾巴哈為人道主義建立了人

〔註4〕《苦口甘口‧我的雜學》。

〔註5〕收入《藝術與生活》。

〔註6〕胡適在《非個人主義的新生活》（載1920年4月《新潮》第2卷第3號）中說，杜威在天津的一次講演中，把個人主義分為兩種：一是「假的個人主義」，就是唯我主義（Egoism），性質是自私自利；另一是「真的個人主義，即個性主義（Individuality），特性有獨立的思想和對自己思想信仰的結果負完全責任兩種。中國大陸學術界在很長時期裏一直用「個性主義」一詞代表那種「真的個人主義」。

本主義的哲學基礎，構造了以人本主義爲出發點，以人道主義爲歸宿的倫理學體系。周作人正是從受進化論影響的自然主義人性論的角度理解人的，在《人的文學》中提出「從動物進化的人類」的命題。其中有兩個要點：「（一）『從動物』進化的，（二）從動物『進化』的。」換言之，人的靈肉一致，人性是動物性和神性的有機結合。他強調人的動物性，相信人的一切生活本能都是善的，應該得到完全的滿足；同時，又應該看到人有他的內面生活，有健全的理性，有改造生活的力量，能夠促進人類日臻完善。這樣一來，阻礙人性向前發展的「獸性的餘留」和「古代禮法」都應該受到排斥，得到糾正。他在《婦女運動與常識》〔註7〕一文中指出，在中國，「大家都做著人，卻幾乎都不知道自己是人；或者自以爲是『萬物之靈』的人，卻忘記了自己仍是一個生物。在這樣的社會裏，決不會發生眞的自己解放運動的：我相信必須個人對於自己有了一種瞭解，才能立定主意去追求正當的人的生活，希臘哲人達勒思（Thales）的格言道，『知道你自己』（Gnothi seaution），可以說是最好的教訓。我所主張的常識，便即是使人們『知道你自己』的工具。」後來，周作人對「常識」作過解釋：「常識分開來說，不外人情與物理，前者可以說是健全的道德，後者是正確的智識，合起來就可稱之曰智慧……對於常識的要求是這兩點：其一，道德上是人道，或爲人的思想。其二，知識上是唯理的思想。」〔註8〕爲此，他在《婦女運動與常識》中擬出了一個較爲詳細的知識科目表，他希望人們由此得到「融會全體的普通智識」（即「常識」）。總共可以分爲五組，「第一組的知識以個人本身爲主，分身心兩部」，「第二組是關於生物及人類全體的知識」，「第三組是關於天然現象的知識」，「第四組是科學的基本知識」，以上四組都是科學知識，「他們的用處是在於使我們瞭解本身及與本身有關的一切自然界的現象，人類過來的思想行爲的行迹，隨後憑了獨立的判斷去造成自己的意見」。「第五組特別成爲一部，是藝術的一類」。其好處是，「將藝術的意義應用在實際生活上，使大家有一點文學的風味，不必人人是文學家而各能表現自己與理解他人；在文字上是能通暢的運用國語，在精神上能處處以眞情和別人交涉」。這些「常識」是人認識自身或者說理解「從動物進化的人類」的命題所必需的，也即是「人學」的基礎。

〔註7〕收入《談虎集》。

〔註8〕周作人：《〈一簣軒筆記〉序》，收入陳子善、張鐵榮編《周作人集外文》下集，海口：海南國際新聞出版中心 1995 年 9 月。

他對人性的認識與費爾巴哈的人本主義思想基本上一致。費爾巴哈「反對身體和靈魂、肉體和精神的二元論」，肯定人的本質是感性，是他的自然本性；但他又認為，這還只是說到人的「一半」，「人不僅僅跟自然界一切其他的事物和實體一樣地都有本質和存在，他又有一個獨別的本質，他有理性、精神」。〔註9〕可以說，人本主義代表了周作人社會倫理層面的「人學」思想的基本內涵。與 19 世紀思想家不同的是，周作人接受了 19 世紀末以後眾多的新知識的影響，對人的理解更深入、全面。周作人在《談虎集》的《後記》中說：「大約像我這樣的本來也只有十八世紀人才略有相像，只是沒有那樣樂觀，因為究竟生在達爾文弗萊則之後，哲人的思想從空中落到地上，變為凡人了。」

文學革命是新文化運動的核心，五四時期的思想家們為了實現現代的民族國家，系統地從文化上尋找中國落後的原因，他們接受以個體為本位的西方近代文化，與以封建主義集體意識為特徵的中國傳統文化產生激烈衝突。在這場文化選擇中，他們大都把價值取向指向西方，接受了以個人主義和人道主義為中心的思想，並藉以批判中國固有文化。

周作人讀書甚廣，在 20 世紀的中國知識分子中鮮有人能比，其「人學」思想所受的影響廣泛而複雜。如果把它比作一條河流的話，那麼這條河流有著眾多的大大小小的支流。1944 年夏秋間，周作人寫了一篇總結性的長文《自己的文章》〔註10〕，大致勾勒了一幅自家知識和學問構成的「水系圖」。作者說他沒有一種專門的職業，只喜歡涉獵閒書，又是非正統的「不中的舉業」，所以借用《儒林外史》第十八回衛舉人的話，自稱「雜學」。此文後來收入《知堂回想錄》時，作者加了如下小標題：一，引言；二，古文；三，小說與讀書；四，古典文學；五，外國小說；六，希臘神話；七，神話學與安特路朗；八，文化人類學；九，生物學；十，兒童文學；十一，性的心理；十二，藹理斯的思想；十三，醫學史與妖術史；十四，鄉土研究與民藝；十五，江戶風物與浮世繪；十六，川柳落語與滑稽本；十七，俗曲與玩具；十八，外國語；十九，佛經。還有些重要的方面沒有道及或語焉不詳，如新村主義、《聖經》與俄國文學中的人道主義等。上述諸多方面如果一一考察，需要一本厚

〔註 9〕〔德〕路德維希・費爾巴哈著、榮震華譯：《費爾巴哈哲學著作選集》下卷，北京：商務印書館 1984 年 1 月新 1 版，828 頁。

〔註10〕收入《苦口甘口》。

厚的專著的篇幅。下面僅就周作人思想中幾個重要而又富於特色的方面略加
評述。

受生物學和進化論的影響。周作人讀了很多生物學上的書，經常提及懷
德（Gilbert White）、湯木孫（Thomson）、法勃爾（Fabre）等人的生物學著作。
他對動物的本能感到驚奇，人是從動物進化來的，他於此得出的結論是對從
動物進化來的本能的尊重，反對一切來自外界強行壓抑人動物性本能的種種
法則。他要求制定人類行爲的標準以生物學爲依照，合乎人性物理。一句話，
人生哲學需要接受生物學的檢驗。「我不信世上有一部法典，可以千百年來當
人類的教訓的，只有記載生物的生活現象的 Biologie（生物學）才可供我們參
考，定人類行爲的標準。」〔註 11〕早在南京求學時期，他就開始接觸進化論，
進化論給他的人性論、倫理觀和社會歷史觀都打上了深刻的印記。他說：

> 個人的自覺的根本，在於進化論的人生觀。……現在的人生的多面
> 相，當然有許多不合理的應該除去的地方，但是人生的原則，在凡
> 生而爲人者都有坦白的肯定的必要：這便是自己的與種族的保存。
> （保存裏含有存在與發達兩事。）進化論的人生觀便是這一種態度，
> 積極的肯定人生，勇敢的去追求「全而善美」的生活，正是辛奇所
> 論的「要做好的人須得先做好的動物」，也即是尼采的所謂「忠於
> 地」。〔註 12〕

進化論的人生觀構成了周作人社會倫理層面上的「人學」思想的基礎，他以
此爲準繩，汲取眾多的思想成果，以構築自己的世界觀體系。

受性心理學和文化人類學的影響。周作人接受了英國性學大師藹理斯
（Havelock Ellis）的性道德觀念。藹理斯和弗洛伊德一樣是性學領域著名的先
驅人物，周作人的性道德思想多本諸他的多卷本巨著《性心理學》〔註 13〕。
他說過：「半生所讀書中性學給我的影響最大，藹理斯，福勒耳，勃洛赫，鮑
耶爾，凡佛耳臺，希耳須弗耳特之流，皆我師也，他們所給的益處比聖經賢
傳爲大，使我心眼開擴，懂得人情物理。」〔註 14〕他在回憶從東京的書店所

〔註 11〕 《談虎集・祖先崇拜》。
〔註 12〕 《女子與文學》，1922 年 6 月 3 日《晨報副鐫》。
〔註 13〕 《性心理學》第 1 卷出版於 1898 年，到 1910 年出第 6 卷，1928 年續到第 7
卷。1933 年，藹理斯又出版簡寫本的《性心理學》。1940 年代有潘光旦中譯
本，北京：生活・讀書・新知三聯書店 1987 年 7 月重印。
〔註 14〕 《瓜豆集・鬼怒川事件》。

購買的英文書時，又說：「最重要的是藹理斯的《性心理之研究》（即《性心理學》──引者）七冊，這是我的啓蒙之書，使我讀了之後眼上的鱗片倏忽落下，對於人生與社會成立了一種見解。」〔註15〕從藹理斯那裏，周作人接受了最根本的性道德觀念：人正常的性欲望應該得到自然健康的滿足。關於藹理斯我在後面還將談到。周作人由英國學者安特路朗（Andrew Lang）人類學派的神話學，引起了對文化人類學的興趣。他在《我的雜學》中說：「於我最有影響的還是那《金枝》的有名的著者茀來則博士。社會人類學（英國稱「文化人類學」爲「社會人類學」，而在西歐的德國和奧地利一般稱之爲「民族學」──引者）是專研究禮教習俗這一類的學問，據他說研究有兩方面，其一是野蠻人的風俗思想，其二是文明國的習俗，蓋現代文明國的民俗大都即是古代蠻風之遺留，也即是現今野蠻風俗的變相，因爲大多數的文明衣冠的人物在心裏還依舊是個野蠻。」此外，原籍芬蘭而寄居英國的威思忒瑪克（Westermarck）的《道德觀念起源發達史》對他影響也很深。周氏對兒童學的興趣也是由文化人類學延伸出來的，文化人類學爲其兒童觀和兒童文學觀提供了基礎的學理支撐。性心理學和文化人類學爲周作人社會批評和文明批評提供了獨特的視角，在五四時期發揮了深刻而獨到的作用。

受文學上以強調愛爲特徵的人道主義的浸染。他表佩服於俄國文學，俄國生活困苦，所以文學裏含著一種陰暗悲哀的調子，但這個結果並不使他們養成憎惡怨懟或降服的情緒，反而培養了對於人類的愛與同情，俄國作家對「被侮辱與損害的人」抱有深厚的人道主義同情。他特別景仰俄國生活和文學上的一種崇高的悲劇氣象，尤其推崇托爾斯泰、陀思妥也夫斯基「愛的福音」的文學。〔註16〕据日記載，他於1918年1月收到過日本中西屋的寄書《トルストイ人道主義》（《托爾斯泰人道主義》），這表明他對托爾斯泰他們的人道主義思想是很留心的。他認爲世界「現代文學上的人道主義思想，差不多也都從基督教精神出來」〔註17〕，《聖經》中高大寬博的人道主義精神、神擁抱一切的慈悲使他敬服。周作人的人道主義是博愛型的，這與文學上的人道主義源流直接相關。周作人和兩位俄國作家一樣，都是在深深地意識到人生的苦難以後才信仰人道主義的。周作人在南京求學時期就受佛經和道家思想

〔註15〕《瓜豆集・東京的書店》。
〔註16〕《藝術與生活・文學上的俄國與中國》。
〔註17〕《藝術與生活・聖書與中國文學》。

的影響，想超越人生，對芸芸眾生有一種悲憫的感情，後來他雖然反對「悲天憫人式的慈善主義」，但它在無意識中對周的人道主義思想的構成是起作用的，並且與他的悲觀主義也銜接著。

日本新村主義提倡的「人的生活」啟示了「人的文學」口號的提出。所謂「新村」，是 1918 年由日本作家、思想家武者小路實篤在九州日向建立的空想社會主義基地。其宗旨被稱為新村主義。新村主義是本世紀初受克魯泡特金的互助論和托爾斯泰泛勞動主義影響而建立起來的空想社會主義學說，它在人道主義愛的旗幟下，提出「人的生活」的社會理想。在倡導者武者小路實篤看來，人應該成為「地平線以上者」，應該過上真正的「人的生活」。他在物質上除去衣食住的憂慮，精神上能得到自由發展，個人作為人類的一分子也應該盡他應盡的義務。〔註 18〕新村理想的實質其實就是個人自由發展與社會進步的有機統一。周作人接受西方思想，目的在於把個人發展和救國救民結合在一起，新村的理想和實踐為他提供了一個把自己信奉的人道主義理想外化的可能途徑，他想把它發展成為一個從思想到社會實踐的統一範式。〔註 19〕因此，他在中國最早提倡了新村主義。1919 年 7 月，周作人還到日向訪問了新村，成為新村的會員。回國後，更進一步宣傳新村主義，並成立新村北京支部。

與此相關，新村主義對他的思想還有一個同樣重要的意義，那就是它似乎能為他個人主義和人道主義的統一提供現實依據。在他看來，新村的理想，一方面是人類的，一方面也是注重個人的，他還因此於《新村的理想與實際》〔註 20〕中稱「新村是個人主義的生活」。他認為，人道主義是以個人主義為前提的，只有真的個人主義才會有真的人道主義。也就是說，他把個人主義看成是第一性的，因為「愈是徹底的知道愛自己，愈是真切的能夠愛他人裏的自己」；相反，如果不從真的個人主義尋找立足點，那麼只能補苴罅漏地實行一點慈悲式的仁政。再者，他認為，這種個人主義和人道主義的「聯合」有人性上的根據和可能性，這就是：「人類兼有自己保存與種族保存的兩重本能」，「為我與兼愛都是人性裏所有的。」於根柢上，他是把人道主義看成實

〔註 18〕〔日〕武者小路實篤著，毛咏棠、李宗武譯：《人的生活》，周作人序，上海：中華書局 1922 年 1 月初版，1932 年 8 月 10 版。

〔註 19〕參閱羅鋼：《歷史匯流中的抉擇——中國現代文藝思想家與西方文學理論》，北京：中國社會科學出版社 1993 年 6 月，23 頁。

〔註 20〕收入《藝術與生活》。

現個人主義的必由之路。人是社會性動物，自我保存只有在人類的聯繫中才能實現。不過，周看到的社會性是純粹抽象形式的，不包括種種歷史和現實關係交叉中的具體性。

周作人的人性觀，還受到了日本文藝理論家厨川白村的《文藝思潮論》（1914）的影響。《文藝思潮論》的著眼點是「人性之異教的基督教的二元論」（the Pagano-christian dualism of our human nature）〔註21〕，厨川白村以重肉的希臘主義和重靈的希伯來主義的對立統一，尋求西方文藝思潮變遷的動因。在他看來，希臘思想固然更重視肉的物質生活，但同時也不否定由這生活而建立的精神生活。後來，羅馬人接受希臘文明，由於過分縱欲而導致了滅亡；而基督教的主張矯枉過直，強調靈以至於汩沒了肉的生活的合理性。世界現代文明的新潮主導傾向是「二希」精神的統一，它相信自己意志、自由猛進而又遵守紀律，樂觀地執著於人生。在他看來，現代文學的新潮是基督崇拜和酒神崇拜的融合，也是希臘「人間本位的現世主義」在更高層次上的「復歸」。厨川白村的基本思想也就是靈與肉統一的人生觀。「二希」命題並非厨川白村的首創，19 世紀的英國批評家阿諾德等人就曾明確提出，但厨川白村的理論對五四時期中國文化界影響最大，成爲一種較爲流行的觀念。周作人早在 1918 年 10 月出版的《歐洲文學史》中就引入「二希」命題，如在第一卷「希臘」的結論部分中說：「世之論歐洲文明者，謂本於二希，即希臘與希伯來思想，史家所謂人性二元者是也。」〔註22〕周作人在《人的文學》、《聖書與中國文學》、《歐洲古代文學上的婦女觀》等文中，按照同樣的思想邏輯描述了歐洲文明發展的輪廓。《歐洲古代文學上的婦女觀》〔註23〕還使用了不少《文藝思潮論》引證過的資料。他在《人的文學》中說：「古人的思想，以爲人性有靈肉二元，同時並存，永相衝突。……到了近世，才有人看出這靈肉本是一物的兩面，並非對抗的二元。獸性與神性，合起來便只是人性。」「我們相信的人類正當生活，便是這靈肉一致的生活。所謂從動物進化的人，也便是指這靈肉一致的人，無非用別一說法罷了。」《聖書與中國文學》〔註

〔註21〕〔日〕厨川白村著、樊從予譯：《文藝思潮論》，上海：商務印書館 1924 年初版，4 頁。
〔註22〕周作人：《歐洲文學史》，石家莊：河北教育出版社 2002 年 1 月，55 頁。
〔註23〕收入《藝術與生活》。
〔註24〕收入《藝術與生活》。

24〕寫道：「近代歐洲文明的源泉，大家都知道是起於『二希』就是希臘及希伯來的思想。實在只是一物的兩面，但普通稱作『人性的二元』，將他對立起來；這個區別，便是希臘思想是肉的，希伯來思想是靈的；希臘是現世的，希伯來是永生的。……這兩種思想當初分立，互相撐拒，造成近代的文明；到得現代漸有融合的現象。」他在該文表達的靈肉統一的人性觀其實就是「從動物進化的人類」命題的另一種表述方式，構成了「人的文學」主張的學理基礎。然而，周作人思想並不是對厨川白村的簡單照搬。他接受了西方兩千年來文化的薰陶，還特別研究了作為西方文化源泉之一的希臘文明。靈肉一致的自然主義人性論是他思考的結果與厨川白村思想的一個契合點。〔註25〕

周作人的「人學」思想是百衲衣式的，很難說哪一部分是他的獨創，但他容納眾多的思想影響，根據自己的理解對它們進行整合，形成了具有自己特點的世界觀體系。

（二）社會批評與文明批評

周作人在日本留學時塑造了現代意義上的自我人格模式，接受了個人主義和人道主義思想，並把這種思想看作是自我發展和救國救民的共同出路之所在。

他發表了《論文章之意義暨其使命因及中國近時論文之失》〔註26〕，與同時期的魯迅一樣，強調「立國」必須「立國精神」，把文學看作是「立國精神」的通衢。在他看來，文章「雖非實用而有遠功」，反對把文學視為簡單的功利的工具，這其實是追求人性全面發展的人道主義思想的體現。不過，周還沒把人道主義當成一個完整思想體系來接受的自覺。此時的魯迅接受了從康德、費希特、叔本華到尼采的唯意志論的影響，特別是尼采強調自我擴張的「權力意志論」的影響，於《文化偏至論》中從人的主體性角度提出：「掊物質而張靈明，任個人而排眾數。」他堅持認為只有具備建立在主體基礎上的誠與愛才是真正理想的人性。這是中國民族最缺乏的精神境界，中國人向

〔註25〕張先飛認為，厨川白村所提出的「靈肉合一論」是一種人性二元觀，周作人所表述的是「現代靈肉一元觀」，二者有著本質的區別。後者在揚棄近代人性二元觀念基礎上產生，具有自己獨立的觀念系統與知識譜系，體現出重要的理論創新。參閱張著《「人」的發現——「五四」文學現代人道主義思潮源流》第四章，北京：人民出版社2009年12月。

〔註26〕1908年5月、6月《河南》第4期、第5期。

來缺乏特立獨行的「個人的自大」〔註27〕。他們的個人主義與人道主義是一種與民族、社會利益趨向一致的思想，他們藉此一方面使個體贏得真正的價值，另一方面來實現民族解放和社會改革的理想，使民族免於頹敗，社會走向健康文明。一種鮮明的民族和時代特色於此可見。

從理論形態上看，周作人受新村理想模式的影響，注重個人主義和人道主義的統一性。魯迅則強調二者之間的區別和矛盾。周作人在理論上忽視了二者之間的區別，而只強調了它們的統一，而事實上「為我」和「兼愛」的矛盾是存在的，他的思想也逃脫不了這個矛盾。魯迅理解的個人主義主要是尼采式的個人主義。他曾把自己的思想變化概括為「人道主義與個人主義這兩種思想的消長起伏」，具體表現是：「忽而愛人，忽而憎人；做事的時候，有時確為別人，有時卻為自己玩玩，有時則竟因為生命從速消磨，所以故意拚命的做。」〔註28〕他覺得自己曾以血飼養過別人，後來卻看到人們笑他瘦弱。這時又說：「我近來的漸漸傾向個人主義。」〔註29〕儘管如此，魯迅前期的個人主義思想還是與尼采的極端個人主義有不同內涵，他的個人主義思想融入了一種社會責任感和人情味。

周作人和魯迅的人道主義具有不同的特徵。周作人的人道主義思想是博愛型的，主要受文學上的人道主義和空想社會主義的影響。魯迅則提倡用形式上「非人道」的鬥爭手段來實現真正的人道主義理想。周作人標榜的「新宗教」最主要的精神是：「人道主義的理想是他的信仰，人類的意志便是他的神。」〔註30〕這「人類的意志」包含的主要內容就是愛。愛的基礎是什麼呢？人性中的善，即神性的發端，人為自我保存依著理性對生存道德的自覺認同。魯迅對現實更清醒，他已看到人們在社會關係中的不同地位，剝削者與被剝削者不同的面目，社會意識形態對人們的各種影響，壓迫階級的劊子手和牧師的雙重手段……總之，不同的階級間並沒有無差別的生存道德，它們之間缺乏真正的愛的維繫。這麼豐富的具體內容並不是只強調愛的人道主義所能包容得下的。他明白靠人道主義抽象的愛實現不了其理想，實行人道主義只能靠「非人道」的手段，抗爭即是對現實的醒悟。後來，他的人道主義思想

〔註27〕《熱風‧隨感錄三十八》。
〔註28〕《兩地書‧二四》。
〔註29〕《兩地書‧九五》。
〔註30〕《藝術與生活‧新文學的要求》。

的外殼終於被擠破，他走近了馬克思主義。魯迅的人道主義思想具有實踐的品格。

應該看到，周作人博愛型的人道主義並非一成未變，相反它只典型地存在於「五四」前後的兩三年，集中表現在新詩集《過去的生命》中，其後是變化著的。他的人道主義思想一開始就不同於托爾斯泰的「勿抵抗主義」。黑暗勢力非常強大地存在於眼前，它們是不會因為愛的布道而被感化的，再說他也沒有托爾斯泰那樣宗教式的情感。「五四」時期，他寫過一首新詩《蒼蠅》，對象徵人道主義敵人的「大小一切的蒼蠅們」喝道：「我詛咒你的全滅，用了人力以外的，最黑最黑的魔術的力。」1925 年 11 月，教育總長章士釗因為女師大風潮而辭職，周作人於 12 月寫了《失題》〔註31〕一文，提出「不打落水狗」的主張。接著，陳西瀅、王世杰等成立的「教育界公理維持會」又使他認識到：「章士釗決不是孤身獨立的，他是中國惡劣舊勢力的代表，他的背後有成千上萬的壞人挨擠著」，「虎子虎孫散滿全國」，對自己「不打落水狗」的主張作了自我批評。〔註32〕「五卅」事件、女師大風潮、「三一八」慘案等現實鬥爭把他與現實拉近了，他在一系列文章裏表現出了強烈的反抗意識。然而，周作人這時的態度是矛盾的。《語絲》曾有讀者來信，主張對寬容的敵人進行鬥爭，周作人卻說他不想唱高調，因為「現在中國人還是野蠻，起手第一步是要叫他先學一點文明」。〔註33〕他仍然把啓蒙看作是最重要的工作。正因為如此，他才沒有沿著反抗現實的道路走下去。

「五四」退潮以後，周作人的興趣轉向了散文寫作，他在五四新文化運動中的諸多貢獻漸漸為他小品散文的盛名所掩。不過，他除了繼續用雜文直接表明自己的思想態度外，又總是努力把自己啓蒙主義的追求化解到小品散文中去。自由主義的提倡與倫理道德的批判和建設是他「五四」以後散文的兩大基本主題。

自由主義是一個多層次的概念，既是一種政治哲學，又是一種運動、一種制度建構。作為一種政治哲學，它是西方 17 世紀以來主流的政治意識形態，其內容常常因國家、時代和個人的不同而不同；但個人主義始終是其核心價值，自由主義者主張在理性指導下的個人自由。「從霍布斯、洛克到今天的羅

〔註31〕1925 年 12 月《語絲》第 56 期。
〔註32〕《大蟲不死》，1925 年 12 月 20 日《京報副刊》第 363 號。
〔註33〕《不寬容問題》，1925 年 8 月《語絲》第 42 期。

爾斯，自由主義在很大程度上一直堅持個人的立場，堅持個人至上的觀點。
他們往往強調個人的價值與權利，強調個人由於其天生秉賦或潛能而具有某
種超越萬物的價值，強調個人應該得到最高的尊重，應該享有某些基本的權
利。」〔註34〕自由主義的思想家們認為，國家應在政治、經濟、社會各個方
面保護公民生命、自由和財產等基本權利，國家應實行代議制民主，為保護
公民權實行法治和分權。自由主義充分尊重個體的價值，強調個人的行為除
非在未經同意的情況下侵犯了他人，國家和社會就不得進行干預，這個寬容
的原則體現出來的正是一種深厚的人道主義精神。由上述可見，自由主義與
個人主義、人道主義密切相關，周作人的自由主義也是在個人主義和人道主
義思想基礎上產生出來的。西方的自由主義有著市場經濟和中產階級作為強
大的社會基礎，發展了包括信仰自由、出版自由、言論自由和集會自由等作
為近代民主精髓的個人權利學說。中國現代畸形社會現實根本不可能為實現
這些理想提供可能性，所以周的自由主義也主要局限在思想自由的要求上。
他在《談虎集·後記》中寫道：「我知道人類之不齊，思想之不能與不可統一，
這是我所以主張寬容的理由。」針對國民黨在「清黨」事件中大肆殺人，此
文指出：「北方的『討赤』不必說了，即南方的『清黨』也是我所怕的那種反
動之一，因為它所問的並不都是行為罪而是思想罪，──以思想殺人，這是
我覺得最可恐怖的。中國如想好起來，必須立刻停止這個殺人勾當，使政治
經濟宗教藝術上的各新派均得自由地思想與言論才好。」中國文化傳統缺乏
寬容精神，近現代半殖民地半封建社會中連起碼的人身安全都難得到保障，
更無從談要求政府行使保護思想自由的職責了。這樣，自由主義理想只能一
縮再縮，思想自由這個最起碼的要求仍為待實現的理想。除了反對政府的專
制，他還反對以政治運動來強制個人思想。1922 年，在周作人與陳獨秀之間
發生了一次論爭。那一年的 4 月 4 日至 9 日，世界基督教學生同盟第十一次
大會在北京的清華學校召開。會議召開之前，非基督教學生同盟、非宗教大
同盟等組織成立，紛紛發表宣言和公電，激烈地抨擊基督教和宗教。周作人
則與錢玄同、沈兼士、沈士遠、馬裕藻在 3 月 31 日的《晨報》上發表《主張
信教自由的宣言》，反對這個運動以群眾的壓力干涉個人的思想信仰自由。這
五個北大教授的宣言一發表，就引起了軒然大波。積極參加運動的陳獨秀見
到五教授的宣言後，立即致函他們，強調基督教反科學性質以及教會同國內

〔註34〕李強：《自由主義》，北京：中國社會科學出版社 1998 年 11 月，18 頁。

外反動勢力勾結的事實，指責他們「拿自由人道主義許多禮物向強者獻媚」。
〔註35〕周作人回信道：

> 我們宣言的正當，得先生來書而益證實，因為「無論何種主義學說
> 皆許人有贊成反對之自由」，而且我們宣言也原是「私人的言論」，
> 當然沒有特別不准發表之理。我們宣言的動因，已在北京報上申明，
> 是在宗教以外；我們承認這回對於宗教的聲討，即為日後取締信仰
> 以外的思想的第一步，所以要反對。這個似乎杞憂的恐慌，不幸因
> 了近日攻擊我們的文章以及先生來書而竟證實了：先生們對於我們
> 正當的私人言論反對，不特不蒙「加以特許」反以惡聲見報，即明
> 達如先生者，尚不免罵我們為「獻媚」，其餘更不必說：我相信這件
> 不能不說是對於個人思想自由的壓迫的起頭了。我深望我們的恐慌
> 「杞憂」，但我預感著這個不幸的事情已經來了；思想自由的壓迫不
> 必一定要用政府的力，人民用了多數的力來干涉少數的異己者也即
> 是壓迫。

周捍衛的就是思想自由的原則。聯繫到以後以政治運動壓制個人思想自由的
諸多歷史事件，再看看這封信是發人深省的。周作人 1925 年到 1926 年的鬥
爭，既是對反動勢力殘暴行徑的揭露批判，又有為思想自由而進行的抗爭。
1927 年以後，他用自由主義思想對抗國民黨的思想高壓，反擊左翼思想界的
討伐。他的自由主義原則用古典自由主義大師約翰・密爾（John Stuart Mill）
的話來說，即是：「我們永遠不能確信我們所力圖窒閉的意見是一個謬誤的意
見；假如我們確信，要窒閉它也仍然是一個罪惡。」〔註36〕周作人的思想仍
然承續著「五四」精神，他要求知識界相對獨立於現實政治勢力之外。提倡
言論和思想自由是中國自由主義者的共同傾向，與中國現代的其他自由主義
者顯著不同，周作人始終缺乏對實際政治的興趣，一以貫之地主要是從思想

〔註35〕此信及下文所引周信均見 1922 年 4 月 11 日《晨報》第 7 版《信教自由的討
論》（陳獨秀致周作人、錢玄同、沈兼士、馬裕藻信及周作人致陳獨秀信）。
陳信另載於 1922 年 4 月 7 日《民國日報・覺悟》。1922 年 4 月 23 日《民國日
報・覺悟》發表《陳獨秀再致周作人先生信》。關於這次論戰，尾崎文昭的《與
陳獨秀分道揚鑣的周作人——以一九二二年非基督教運動中的衝突為中心》
（收入伊藤虎丸等編《日本學者研究中國現代文學論文選粹》，長春：吉林大
學出版社 1987 年 7 月版）一文有詳細的評介。

〔註36〕〔英〕約翰・密爾著、程崇華譯：《論自由》，北京：商務印書館 1959 年 3 月，
17 頁。

文化的層面來看待現實政治問題的，如與陳獨秀的論爭，對國民黨「清黨」事件的反應等。在現代主要的自由主義派別中，胡適和張君勱等人雖然都曾搖擺於政治和學術之間，但他們都著眼於政治改革，參與一系列的政治活動。胡適一派的自由主義者致力於通過獨立的輿論干預政治和政府施政的過程，而張君勱一派，則投身於實際的政黨政治，進行自由主義的政治設計。〔註37〕

　　1945 年，周以「道義之事功化」和「倫理之自然化」概括自己的思想道路〔註38〕，其中雖有爲他附逆辯護的意思，但考察其整個思想的流向，這種概括大體上是可以成立的。尤其是「倫理之自然化」確是他思想中穩定而又最具特色的部分。他靈肉統一的人性觀是他道德觀的基礎，針對中國封建倫理道德中的禁欲主義傾向，他重點突出了對人生本能的滿足。他的倫理觀受進化論和文化人類學的影響，相信「道德常是因時地而變遷的」〔註39〕，凡是阻礙人性向上發展的「古代禮法」和「獸性的餘留」都在排斥糾正之列。這些都鮮明地體現了個人主義和人道主義的基本精神。

　　中國的道學家們大談男女之大防，把本來正常自然的性生活看成是不淨的東西。周作人針鋒相對，指出人正常的性欲望應該得到自然健康的滿足，「極端的禁欲主義即是變態的放縱，而擁護傳統道德也就保存其中的不道德」。〔註40〕文化人類學和性心理學爲他的道德批評提供了獨特的視角。他批判封建禮教思想，用英國文化人類學家弗來則（J. G. Frazer）的理論，說明中國維持的禮教思想與野蠻的薩滿教沒有什麼兩樣，都是出於一種性恐怖，人們憑了原始的物理感應思想，認爲人們性的過失，會給群體帶來災異。所以，這樣的社會極端嚴屬地懲罰親屬奸、既婚奸和未婚奸等。〔註41〕周作人還用性心理學分析和批判了很多社會文化現象。他在《重來》〔註42〕裏寫道：「古人之重禮教，或者還有別的理由，但最大的是由於性意識之過強與剋制力之過薄。」所以，那些假道學們在實際生活中害怕看見幼小的女孩入

〔註37〕參閱閆潤魚：《自由主義與近代中國》，北京：新星出版社 2007 年 5 月，142 ～173 頁。

〔註38〕見《苦口甘口》之《自序》、《我的雜學》、《夢想之一》，《知堂乙酉文編‧道義之事功化》，《藥堂雜文‧道義之事功化》。

〔註39〕《我們的閒話》（五），1926 年 4 月《語絲》第 75 期。

〔註40〕《談虎集‧重來》。

〔註41〕《談虎集‧薩滿教的禮教思想》。

〔註42〕收入《談虎集》。

浴室洗浴。〔註43〕藹理斯在《性心理學》中討論過物戀這種性畸變，其中談到足戀現象。周作人受此啟發，結合文化人類學的理論，批判了中國人喜愛女人裹小腳的「拜物主義」和反對女子剪髮的「拜髮狂」。〔註 44〕和當時批判傳統性道德的其他人相比，周作人顯示了自己的獨特性和深度。他主張用健全的理性協調性生活，反對蓄妾宿娼，把這樣的行為看作是人性的墮落。藹理斯在《性心理學》的序言中寫道：「我以前也再三說過，常態與變態之間，是沒有很分明的界限的；一切所謂常態的人多少總有幾分變態，所變的方向盡有不同，其為變態則一；同時，所謂變態的人也為許多基本的衝動所支配，和常態的人一樣。」〔註 45〕周作人表示過同意：「藹理斯的意見以為性欲的滿足有些無論怎樣異常以至可厭惡，都無責難或干涉的必要，除了兩種情形以外，一是關係醫學（指有害於自己的健康——引者），一是關於法律的。」〔註 46〕

周氏長期注目婦女兒童問題，要求充分尊重被傳統習慣勢力所忽視的婦女和兒童的獨立人格。早在《人的文學》裏，他就談到了對婦女和兒童的尊重問題——

> 歐洲關於這「人」的真理的發見，第一次是在十五世紀，於是出了宗教改革與文藝復興兩個結果。第二次成了法國大革命，第三次大約便是歐戰以後將來的未知事件了。女人與小兒的發見，卻遲至十九世紀，才有萌芽。古來女人的位置，不過是男子的器具與奴隸。中古時代，教會裏還曾討論女子有無靈魂，算不算得一個人呢。小兒也只是父母的所有品，又不認他是一個未長成的人，卻當他作具體而微的成人，因此又不知演了多少家庭與教育的悲劇。自從弗羅培爾（Froebel）與戈特文（Godwin）夫人以後，才有光明出現。到了現在，造成兒童學與女子問題這兩大研究，可望長出極好的結果來。中國講到這類問題，卻須從頭做起，人的問題，從來未經解決，女人小兒更不必說了。如今第一步先從人說起，生了四千餘年，現在卻還講人的意義，從新要發見「人」，去「闢人荒」，也是可笑的

〔註43〕《談虎集・風紀之柔脆》。
〔註44〕見《談虎集》中的《拜腳商兌》、《拜髮狂》、《剪髮之一考察》等文。
〔註45〕見北京生活・讀書・新知三聯書店 1987 年版潘光旦譯《性心理學》。
〔註46〕《夜讀抄・性的心理》，另參閱北京三聯書店版《性心理學》256 頁。

事。但老了再學，總比不學該勝一籌罷。我們希望從文學上起首，

提倡一點人道主義思想，便是這個意思。〔註47〕

這裏清楚地闡明女性的發見、兒童的發見是人的發見的重要組成部分。

在《北溝沿通信》〔註48〕中，周作人抨擊古代教徒之說女人是惡魔，女性崇拜者之頌揚女人是聖母。他說：「我們要知道，人生有一點惡魔性，這才使生活有些意味，正如有一點神性之同樣地重要。對於婦女的狂蕩之攻擊與聖潔之要求，結果都是老流氓（Rouè）的變態心理的表現，實在是很要不得的。……以前的人硬把女子看作兩面，或是禮拜，或是詛咒，現在才知道原只是一個，而且這是好的，現代與以前的知識道德之不同就只是這一點。」這裏表明的女性觀顯然與他的靈肉統一的人性觀是一致的。關於處女問題，他曾假借一個叫「鶴生」的父親的口吻說：「我的長女是二十二歲了，……現在是處女非處女，我不知道，也沒有知道之必要，倘若她自己不是因為什麼緣故來告訴我們知道。我們把她教養成就之後，這身體就是她自己的，一切由她負責去處理，我們更不須過問。便是她的丈夫或情人——倘若真是受過教育的紳士，也決不會來問這些無意義的事情。這或者未免太是烏托邦的了，我知道在智識階級中間還有反對娶寡婦的事，但我總自信上邊所說的話是對的」。〔註49〕他認為女子有「為人或為女的兩重的自覺」後，才可能有婦女解放運動。〔註50〕要求的是對婦女獨立人格的尊重。他在《北溝沿通信》中還說，婦女問題實際只有兩件事，即經濟的解放與性的解放。對於前者，他認為在現代中國不可能實現，因為男子尚為就業糊口蹙眉，婦女就更不用說了。至於性的解放，他借助英國斯妥布思女士（Marie Stopes）《結婚的愛》（1918）的觀點，要求性生活本著兩性性欲的差異，即男子是平衡的，女子是間歇的，因而改正兩性生活應以女性的要求為本位。這在男子，非但不是犧牲，倒反而是祝福。〔註51〕清代的俞正燮是周作人最佩服的三個中國思想家（還有王充、李贄）之一，原因正在於他為別人所譏的「好為婦女出脫」與周人格和思想一致。〔註52〕現代很多的思想家、學者、作家多從社會解放的角度提出

〔註47〕《藝術與生活・人的文學》。

〔註48〕收入《談虎集》。

〔註49〕《談虎集・風紀之柔脆》。

〔註50〕《談虎集・婦女運動與常識》。

〔註51〕《自己的園地・〈結婚的愛〉》。

〔註52〕見《秉燭談・關於俞理初》，《藥堂雜文・讀〈初潭集〉》。

婦女問題,而在周作人那裏,婦女問題具有獨立的意義。周作人的婦女論在今天看來仍不失其現實意義。1993 年,中國文藝界發生了兩件曾經引起關注和議論的事情:一是小說《廢都》的出版,一是詩人顧城在新西蘭奧克蘭島殺妻自殺。舒蕪引用周作人的觀點予以深刻的剖析:「它們再一次顯現出比我年輕得多的知識分子的封建愚昧的婦女觀之可怕,而他們的封建愚昧的婦女觀的種種表現,幾乎全是幾十年前周作人早就抨擊過的」。〔註53〕

在兒童觀中,他把兒童看作是本位的,父母和子女都是人類進化鏈條中的一個環節,而子女卻代表未來。他提出把中國人的「祖先崇拜」改為「子孫崇拜」。〔註54〕要求完全尊重兒童獨立的人格,在於中國現代兒童文學史上有過巨大影響的論文《兒童的文學》〔註55〕中說:「以前的人對於兒童多不能正當理解,不是將他當作縮小的成人,拿『聖經賢傳』盡量的灌下去,便將他看作不完全的小人,說小孩懂得什麼,一筆抹殺,不去理他。近來才知道兒童在生理心理上,雖然和大人有點不同,但他仍是完全的個人,有他自己的內外兩面的生活。」他對現實的兒童教育不滿,甚至不無憤激,在《〈長之文學論文集〉跋》〔註56〕中寫道:「自從文章上有救救孩子的一句話,這便成為口號,一時也流行過。但是怎樣救法呢,這還未見明文。我的『杞天之慮』是,要瞭解兒童問題,同時對於人與婦女也非有瞭解不可,這須得先有學問的根據,隨後思想才能正確。狂信是不可靠的,剛脫了舊的專斷便會走進新的專斷。我又說,只有不想吃孩子的肉的才真正配說救救孩子。現在的情形,看見人家蒸了吃,不配自己的胃口,便嚷著要把『它』救了出來,照自己的意思來炸了吃。……舊禮教下的賣子女充饑或過癮,硬訓練了去陞官發財或傳教打仗,是其一,而新禮教下的造成種種花樣的信徒,亦是其二。我想人們也太情急了,為什麼不能慢慢的來,先讓這幫小朋友們去充分的生長,滿足他們自然的欲望,供給他們世間的知識,至少到了中學完畢,那時再來誘引或闌騙,拉進各派去也總不遲。」他反對把「傳道」加之於童話。〔註57〕他在兒童文學方面做了大量工作,出版有專集《兒童文學小論》。

〔註53〕舒蕪:《不要完全拋在腦後》,《讀書》1994 年第 5 期。
〔註54〕《談虎集‧祖先崇拜》。
〔註55〕收入《兒童文學小論》。
〔註56〕收入《苦茶隨筆》。
〔註57〕《苦茶隨筆‧〈兒童故事〉序》。

（三）人生哲學

周作人的人本主義思想是在批判封建文化的過程中建立起來的，他從本體的意義上思考人性和人的價值等問題正是針對封建文化中缺少「人」的位置而下的對症之藥，因此在思想啟蒙中發揮了深刻而獨到的作用，不少觀點在今天看來仍然有其獨特的價值。然而，周作人的思想又蘊藏著自身的危機。由於它標榜的「人」是超現實、抽象的存在，忽視了人的社會本質，所以他解釋不了複雜的社會關係。在民族關係上，他強調人類的共性，未能充分正視半殖民地中國的實際地位。他在 1925 年的《元旦試筆》〔註58〕裏說道：本世紀初他「堅持民族主義者計有十年之久，到了民國元年這才軟化。『五四』時代我正夢想著世界主義」。他的歷史也必然是唯心主義的，他喜歡《聖經》裏「日光底下無新事」的格言〔註59〕，忽視歷史發展的階段性。他的文學史觀也是如此。

由於忽視了人的種種社會的具體規定性，他的個人主義和人道主義思想在當時中國黑暗的現實面前顯得十分貧弱，解決不了面臨的重大社會問題。從一開始，他就不僅把它們看作思想啟蒙的靈丹妙藥，而且視為社會改良的上好途徑。五四運動爆發後，周作人訪問了日本的新村。他的《新村的理想與實際》〔註60〕一文坦白道，通往自由的路可以有多條，但他是喜歡平和的，不能採用「善種學」（Eugenics）和「激烈的社會主義」的方法。他預感到又有些怕即將來臨的社會革命，1919 年所作的詩歌《小河》就反映出其思想憂慮。因此，他帶著急切的心情在中國宣傳新村主義。周的個人主義與人道主義一與實踐結合，就顯示出其局限和貧弱，其根本缺陷恰恰就在於把個人解放與社會解放脫離開來。在新村主義的影響下，周作人與李大釗等參與發起了「工讀互助團」，其宗旨是「本互助的精神，實行半工半讀」。然而不久便夭折。新村和「工讀互助團」的失敗給他內心留下了一條深深的暗傷，現實猛烈的撞擊使他不得不重新調整思想，——而這思想是他五四時期的主要精神支柱。周作人是現代最早覺醒的知識分子之一，但在黑暗的現實面前，在五光十色的社會思潮面前，卻感到無所適從，對「山雨欲來風滿樓」的形勢又有著隱隱的憂懼。一句話，他在思想上缺乏歸宿感。1921 年他在《山中雜

〔註58〕收入《雨天的書》。
〔註59〕見《藝術與生活·人的文學》，《看雲集·偉大的捕風》等文。
〔註60〕收入《藝術與生活》。

信》〔註61〕中坦言：「我近來的思想動搖與混亂，可謂已至其極了，托爾斯泰的無我愛與尼采的超人，共產主義與善種學，耶佛孔老的教訓與科學的例證，我都一樣的喜歡尊重，卻又不能調和統一起來，造成一條可以行的大路。我只將這各種思想，淩亂的堆在頭裏，眞是鄉間的雜貨一料店了。」

　　他和當時許多知識分子一樣感到夢醒了無路可走的悲哀。形勢急劇發展，社會衝突更加明朗化、尖銳化。周作人受法國社會心理學家呂滂（Gustave Le Bon）的《群眾心理》（1895）的影響，懷疑群眾。呂滂的基本觀點是：群眾的意識失去了個性；群眾容易受傳染及暗示，思想感情趨同，行動帶有情緒性、盲動性。1927 年 11 月，周作人在《北溝沿通信》中寫道：「我近來讀了兩部書，覺得都很有意思，可以發人深省。……其中的一部是法國呂滂（G. le Bon）著《群眾心理》，中國已有譯本，雖然我未曾見，我所讀的第一次是日文本，還在十六八年前，現在讀的乃是英譯本。無論人家怎樣地罵他是反革命，但他所說的話都是眞實，他把群眾這偶像的面幕和衣服都揭去了，拿眞相來給人看，這實在是很可感謝雖然是不常被感謝的工作。群眾現在還是最時新的偶像，什麼自己所要做的事都是應民眾之要求，等於古時之奉天承運，就是眞心做社會改造的人也無不有一種單純的對於群眾的信仰，彷彿以民眾爲理性與正義的權化，而所做的事業也就是必得神祐的十字軍。這是多麼謬誤呀！我是不相信群眾的，群眾只是暴君與順民的平均罷了，然而因此凡以群眾爲根據的一切主義與運動我也就不能不否認」。周作人又喜歡平和，所以他在思想上不可能走向共產主義，行動上自然疏遠左派，而他對右派又自始至終沒有好感。作爲自由主義者的周作人被進一步夾在兩大陣營之間。中國現代社會與西方社會不同，沒有政治、經濟和文化各自相對獨立的權力格局，知識界未能保持其相對獨立性，難以通過自由的立場來評論並影響社會政治生活。相反，政治浪潮總是沖刷每一個社會角落，把人們裏挾進去。中國的自由主義者在 30 年代以後的階級分化中不斷向左轉或右轉，他們中的最後一批人也在新中國成立以後的知識分子思想改造運動中銷聲匿迹。像周作人這樣的知識分子很難保持內心平衡。

　　1921 年肇始，特別是 1927 年以後，周就逐漸消退了對人道主義理想的巨大熱情，人道主義鋒芒逐漸鈍化；他未能把自我與社會解放統一起來，個人主義逐步返歸自我。

〔註61〕收入《自己的園地》初版本和《雨天的書》。

　　文章開頭指出過周作人「人學」思想的兩個層面。他的悲觀主義思想是一條或隱或現的潛流，兩個層面相互影響，社會倫理層面的思想得勢，可在一定程度上沖淡他的悲觀主義思想；反之，則會引起悲觀主義思想的上泛。他的悲觀主義雖然並不直接表現爲具體的現實原則，但對它起著強固的制約作用。

　　周作人在寫於 1924 年 12 月的《死之默想》〔註62〕一文中對希臘厭世詩人巴拉達思的一首小詩表示欣賞：

　　　你太饒舌了，人呵，不就將睡在地下；

　　　住口罷，你生存時且思索那死。

1928 年 11 月發表的《閉戶讀書論》〔註63〕曲折地表述了他的生死觀，他說，「自唯物論興而人心大變，固然，知道人生之不再，宗教的希求可以轉變爲社會運動……然而在大多數凡夫卻有點不同，他的結果不但不能砭頑起懦，恐怕反要使得懦夫有臥志了罷。」現代人接受了唯物論（至少是對死的唯物論）思想，他們意識到人生不過是廣袤的時空中瞬間生滅的火，對死的強烈意識萌蘗出周所說的兩種不同的人生選擇。

　　周氏對人生的悲觀主義態度可以上溯到南京求學時期，他在《死之默想》裏就說過，「因爲少年時當過五六年的水兵，頭腦中多少受了唯物論的影響，總覺得造不起『不死』這個觀念來。」他於當時的日記中就把人生在世比作「輕塵栖弱草」，認爲世人雖「荊蕙不齊」，但「要之皆可憐兒也」。並說：「天下無眞是非，以習見與不習見爲斷。」〔註64〕如果說這時的「天下無眞是非」還只是「少年不識愁滋味」的周作人青春的感喟的話，那麼，到了中年經歷了許多人事滄桑和失敗後，它則是隱藏在他內心深處的暗影了。他後來的附逆不也是在排除了「是非」之感後才發生的嗎？周作人這時把他的人生態度稱爲「樂生主義」。〔註65〕既然生命是感性的，那麼感性的幸福就是當前唯一能判定的眞實。「樂生主義」仍然可以有兩種趨向，其一是把自我與社會有機統一起來，在對社會的貢獻中提取自己應得的報酬；其二在現實面前無能爲力，或四處碰壁，索性抱傳統虛無主義的「晝短苦夜長，何不秉燭遊」的人生態度。這兩種趨向在周作人的思想和行爲中時起時伏。留日時期，他

〔註62〕收入《雨天的書》。

〔註63〕收入《永日集》。

〔註64〕1905 年 3 月 12 日（農曆乙巳二月初七）日記。

〔註65〕1905 年 2 月 3 日（農曆甲辰十二月二十九日）日記。

非常強烈地感到「悲哀者，人生之眞諦」，但他畢竟還年輕，血是熱的，能從積極處對待悲觀。他用尼采《查拉圖斯特拉如是說》序言中的話說：「唯有墳墓處，始有復活。」〔註66〕「五四」時期輝煌的戰績抑制了他的悲觀主義情緒。「五四」退潮則使他裸露出思想河床上的荒灘。同樣是在《閉戶讀書論》中，他寫道：「我看，苟全性命於亂世是第一要緊，所以最好是從頭就不煩悶。……其次是有了煩悶去用方法消遣。」其中雖然有斯威夫特式的反諷意味，他藉此發泄對現實的牢騷和內心的苦悶，但如下的思想是眞實的：閉戶讀書，用超越的態度使自己與現實保持一定的距離，盡可能地消弭內心的矛盾。

魯迅曾對人說過，散文詩集《野草》包括了他的全部哲學。〔註67〕許壽裳也指出：「至於野草，可說是魯迅的哲學。」〔註68〕我們也完全可以說在新詩集《過去的生命》中有著周作人的人生哲學，他的人生體驗和人生態度在這裏得到了鮮明的表現。他在《歧路》（1921年4月16日作）一詩中吐露了苦悶傍徨的心迹——

　　荒野上許多足迹，

　　指示著前人走過的道路，

　　有向東的，有向西的，

　　也有一直向南去的。

　　這許多道路究竟到一同的去處麼？

　　我相信是這樣的。

　　而我不能決定向那一條路去，

　　只是睜了眼望著，站在歧路的中間。

　　……

《尋路的人》（1923年7月30日作）又寫道——

　　我是尋路的人。我日日走著路尋路，終於還未知道這路的方向。

　　現在才知道了，在悲哀中掙扎著正是自然之路，這是與一切生物共同的路，不過我們單獨意識著罷了。

〔註66〕周作人：《哀弦篇》，1908年12月《河南》第9期。

〔註67〕章衣萍：《古廟雜談》（五），1925年3月31日《京報副刊》第105號。

〔註68〕許壽裳：《我所認識的魯迅》，北京：人民文學出版社1952年8月2版，42頁。

> 路的終點是死。我們便掙扎著往那裏去，也便是到那裏以前不得不
> 掙扎著。
>
> ……〔在人生的旅途上〕有的以為是往天國去，正在歌笑；有的以
> 為是下地獄去，正在悲哭；有的醉了，睡了。我卻只想緩緩的走著，
> 看沿路的景色，聽人家的談論，盡量的享受這些應得的苦和樂，至
> 於路線如何……那有什麼關係？

他最終選擇的是以審美的態度來看待人生。人在旅途，這個帶有存在主義意味的人生體驗及其選擇對理解周作人以後的思想和小品文寫作具有非常重大的意義。

　　周接受了藹理斯與中國傳統知識分子典型的人生態度相通的「生活之藝術」的觀念。他說，「生活之藝術只在禁欲與縱欲的調合」。〔註 69〕藹理斯在《聖芳濟與其他》一文中也說過，「生活之藝術，其方法只在微妙地混合取與捨二者而已。」〔註 70〕這種生活態度，既不忘情於現實，從現實中獲得個體生存必需的東西，又不會因為過多的欲望得不到滿足而痛苦。他這樣說過日本的茶道：「茶道的意思，用平凡的話來說，可以稱作『忙裏偷閒，苦中作樂』，在不完全的現世享樂一點美與和諧，在剎那間體會永久。」〔註 71〕這不僅是他所領會的「茶道」，而且是他做人的「人道」，即是「生活之藝術」很好的注腳。他選擇或者說認同了平凡的生活，他說：「道不可見，只就日用飲食人情物理上看出來，這就是很平常的人的生活法，一點兒沒有什麼玄妙。」〔註 72〕

　　「生活之藝術」就是要求用審美的態度來觀照人生。藹理斯《生活之藝術》一書系統地闡發了這個中心思想。在《人生之舞蹈》一書中，他表羨慕於中國古代生活的所謂悠閒與歡悅，把「生活之藝術」譬之於舞蹈：永久微微地變化，而與全體的形狀仍不乖忤。〔註 73〕周作人多次引用《性心理學》第六卷跋文末尾的兩段話〔註 74〕：

〔註 69〕《雨天的書‧生活之藝術》。
〔註 70〕同上。
〔註 71〕《雨天的書‧喝茶》。
〔註 72〕《苦竹雜記‧蔣子瀟〈遊藝錄〉》。
〔註 73〕《雨天的書‧藹理斯的話》。
〔註 74〕如在《雨天的書‧藹理斯的話》、《苦茶隨筆‧藹理斯的時代》、《苦口甘口‧我的雜學》等文中均引錄。譯文略有不同，此處引文據《我的雜學》。

有些人將以為我的意見為太保守，有些人以為太偏激。世上總常有人很熱心的想攀住過去，也常有人熱心的想攫得他們所想像的未來。但是明智的人，站在兩者之間，能同情於他們，卻知道我們是永遠在於過渡時代。在無論何時，現在只是一個交點，為過去與未來相遇之處，我們對於二者都不能有何怨懟。不能有世界而無傳統，亦不能有生命而無活動。正如赫拉克萊多思在《現代哲學的初期》所說，我們不能在同一川流中入浴二次，雖然如我們在今日所知，川流仍是不息的同流著。沒有一刻無新的晨光在地上，也沒有一刻不見日沒。最好是閒靜的招呼那熹微的晨光，不必忙亂的奔上前去，也不要對於落日忘記感謝那曾為晨光之垂死的光明。

在道德的世界上，我們自己是那光明使者，那宇宙的歷程即實現在我們身上。在一個短時間內，如我們願意，我們可以用了光明去照我們路程的周圍的黑暗。正如在古代火把競走——這在路克勒丟思看來似是一切生活的象徵——裏一樣，我們手持火把，沿著道路奔向前去。不久就會有人從後面來，追上我們。我們所有的技巧便在怎樣的將那光明固定的炬火遞在他手內，那是我們自己就隱沒到黑暗裏去。

周說：「這兩節話我頂喜歡，覺得是一種很好的人生觀」。〔註 75〕把自我看成無限歷史長河中過去與將來的銜接點，不過分看重自己，這樣他的內心就不會有大衝突，一切都像熹微的晨光那樣閒靜，新的自然到來，舊的自然離去。在道德的領域裏，他們都是改革者，這又使他們獲得道德感上的自慰。單純就個體生存來說，與生活保持一定的「審美距離」確乎是理想的人生境界。1921 年以後，周作人開始轉向小品散文的寫作。1924 年寫了一篇《教訓之無用》〔註 76〕後，便更傾心於自己的小品散文的世界了。他正是把寫作小品散文看作「生活之藝術」的一部分的。

「生活之藝術」既超越現實，又不忘情於現實。傳統知識分子關懷現實人生的無意識傳統潛在地影響著他，就是純粹從個體意義上講他也不甘心寂寞。1927 年，他引戈爾特堡（Isaac Goldberg）評論藹理斯的「叛徒與隱士」

〔註 75〕 《雨天的書・藹理斯的話》。
〔註 76〕 收入《雨天的書》。

以自譬，希望他的「趣味之文裏也還有叛徒活著」。〔註77〕從 1927 年到 1931年，儘管思想已發生了很大的變化，他還是整理出版了《澤瀉集》、《談虎集》和《藝術與生活》。他緬懷輝煌的五四時代和 1925 年、1926 年的鬥爭。1930年代以後，他不滿別人只看到他「隱士」的一面，甚至明確稱自己爲講事功的道德家〔註78〕，用「苦」、「藥」冠於文集的名稱以期引起人們的注意。仔細讀他的整個後期的散文，可以感覺到濃重的苦味。在後面的第七章中，我將試圖揭示，寫作小品文正是周作人找到的一個對世界的發言方式、一種存在方式，小品文的文體特點與其人生哲學的契合導致了一代散文大家的產生。從一開始，小品文對周作人就具有進與退、濟世與爲我、撥草尋蛇與消遣世慮的雙重意義。

周作人和魯迅對人的思索都超越了當時的思想啓蒙，從而具有了某種悲涼的現代意義。魯迅的人生哲學同樣帶有明顯的存在主義色彩。魯迅在《寫在〈墳〉後面》〔註79〕中說：「我只很確切地知道一個終點，就是：墳。然而這是大家都知道的，無須誰指引。問題是在從此到那的道路。那當然不只一條，我可正不知那一條好，雖然至今有時還在尋求。」他又說過，「走『人生』的長途，最易遇到的有兩大難關。其一是『歧路』，倘是墨翟先生，相傳是慟哭而返的。但我不哭也不返，現在歧路頭坐下，歇一會，或者睡一覺，於是選一條似乎可走的路再走，⋯⋯其二便是『窮途』了，聽說阮籍先生也大哭而回，我卻也像在歧路上的辦法一樣，還是跨進去，在刺叢裏姑且走走。」〔註80〕他也覺悟到人生的「歧路」，但作出了與周作人截然不同的選擇。在他的散文詩《過客》中，那個人在旅途，邁著受傷的雙脚、困頓倔強的「過客」，明知前路是墳，卻偏要執著前行。魯迅自己說這是「反抗絕望」，並說：「我以爲絕望而反抗者難，比因希望而戰鬥者更勇猛，更悲壯。」〔註81〕魯迅還歌頌過女弔、無常、死火，和作爲雨的精靈的北方的雪，他面對死亡，苦苦追尋人生的本體，深切地感到人生的孤獨、悲涼、悖謬、絕望。魯迅在《陀思妥夫斯基的事》〔註82〕中寫道：「那《神曲》的《煉獄》裏，就有我所愛的異

〔註77〕《澤瀉集・序》。
〔註78〕《瓜豆集・自己的文章》。
〔註79〕收入《墳》。
〔註80〕《兩地書・二》。
〔註81〕1925 年 4 月 11 日致趙其文信。
〔註82〕收入《且介亭雜文二集》。

端在；有些鬼魂還在把很重的石頭，推上峻峭的岩壁去。這是極吃力的工作，但一鬆手，可就立刻壓爛了自己。不知怎地，自己也好像很是疲乏了。」魯迅用《神曲》裏的西緒福斯神話來表達自己的人生體驗。在古希臘的神話裏，西緒福斯觸怒了諸神，被罰在地獄裏推巨石上山，但當快要推到山頂的時候，巨石立刻滾下來。於是他只得再推，循環往復。在諸神看來，這是對人的最大懲罰，因爲他做了一件永遠都不會有結果的工作。後來法國作家加繆用存在主義哲學重釋了這個古老的神話：西緒福斯是不幸的，然而他又是幸運的。他意識到自己荒謬的命運，並勇往直前。其行動就是對荒謬的反抗，對諸神的蔑視。他邁向山頂所要進行的鬥爭本身就足以充實自己的內心。〔註 83〕由此，可以看到魯迅與加繆在人生體驗和人生哲學上的契合。存在主義代表著周氏兄弟人生哲學所達到的高度。不過，他們之間又是那樣的不同。魯迅從孤獨和絕望中，從對死亡的諦視中，感受到強烈的生存意志。這裏可以看到尼采式個人主義在塑造魯迅人格模式中的積極作用。他對傳統的消極影響有著顯明的「原罪」意識，自覺抵制中庸的民族心理和傳統思想中使人沉靜下來的因素，而周作人則追求傳統知識分子不離現實而又超越現實的寧靜淡泊的人生態度。

（四）儒家思想的重釋

當五四時期的人道主義理想破滅以後，周作人陷入了悲觀，但他作爲一個現代知識分子關懷中國文化與中國社會的現實出路的初衷並沒有改變。1930 年代以後，他重釋了以儒家思想爲主體的中國文化。認爲周作人後期的思想和態度是對傳統文化的簡單認同是錯誤的，事實上他對於傳統中的很多東西仍保持著清醒的理性批判態度。當然，周作人與很多現代知識分子一樣，在自我的理性層次上傾向西方，感情和審美層次上深受中國傳統的薰染，中西文化衝突在他的內心中顯著存在，重釋也有助於他求得內心的平衡、和諧。

1908 年 5、6 月，周作人在《河南》第 4、第 5 期上發表《論文章之意義暨其使命因及中國近時論文之失》，痛感「第吾國數千年來，一統於儒，思想拘囚」，認爲要振奮「國民精神」，必須「擯儒者於門外」。五四時期，他表現出激進的反傳統姿態，但作爲直接批判對象的則是儒教和道教，他把它們與

〔註 83〕 參閱〔法〕加繆著、杜小真譯《西西弗的神話》，140～145 頁，北京：生活・讀書・新知三聯書店 1998 年 10 月 2 版。

儒家思想和道家思想區別對待。他重新闡釋中國文化是從文學上開始的。從
1927 年起，他把現代散文看作公安派、竟陵派文學的復活，進而又用「言志」
與「載道」的矛盾運動來架構中國文學史。這一方面是爲他自我表現的文學
實踐尋求理論上的辯護，另一方面又是對左翼革命文學的反擊。他強調個性，
要求獨抒性靈，就必然反對阻礙自我表現的道學思想，他的潛臺詞也是把革
命文學所要表達的思想譬之於道學。他之所以欣賞傅青主、舒白香，除了他
們都同彙儒釋道於寸心、思想寬博和曠達外，主要還因爲他們對奴俗者流（指
道學家們）的深惡痛絕。〔註84〕

　　由批判道學開始了他對「原始儒家」的追本溯源。1936 年他寫作《〈逸話〉
與〈論語〉》〔註85〕，開始了解釋儒家思想的具體嘗試。他說他不是不尊重儒
家，而是「討厭道學家者流」。他自稱爲儒家、「孔子的朋友」，他認爲人「有
兩種對外的態度，消極的是恕，積極的是仁」。「仁」、「恕」的基礎何在呢？
在於「人之異於禽獸」的「理智」。孟子主張性善論，把理性看作人和動物的
區別所在，聖人與我同類，只不過他們把理性自覺充分地發揮了。正是這種
理性先驗的存在，「仁」的理想才有可能實現。孔子「仁」的思想於是具有了
空前的哲學深度。如果稍加解釋，這不是與周作人曾經主張的靈肉一致的人
性觀，和在此基礎上疊築起來的人道主義思想具有一定的相似性嗎？然而，
周作人還沒有更多地告訴我們他爲什麼是儒家，對儒家最重要的範疇「仁」
還缺乏進一步的明確規定，他更多的是標奉自己喜歡的一些儒家做人的原則。

　　周作人對儒家思想的系統闡釋完成於 1940 年代初，主要體現在收入《藥
堂雜文》的《漢文學的傳統》、《中國的思想傳統》、《中國文學上的兩種思想》、
《漢文學的前途》四篇文章中。《禮記》說：「飲食男女，人之大欲存焉。」《孟
子》也說：「食色，性也。」焦循《易餘籥錄》卷十二有云：「先君子嘗曰，
人生不過飲食男女，非飲食無以生，非男女無以生生。唯我欲生，人亦欲生，
我欲生生，人亦欲生生，孟子好貨好色之說盡之矣。不必屏去我之所生，我
之所生生，但不可忘人之所生，人之所生生。循學易三十年，乃知先人此言
聖人不易。」周作人評價道：「此眞是粹然儒者之言，意思至淺近，卻亦以是
就極深遠，是我所謂常識，故亦即眞理也。」從這些思想材料中，他總結說，

〔註84〕見《風雨談》中的《關於傅青主》、《遊山日記》。
〔註85〕收入《風雨談》。

中國的思想是一種「常識的，實際的」「人生主義」〔註86〕，或稱「現世主義」、「實際主義」〔註87〕的儒家思想，說先賢制定禮法全是爲人。〔註88〕他引用阮元《〈論語〉論‧仁論》「人與人相偶而仁乃見」的觀點，寫道：

> 這裏所說儒家的仁很是簡單明瞭，所謂仁直捷的說即是做人，仁即是把他人當做人看待，不但消極的己所不欲勿施於人，還要以己所欲施於人，那就是己欲立而立人，己欲達而達人，更進而以人之所欲施於人，那更是由恕而至于忠了。〔註89〕

他正是把「仁」看作「儒家的人文主義（Humanism）」〔註90〕的精神實質，「忠恕」是它的基本原則，孟子所說的「五畝之宅，樹之以桑」是其社會理想。焦循的話體現了「儒家的人文主義」精神。在周作人看來，這些思想本來是極好的，但自漢代以降，被逐步「師爺」（指酷儒）化與「禪和子」（指玄儒）化了。

周作人的解釋顯示了一定的理論深度。現世主義確實是儒家思想的重要特徵，李澤厚把儒家的這種理性精神或理性態度稱爲「實踐（用）理性」，並認爲它是構成中國整個民族文化心理的重要特徵。〔註91〕周作人沒有李澤厚那樣周詳而深入的論述，但較早指出了現世主義或「實踐（用）理性」的重要特徵。它要求通過理性的調節，「講實際而又持中庸」，〔註92〕通達人情物理，「不談鬼神，不談靈魂，不言性與天道」。〔註93〕現世主義尋找現實可行的原則，使人的現世享受得到一定的重視，這可能是儒家思想長行不衰的重要因由。周又把「現世主義」昇華爲「中國人所有的以生之意志爲根本的那種人生觀」〔註94〕，它甚至先於孔孟而存在，禹稷的身上也體現了這種儒家精神；孔孟只是承前啟後，把這種理性精神發揚光大了而已。廣義的人道主義精神在孔孟的「仁」學體系裏是存在的，它在承認嚴格的等級秩序的前提下，要求在血緣宗法的基礎上建立廣泛的「博愛」關係。

〔註86〕《藥堂雜文‧漢文學的傳統》。
〔註87〕分別見《中國的思想問題》、《漢文學的前途》。
〔註88〕《藥堂雜文‧漢文學的傳統》。
〔註89〕《藥堂雜文‧中國的思想問題》。
〔註90〕同〔註5〕。
〔註91〕李澤厚：《孔子再評價》，《中國古代思想史論》，北京：人民出版社1986年3月。
〔註92〕同〔註6〕。
〔註93〕《苦茶隨筆‧〈論語〉小記》。
〔註94〕《知堂回想錄》之二〇六。

　　周作人重釋以儒家思想為中心的中國文化，有他向外追求事功的積極動機。他早年就廣泛涉獵西方文化和日本文化，留意英國的文化人類學和日本民俗學的發展，目的就在於重建與世界發展同步的中國新文化。他提倡「國民文學」，倡導民俗學研究，都是他為重建新文化而做的具體努力。然而新文化究竟以何為本，長期以來在他的思想中是矛盾的。他的最終選擇是以「傳統」為本位，揚棄傳統，融會新潮。他認為中國若能堅持固有的「現世主義」，「自己固然也站得住，一面也就與世界共通文化血脉相通，有生存於世界上的堅強的根據」。〔註95〕總之，堅持傳統的積極的「現世主義」，以「儒家的人文主義」為基本的倫理原則，並使之具有開放的格局，不斷容納新的適合自己發展的東西。

　　他採取的是「六經注我」的方式。對以儒家思想為代表的中國文化與西方文化的異質他當然是知道的，可能正因為如此，他才用「人文主義」而不是用他過去一直使用的「人道主義」來概括儒家思想中的「博愛」內容。他說過，現代許多文人如俞平伯，「其態度也和舊時文人差不多，然在根柢上，他和舊時的文人卻絕不相同。他已受過了西洋思想的陶冶，受過了科學的洗禮，所以他對於生死，對於父子、夫婦等問題的意見，都異於以前很多」。〔註96〕這話當然可以移來說他自己，著眼點也是中西兩大文化系統的差異。但稍後他又說新文學的「基調」仍是「儒道二家的」〔註97〕，而他過去卻說人道主義是新文學的基調，他強調的重心還是偏向了以儒家思想為主體的中國文化與西方文化的一致性。它們的區別只剩下了一點，即前者「靠直覺懂得了人情物理」，後者「從學理通過了來」。〔註98〕周作人的觀點是大可懷疑的。事實上，它們之間的區別顯赫。西方文化強調的是個體，把個體看作是本位的，對個體的充分尊重是西方近代文明的支點。而儒家思想所代表的中國文化強調的是一種宗法性質的集體意識，一種表面上溫情脉脉的倫理關係，個體似乎只有被置放於君臣父子夫妻的倫常關係中才有意義。儒家的「博愛」只是在承認並保證血緣宗法等級秩序的條件下提出的，所以，孟子罵「為我」的楊朱和「兼愛」的墨翟是無君無父的禽獸。另外，周的觀點在邏輯上也不

〔註95〕 《藥堂雜文・漢文學的傳統》。
〔註96〕 《中國新文學的源流》第五講。
〔註97〕 《〈中國新文學大系・散文一集〉導言》。
〔註98〕 《藥堂雜文・讀書的經驗》。

充分。作爲它解釋依據的儒家思想只是孔子「仁」學結構的重要組成部分，而不是全部。〔註99〕他所說的儒家原則在一定的意義上存在，可它們在歷史進程中，在多大程度上被現實化？明清兩代就有不少進步思想家看到了理學的流弊，在傳統文化的內部開始了一些恢復「原始儒家」地位的工作。王夫之、顏元、戴震、俞正燮等人都曾批判有蔽於孔孟之道的道學。如王夫之甚至把明代的衰弱、滅亡歸咎於程朱；顏元曾激烈抨擊程朱「千餘年來，率天下入故紙堆中，耗盡身心氣力，作弱人、病人、無用人者，皆晦庵爲之也。」〔註100〕他斷言：「去一分程朱，方見一分孔孟」，「程朱之道不熄，周孔之道不著」。〔註101〕誠然，程朱在建立他們的理學體系時，確實拋棄了孔孟思想中一些有益的東西，但王、顏等人割斷了它們之間的聯繫，對孔孟的消極影響又估計不足。

周作人的人性論與孟子的人性論也迥然有別。周雖然也說人與動物的區別在於理性，但他更傾向於強調人的動物性；並且由於對歷史和現實的悲觀，對人性有了很深的懷疑：「人的文化也不一定都是向上的，人會惡用他的理智去幹禽獸所不爲的事，如暗殺，買淫，文字思想獄，爲文明或王道的侵略……文過飾非。」〔註102〕這是典型的現代人生體驗，就是與文藝復興和資產階級啓蒙時期的人性觀相比，也有很大距離。孟子強調人性中的善，要求通過後天的學習喚醒理性的自覺，實現「大丈夫」的理想人格。周作人爲人處世雖曾爲當時很多人敬慕，但這只是現實關係層面上表現出來的人格，不是儒家要求的對理想人格本體的自覺趨同。

其實，他倒說過：「籠統的說一句，我自己承認是屬於儒家思想的，不過這儒家的名稱，是我所自定，內容的解說恐怕與一般的意見很有點不同的地方。」〔註103〕他清醒地意識到他解釋後的「儒家」的獨異面貌。

就是從 1930 年代算起，五四啓蒙運動也過去了十多個年頭，然而沒有充分發達是明顯的。周作人沒有能夠綜合地從政治、經濟等方面找原因，純粹從文化發展上來看，西方近代思想是在自己的文化土壤中生長起來的，中國啓蒙運動的失敗是不是與過於西化了，超出了一個民族的心理承受能力有關？既然

〔註99〕參見李澤厚：《孔子再評價》，《中國古代思想史論》。

〔註100〕《朱子語類評》。

〔註101〕《未墜集序》，《習齋記餘》卷一。

〔註102〕《風雨談・〈逸語〉與〈論語〉》。

〔註103〕《知堂回想錄》之一九八。

傳統對於中國人，包括像他這樣的知識分子，有如此大的魅力，那麼何不利用傳統的優勢來實現未竟的目標呢？不過，1940 年代初，他以有些反常的嚴肅正經的態度寫作《漢文學的傳統》、《中國的思想傳統》、《中國文學上的兩種思想》、《漢文學的前途》四文，並把它們引人注目地置於《藥堂雜文》一集的卷首，是有著更為直接的動機的。對此，他後來在《知堂回想錄‧一八〇》中說：「那篇文章是我照例的鼓吹原始儒家思想的東西，但寫的時候卻別有一種動機，便是想阻止那時偽新民會的樹立中心思想，配合大東亞新秩序的叫嚷，本來這種驢鳴犬吠的運動，時至自會消滅，不值得去注意它，但在當時聽了覺得很是討厭，所以決意來加以打擊。」然而，他的自述是有著自我美化的嫌疑的，其態度只能說是一種消極的反抗。周作人在 1949 年致周恩來的信中寫道：「他（指李贄──引者）說不能以孔子之是非為是非，可是文章中多是『據經引傳』，在《焚書》中有一篇信札，說明自己不相信古人，而偏多引他們的話，這便因為世人都相信典據，借了古人的話過來，好替自己作屏風罷了。我也並不相信孔孟會得有民主思想的，更不喜歡漢宋以來的儒教徒，可是寫文章時也常引用孔孟的話，說孔孟以前的儒家原是有可取的，他們不信奉文武周公而以禹稷為祖師，或者上去更是本於神農之言也說不定，他們的目的是要人民得生活，雖然不是民治，也總講得到民享，這裏也是用的同一方法，即所謂託古改制，自己知道說的不是真實，但在那環境中也至少是不得已的。民國三十二年中所寫，論中國的思想問題，中國文學上的兩種思想這些篇，都是這一例。」可謂道破了天機。值得注意的是，周作人還特別強調了當時的環境的限制。「託古改制」、「六經注我」自古就有，這是一種中國傳統的思想方式。晚清之際，康有為曾借今文經學宣傳自己的變法主張。在中國的新時期之初，也是從馬恩等經典作家那裏尋找改革開放的理論依據。

周作人幾乎在中西之間完成了一次文化對譯，「現世主義」近似於人本主義，「仁」的思想近似於人道主義。但思想材料本身並不是完全被動的，他的解釋經過了一次文化過濾，重釋後的儒家思想與西方近代的人本主義有著明顯的中國化的特點。第一，「現世主義」更注重人世，不談玄遠，世界觀與人生觀高度合一，理智地規整著社會與自然，適當借取異域適合自己發展的東西；第二，個性的色彩被淡化。在他重釋後的儒家思想中，找不到與個人主義相對應的概念，中國文化中本來就缺少個體的位置。不過，聯繫他思想的前後承續和轉換，我們依然可以從他的解釋中讀出這樣的意思：個體承認社

會倫理道德並從中得到庇護，後者才是出發點和歸宿。因此，我們可以說個體的價值仍在他的思考中佔有重要地位。

新文化建設的核心問題仍然可以歸結爲倫理道德問題。周作人在《知堂回想錄》裏復引他《自己的文章》中的話說：「我的道德觀恐怕還當說是儒家的，但左右的道與法兩家也都摻和在內，外面又加了些現代科學常識，如生物學人類學以及性的心理。」雖然說的是他個人，其實也是他倫理道德建設的理想和主張。問題的實質並沒有脫出清末以來聚訟紛紜的「中學」、「西學」圈子。周作人重釋的本身，也說明了他看到在宗法制基礎上形成的儒家文化沒有足夠的力量擔負起建立一個現代民族國家的重任。建立在近代大工業基礎上的西方文化才應該是中國新文化建設的基本所在，個體應該是倫理道德重建的出發點。馬克思、恩格斯在構想共產主義社會時也指出，在那裏，「每個人的自由發展是一切人的自由發展的條件」。〔註104〕當然，中國固有文化中積極有益的東西也需要繼承發揚，並讓它在改造、補充西方文化中起作用。從消極的觀點看，不管你喜歡與否、承認與否，傳統是流淌在血液中的東西，總會在現實中產生巨大效應。中國新文化的建設是一個非常艱難複雜的過程。

周作人對儒家思想的重釋與現代新儒家對儒家思想的提倡都是源於憂患意識，都是爲了謀求中國文化和中國社會的現實出路。不過二者之間有著質的區別。周作人強調的是「原始儒家」，現代新儒家直接承續著程朱陸王的宋明理學的傳統。周作人「不言性與天道」，沒有現代新儒家那樣建立以本體論爲核心的儒家形而上學的興趣。最重要的，傳統儒家思想在周作人那裏缺乏眞正的本位的意義，他主要是假借傳統的思想形式，態度是實用的，而不是像現代新儒家那樣最終要把現代意義框限在傳統精神之中。在這裏，可以看到一個啓蒙主義者的底色。周作人的思考完全是個人性質的，既無明顯的師承，也無追隨者。

周作人的重釋長期以來沒有得到應有的重視，很多論者都簡單地把它看作是他對傳統文化的認同。得不到重視的原因主要有二：其一，他的解釋在抗戰前夕和抗戰之中，國事蜩螗，人們的注意力不會集中於與現實沒有直接關係的文化問題上。其二，一個流行的邏輯是，周是漢奸，那麼漢奸的東西自然是不足掛齒了。周作人對自己的文章是慎重的，就是在附逆事敵期間，

〔註104〕中共中央馬克思 恩格斯 列寧 斯大林著作編譯局編：《馬克思恩格斯選集》第 1 卷，北京：人民出版社 1972 年 5 月，273 頁。

他也並沒有把那些逢場作戲之作收入文集。〔註105〕值得注意的是，周作人1949年後在《知堂回想錄》裏仍然申述他關於中國文化的基本構想。

隨著中國經濟的發展和國際影響力的提升，中國文化的闡釋和對外推廣成爲日益迫切的重大課題。談到中國文化，我們總不能老跟人家說孔子、京劇、中醫、太極拳之類，也不能把自己的文化傳統和經驗框限在西方的話語中。既要不外於中國的固有文化，又不悖於世界文化的先進潮流。這樣，重釋融通古今中外的中國文化就成爲了一項歷史的重任。如何重釋呢？面臨著諸多選擇。而周作人對傳統文化的現代闡釋爲我們提供了一個可供借鑒的方式。與援西學入儒學、日趨精製化的新儒學相比，周作人的思想是簡陋的，但它標誌著一種與馬克思主義、西化派、現代新儒學不同的思路。它展示了一條可能的途徑，也爲反思五四新文化運動，考察20世紀的種種文化思想流派的得失提供了一個參照。這是周作人研究中一個不應該忽視的問題。

通過上文的論述，大約可以看出周作人思想的基本特色和主要貢獻。承認周作人爲一個思想家，對周作人研究都具有十分重大的意義。透過這個視角，就會看到和過去大不一樣的周作人。民國時期蘇雪林等人從同時代人的切身感受得出這個結論，今天的研究者是從更宏觀的背景出發來論述的，這說明周作人的思想經受住了時間的考驗。我也認爲周作人的思想家的地位是無疑的。我很贊成王富仁對魯迅是否是一個思想家的辨析：「假若不把思想家僅僅按照西方的模式理解爲一種完整的理論學說的營造者，而理解爲實際推動了一個民族並由這個民族及於全人類的思想精神發展、豐富了人們對自我和對宇宙人生的認識的人，那末，魯迅的思想家的地位就是不可忽視的。」〔註106〕這段話對周作人來說也大致適合。他的思想是一種以現代人本主義爲基礎的「人學」思想。周作人《〈長之文學論文集〉跋》云：「據人家傳聞，西洋在十六世紀發見了人，十八世紀發見了婦女，十九世紀發見了兒童。」可以說，人的發現以及與之密切相連的女性的發現、兒童的發現，對封建禮教的

〔註105〕1946年8月，時任《文匯報》駐南京特派員的黃裳去南京老虎橋監獄訪問了周作人，事後他在《老虎橋邊看「知堂」》（1946年9月2日《文匯報‧筆會》，收入《錦帆集外》，上海：文化生活出版社1948年4月）一文中記述道：「我又問他是否還有許多集外文沒有收集？他說沒有了。我又記起了有一次偶然在『中華日報』上剪了下來的『參拜湯島聖堂記念』的文章，他就說這些應酬文章照例是不收集的，也還有許多在外面。」

〔註106〕王富仁：《中國魯迅研究的歷史與現狀》，杭州：浙江人民出版社，1999年3月版，54～55頁。

撻擊，對國民「惡根性」的批判，對自由與寬容思想的提倡，還有關於人生哲學的思考，代表著作爲思想家的周作人在中國現代思想史上的主要貢獻。中國現代本來就是一個思想比較貧弱的時代，實在不應該把周作人富有特色和深度的思想當做污水一潑了事。

二、周作人的雙重悲觀與其附逆

　　抗戰爆發後，周作人仍然留住北平，並很快附逆事敵，一個在新文化運動中有著輝煌功績的戰士墮落成為民族的罪人。周作人的附逆，既有現實境遇的原因，也有思想上的緣由。在關於後者的說法中，有兩點我認為是基本的，以此可以解釋他附逆期間的複雜表現。一是對人生的悲觀，上章已經論及；二是對民族的悲觀，當年十八位作家在致周作人的公開信〔註1〕中就提到過。遺憾的是，這是一條尚未得到認真捋理的線索。

（一）對國民性的悲觀

　　現在人們已經不大容易明瞭 1920、1930 年代像周作人這樣的知識分子的內心暗影：曾經使人們激動得熱血沸騰的五四運動落潮了，中國的危機不僅表現為紛至沓來的內憂外患，而且表現為整個民族的素質的巨大落差。到抗戰爆發，周作人的悲觀表現在對現實的看法上，即使是鄭振鐸在《惜周作人》〔註2〕中指出的認為中國無力與日本作戰，表現在歷史文化層面則是對國民性的悲觀。兩方面合起來就產生了他的「必敗論」。

　　經過洋務運動、戊戌變法等一系列救亡圖存運動的失敗，留日時期，周作人和魯迅一樣把關注的焦點集中在文化問題上。這是五四新文化運動的先聲。他提倡「立國精神」的文學，目的就在於使「國民精神」「進於美大」。

〔註1〕茅盾等：《給周作人的一封公開信》，1938 年 5 月 14 日《抗戰文藝》第 1 卷第4 期。
〔註2〕1946 年 1 月 12 日《周報》第 19 期。

〔註3〕振奮「國民精神」，除了要樹立民族自信心，介紹異邦新聲而外，還要剔除現實「國民精神」中的弊病。他和魯迅後來都致力於國民性的改造，這與他們的早期思想有一脉相承的關係。在新文化運動中，周作人提倡人道主義，「人道主義」是他針對中國過去幾千年文明中缺乏「人」的位置而下的一劑方藥，對立面即是阻礙人性向上發展的獸性的餘留和古代禮法。他在《人的文學》中列舉了十類「非人」的文學，這十類文學也是他後來揭露國民性痼弊的素材來源之一。1919 年初，他發表了《論「黑幕」》、《再論「黑幕」》〔註4〕，指斥喜歡講下流話和別人壞話反映了一種「墮落的國民性」的「黑幕」文學。這時，他對國民性的批判還是零星的，情緒還不是那麼悲觀、凝重。從 1923 年到 1928 年，周對國民「惡根性」〔註5〕進行了全面地揭露和批判。

「人」的問題是周作人批判國民「惡根性」的主視角。他以人道主義為參照，指斥中國人缺乏求生意志，不知道尊重生命。人道主義強調的中心是個體的價值和自由意志，他在評價阿 Q 形象時就體現了這個價值標準。他說阿 Q「是一幅中國人品性的『混合照相』，其中寫中國人的缺乏求生意志，不知尊重生命，尤為痛切，因為我相信這是中國人的最大病根」。〔註6〕在小說裏，阿 Q 是「沒有自己的意志而以社會的因襲的慣例為其意志的人」，他幻想革命成功，想到的也只是生殺予奪，滿足自己的私欲，最後卻因要革命而被殺頭。當時，兵燹遍地，生靈塗炭，軍閥政府為了穩固統治不斷鎮壓學生運動和工人運動。懷抱對「五卅」事件的憤怒，周作人又說：「中國人本來是食人族，象徵地說有吃人的禮教，遇見要證據的實驗派可以請他看歷史的事實，其中最冠冕的有南宋時一路吃著人臘去投奔江南行在的山東忠義之民。」〔註7〕他讀過大量的野史筆記，知道很多吃人的事情。他在《魯迅的國學與西學》〔註8〕中說：「他不看正史而看野史，從『談薈』知道列代武人之吃人肉，從

〔註3〕 周作人：《論文章之意義暨其使命因及中國近時論文之失》，1908 年 5 月、6 月《河南》第 4 期、第 5 期。

〔註4〕 分別載 1919 年 1 月 12 日《每周評論》第 4 號、1919 年 3 月《新青年》第 6 卷第 3 號。

〔註5〕 《雨天的書·與友人論國民文學書》。

〔註6〕 仲密（周作人）：《〈阿 Q 正傳〉》，1922 年 3 月 19 日《晨報副鐫》。

〔註7〕 《澤瀉集·吃烈士》。

〔註8〕 收入《魯迅的青年時代》，北京：中國青年出版社 1957 年 3 月。

『竊憤錄』知道金人之凶暴，從『雞肋編』知道往臨安行在去的山東義民以人脯爲乾糧，從『明季稗史彙編』知道張獻忠和清兵的殘殺，這些材料歸結起來是『禮教吃人』，成爲『狂人日記』的中心思想。」其中提到的書都是周作人感興趣的，他自然都看過。在《讀〈京華碧血錄〉》〔註9〕中說：「《碧血錄》全書五十三章，我所覺得好的是第十九至第廿四這五章記述庚子拳匪在京城殺人的文章。我向來是神經衰弱的，怕聽那些凶殘的故事，但有時卻又病理地想去打聽，找些戰亂的記載來看。最初見到的是明季稗史裏的《揚州十日記》，其次是李小池的《思痛記》，使我知道清初及洪楊時情形的一斑。《寄園寄所寄》中故事大抵都已忘卻，唯張勛戰敗的那年秋天，伏處寓中，借《知不足齋叢書》消遣，見到《曲洧舊聞》（？）裏一條因子巷緣起的傳說，還是記得，正如安特來夫的《小人物的告白》裏的惡夢，使人長久不得寧貼。」其中，《思痛記》對他的影響最大。

　　周作人從文化人類學和進化論的思想出發，抨擊了國民以祖先崇拜爲特徵的守舊心態。〔註10〕這種守舊心態在現實中最顯著的表現就是國粹主義，它的必然的兩種傾向爲復古與排外。守舊心態是中國人現代化最強大的阻力之一，也是近代中國落後、遭受欺凌的主要原因之一。五四新文化運動初興之時，就有保守落後的封建知識分子不敢正視慘淡的現實，陶醉於唱「我國開化最早」、「東方文明」的讚美詩，並以之抵制新文化的傳播。「五四」過後，新文化雖然在知識界取得了支配地位，但國粹主義的沉渣時常泛起。他認識到，對「國粹」或所謂「東方文明」的迷戀，不獨在思想上造成閉關、復古與守舊，而且使已經動搖了的舊制度舊禮教獲取這個護身符得以生存下去。所以，他猛烈地抨擊復古運動，嘲諷「讀經」運動，批判國民黨政府把國慶日又規定爲「孔子紀念日」。〔註11〕怎樣對待所謂「國粹」呢？周作人表明了自己的態度：「所謂國粹可以分作兩部分，活的一部分混在我們的血脉裏，這是趣味的遺傳，自己無力定他的去留的，當然發表在我們一切的言行上，不必等人去保存他；死的一部分便是過去的道德習俗，不適宜於現在，沒有保存之必要，也再不能保存得住。所以主張國粹的只是說空話廢話，沒有一顧

〔註9〕收入《雨天的書》。
〔註10〕《談虎集‧祖先崇拜》。
〔註11〕有關文章在《談虎集》中甚多，如《思想界的傾向》、《不討好的思想革命》、《問星處的豫言》、《讀經之將來》、《古書可讀否的問題》諸文。

的價值。」〔註 12〕他所要求的是以開放的心態，去容納外國的東西，以蕩滌
不適應社會進步、阻礙人性發展的而又是可以得到改變的道德習俗。

　　他批判的中國人逆來順受的奴性或「奴隸的癮」〔註 13〕，與守舊心態
直接相關。批判中國人的奴隸性是梁啓超已降啓蒙知識分子共同的思想主
題，周作人還特別揭示了流佈於文章中的奴隸性。陳獨秀曾在《文學革命
論》中，批評韓愈「誤於『文以載道』之謬見。文學本非為載道而設，而
自昌黎以訖曾國藩所謂載道之文，不過鈔襲孔孟以來極膚淺極空泛之門面
語而已。余嘗謂唐宋八家之文之所謂『文以載道』，直與八股家之所謂『代
聖賢立言』，同一鼻孔出氣。」〔註 14〕周作人在《中國新文學的源流》中說：
「八股文和桐城派的古文很相近，早有人說過，桐城派是以散文作八股的。」
「桐城派……的文章統系也終和八股文最接近。」他指出八股文的思想意
識的根基：「我再來一談中國的奴隸性罷。幾千年來的專制養成很頑固的服
從與模仿根性，結果是弄得自己沒有思想，沒有話說，非等候上頭的吩咐
不能有所行動，這是一般的現象，而八股文就是這個現象的代表。」談到
清末文學，他講道：「八股文在政治方面已被打倒，考試時已經不再作八股
文而改作策論了。其在社會方面，影響卻依舊很大，甚至，如從前所說，
至今還沒有完全消失。」〔註 15〕所以，他才一再強調研究八股文。周氏在
《夜讀抄・太監》中指斥：「中國文化的遺產裏有四種特別的東西，很值得
注意，照著他們歷史的長短排列起來，其次序為太監，小腳，八股文，鴉
片烟。」對八股文的厭惡感溢於言表。他喜歡罵韓愈，主要是由於思想上
的原因。他在《瓜豆集・題記》中寫道：「或者懷疑我罵韓愈是考古，說鬼
是消閒，這也未始不是一種看法，但不瞞老兄說，這實在只是一點師爺筆
法紳士態度，原來是與對了和尚罵禿驢沒有多大的不同，蓋我覺得現代新
人物裏不免有易卜生的『群鬼』，而讀經衛道的朋友差不多就是韓文公的夥
計也。」周作人說話是時候是在 1930 年代初期，如今七、八十年過去了，
但形形色色的新式八股仍舊盛行不衰。

〔註12〕《談龍集・地方與文藝》。
〔註13〕《談虎集・孫中山先生》。
〔註14〕陳獨秀：《文學革命論》，1917 年 2 月《新青年》第 2 卷第 6 號。
〔註15〕周作人：《中國新文學的源流》，石家莊：河北教育出版社 2002 年 1 月，31、
　　　　44、63～64 頁、48～49 頁。

1920 年 11 月，在一篇題為《文學上的俄國與中國》〔註 16〕的演講稿中，他對比了中俄兩國的國民性，指出中國人極其缺乏富於自我譴責精神的懺悔意識。文學上寫社會的黑暗，好像攻訐別人的陰私，談自己的過去，又似乎在吹噓好漢的光榮歷史。處於生死存亡的競爭當中，一個民族染有沉痾尚不自覺，周作人怒其不爭。他說他對「中國國民性根本地有點懷疑」，但還希望能好起來，而這最需要的是勇氣。首先，「知恥近乎勇」，必須知道自己沒有取得做人資格以至於被欺侮的恥辱，然後，再有勇氣去看定自己的醜惡，痛加懺悔，根除「惡根性」。他不無憤激地說：「中國人如沒有自批巴掌的勇氣，一切革新都是夢想，因為凡有革新皆從懺悔生的。」〔註 17〕中國文化裏缺乏類似於基督教文化中的懺悔傳統，另外，在一個大一統的專制社會中，容不得否定性的聲音出現，人們習慣於文過飾非、粉飾太平。時間一長，漸成痼疾，並且習焉不察。

在探索國民性的成因上，周作人有自己獨到的見解。和當時許多人認為國民性主要是以儒家思想為核心的文化心理結構在現實的表現形態不同，他更強調道教化的國民思想是培植國民「惡根性」的沃土。周作人是嚴格區分儒家與儒教、道家與道教的。所謂道教，指有張天師做教主，有道士們做祭司的，太上老君派的拜物教。道教徒尊東漢末年五斗米教創始人張道陵為「天師」，他的後裔承襲道法，居龍虎山，世稱「張天師」。平常人們談及中國宗教時總說儒道釋三家，但在周作人看來，儒教的綱常早已崩壞，佛教也只剩下了因果輪迴幾件和道教同化了的信仰在民間流傳，支配國民思想的已經完全是道教的勢力了，除了精靈崇拜外，還有種種道教思想影響的惡果。「從前無論哪個愚民政策的皇帝都不能做到，卻給道教思想製造成功的，便是相信『命』與『氣運』。」〔註 18〕周作人的看法顯示了自己的獨特性和深刻性。五四時期知識分子在對中國傳統文化進行反思時，主要是從觀念形態入手，從封建士大夫關於「正心誠意修身齊家治國平天下」的皇皇大論中尋找材料，這樣社會下層就在視野之外。周受文化人類學和民俗學的研究方法影響，注重考察民間，看到種種社會弊病和國民「惡根性」之所以能夠存在，是因為有廣大的社會心理基礎。社會改革不改變這個基礎，那只能是空中樓閣。很

〔註 16〕收入《藝術與生活》。
〔註 17〕《談虎集・代快郵》。
〔註 18〕《談虎集・鄉村與道教思想》。

多社會現象，如假案、假皇帝、燒洋學堂、反抗防疫、煉丹種蠱、符咒治病種種，無一不與道教有關。尤其是相信「命」與「氣運」，更是阻礙國民自我改造、社會進步的攔路石。對相信五星連珠、紫微星下凡的國民，同他們講民主政治無疑於對對牛彈琴。「命」與「氣運」的觀念養成了國民逆來順受的奴化性格，他們對改革缺乏信心和熱情。哀莫大於心死，要改造國民「惡根性」就必須清除「命」與「氣運」的迷信觀念。

改造國民「惡根性」必須喚醒國民的自覺，周作人選擇了繼續五四啓蒙主義的道路。他認爲，任何社會改革在當時的國民素質條件下都不可能完成。正因爲如此，「五四」以後，他才把情緒冷靜下來，把鬥爭的鋒芒局限在啓蒙的範圍之內。他借助的還是賽先生和德先生。他說：「最好的方法只是普及教育，訴諸國民的理性。」〔註 19〕他強調只有「科學之光」才能滅除迷信與禮教的「內中的根株」。〔註 20〕要鏟除國民卑怯、淫猥、昏憒、自大的「惡根性」，必須高度重視教育。教育的目的之一在於喚起個人的與國民的自覺，這是一個問題的兩個方面。個性的解放要以個人主義與人道主義爲根本，提倡自由意志和尊重個體的價值。國民的自覺的主要精神也就是作爲文化動力的民族主義，要求喚醒民族生存競爭意識和危機意識，盡量研究介紹中外文化，使其中健康有益的成分融入民族精神中去。

1940 年代中期，周作人反思了五四新文化運動。他認爲歐洲文藝復興和日本明治維新新文化運動是全方位的，而中國的新文化運動，「偏於局部，只有若干文人出來嚷嚷，別的各方面都沒有什麼動靜，完全是孤立偏枯的狀態，即使不轉入政治或社會運動方面去，也是難得希望充分發達成功的」。〔註 21〕他充分意識到了新文化運動的局限，但殊不知啓蒙運動的夭折還有文化外的原因，在極其落後的中國，幾萬萬人生活在食不果腹、衣不蔽體的貧困之中，基本生存欲望尚難得到眞正滿足，他們不可能想到提高自己的文化素質，反省自身的「惡根性」。也就是說，五四啓蒙運動帶有先天的悲劇性。過分執著地抱啓蒙的信念不放，自然不會看到眞正的希望，自然會導致對改造國民性以至於民族自新的絕望。

法國社會心理學家呂滂《民族進化的心理定律》（1894）一書對周作人的

〔註19〕 《談虎集・鄉村與道教思想》。
〔註20〕 《永日集・婦女問題與東方文明》。
〔註21〕 《苦口甘口・文藝復興之夢》。

國民性觀點起了相當大的副作用。該書的一個基本觀點是：「除了由於文化進步所生出之新的影響外，各民族之生活乃是被少數不變的心理因子所支配著。」〔註22〕民族精神代表著一個民族祖先的遺傳和行爲的動機，是其道德上與理智上特性的總和。一個民族的心理特徵雖不是恒定的，但卻像解剖學上的特徵一樣具有極大的穩定性，變化是一個極其緩慢的過程。呂滂當過醫生，他的研究方法過於比附於解剖學，囿於個別的事實，未能在把從個別事實中發現的東西提升爲普遍性結論的過程中，進行足夠的甄別和篩選。1925年6月，周作人在《與友人論國民文學書》〔註23〕中表示希望「國民文學」能夠「喚起個人的與國民的自覺」，「發生出新漢族的文明」，「這是我任意的夢想，也就是我所以贊同國民文學的提唱之理由。但是，有時又覺得這些夢想也是輕飄飄的，不大靠得住；如呂滂（Gustave Le Bon）所說，人世事都是死鬼作主，結果幾乎令人要相信幽冥判官——或是毗騫國王手中的帳簿，中國人是命裏注定的奴才，這又使我對於一切提唱不免有點冷淡了。」緊接著在《代快郵》〔註24〕中又說：「我不是歷史家，也不是遺傳學者，但我頗信丁文江先生所謂的譜諜學，對於中國國民性根本地有點懷疑；呂滂（G. Le Bon）的《民族發展之心理》及《群眾心理》（據英日譯本，前者只見日譯）於我都頗有影響，我不很相信群眾或者也與這個有關。巴枯寧說，歷史的唯一用處是教我們不要再這樣，我以爲讀史的好處是在能豫料又要這樣了」。1929年5月，在其《偉大的捕風》〔註25〕中寫道：「易卜生在《群鬼》這本劇中，曾借了阿爾文夫人的口說道，『我覺得我們都是鬼。不但父母傳下來的東西在我們身體裏活著，並且各種陳舊的思想信仰這一類的東西也都存留在裏頭。雖然不是眞正的活著，但是埋伏在內也是一樣。我們永遠不要想脫身。有時候拿起張報紙來看，我眼裏好像看見有許多鬼在兩行字的夾縫中間爬著。世界上一定到處都有鬼。他們的數目就像沙粒一樣的數不清楚。』（引用潘家洵先生譯文）我們參照法國呂滂（Le Bon）的《民族發展之心理》，覺得這小鬼的存在是萬無可疑」。呂滂的觀點從一開始就參與形成了周作人對國民性的基本態度：代表一個民族認知態度、審美要求等的「趣味」是流淌在血液中的東西，

〔註22〕〔法〕賴朋（呂滂）著、張公表譯：《民族進化的心理定律·第12版序》，上海：商務印書館1935年4月。周作人從日文讀得此書。

〔註23〕收入《雨天的書》。

〔註24〕收入《談虎集》。

〔註25〕收入《風雨談》。

難以改變，所以改革的重點應是改變不適合自身發展的道德習俗；並通過培植國民性的國民思想的變化來循序漸進地優化國民精神。當然，國民性的改變不可能做出定量分析，周作人對國民性改造的可能程度的估計也猶豫不定，隨著他對現實失望情緒的加重，他在總體上趨於強調國民性的不可改變性；至少對他來說，即使奮鬥幾十年也難於奏效，俟河之清，人生幾何？然而，他是注重現世享受的，缺乏浮士德式的追求永恒的精神，不願處於望而不能及的巨大痛苦之中。

周作人 1928 年以後，不再寫那些他自稱帶有凌厲浮躁之氣的得罪人、得罪社會的文章，進一步躲進了他的苦雨齋，這是明顯的事實。1927 年、1928 年對周作人到底意味著什麼？長期以來，一個普遍的觀點認為，他被國民黨反革命政變的白色恐怖所嚇倒，再也不敢站出來仗義執言了。現在有人對這種說法提出了懷疑，但很重要的一點被忽視了：白色恐怖導致了周作人對國民性更深一層的悲觀乃至絕望。

1927 年，周作人在北平聽到南方國民黨駭人聽聞的「清黨」事件，他在《語絲》上在發表了《命運》、《偶感之三》、《人力車與斬決》、《火山之上》、《詛咒》等一系列文章，抨擊國民黨的白色恐怖和麻木的國民表現出來的變態根性，然而，他的態度已不再是義正辭嚴，而是沉痛而又無可奈何的指陳和揶揄。國民黨大肆屠殺，手段殘虐，而國民們對血淋淋的現實卻麻木不仁，甚至帶有一種變態的觀賞心理。天津處決幾個「黨案」犯人，成千上萬的人等著看熱鬧，究其主要原因不過是其中有兩個是女犯。周作人十分悲憤：「這實在足以表出中國民族的十足野蠻墮落的惡根性來了！我常說中國人的天性是最好淫殺，最凶殘而又卑怯的。」〔註 26〕「五四」以來，軍閥鎮壓人民的事件，如三一八慘案、孫傳芳斬決學生等等，就一直沒有間斷。在他看來，無數事件從整體上反映了中國人病入膏肓的嗜殺性，嗜殺恰是他認為的中國人的最大病根——不尊重生命——的最極端表現形式。見報上載國民黨「內訌」的新聞，他表明這樣的態度：「我們不必說明對於所謂左右派是什麼意見，但總之覺得『太平天國』的影戲似乎在演起頭了。」〔註 27〕從 1898 年始，他多次閱讀李圭的《思痛記》，還曾把它推薦給胡適讀。〔註 28〕該書通過作者被

〔註 26〕《談虎集・詛咒》。
〔註 27〕《命運》，1927 年 4 月 9 日《語絲》第 126 期。
〔註 28〕《書房一角・〈思痛記〉》。

擄的親身經歷記載了後期太平軍在一段時間內燒殺淫掠的殘暴行徑。書中有
這樣的農民軍頭目殺人的記載：

> 十九日汪典鐵來約陸疇楷殺人，陸欣然握刀，促余同行。至文廟殿
> 前，東西兩偏室院內，各有男婦大小六七十人避匿於此，已數日不
> 食，面無人色。汪提刀趨右院，陸在左院。陸令余殺，余不應，以
> 余已司文札，不再逼，而令余視其殺。刀落人死，頃刻畢數十命，
> 地爲之赤。有一二歲小兒，先置其母腹腰截之，然後殺其母。復拉
> 余至其右院視汪殺，至則汪正在一一剖人腹焉。陸已憊極，拖刀而
> 回，面色呆白，氣喘話急。余曰：「何必殺渠，眾不殺亦必死。」陸
> 言：「殺人最快事，爾敢勸我耶？」〔註29〕

慘象使人不忍卒讀。周作人並不單個看問題。1898 年的冬天他買得此書，1930
年 8 月曾題卷首云：「中國民族似有嗜殺性，近三百年中張李洪楊以至義和拳
諸事即其明徵，書冊所說錄百不及一二，至今讀之猶令人悚然。今日重翻此
記，益深此感。嗚呼，後之視今亦猶今之視昔乎。」〔註30〕他早說「天下最
殘酷的學問是歷史」〔註31〕，往前他證以野史筆記中記載的歷代淫殺和吃人
的材料，往後證以太平天國以降七十年中無數事件。探索中國歷史，他走的
是一條極其晦暗的胡同，暴露出人道主義歷史觀的致命弱點。

　　1923 年他就感歎祖先的壞思想壞行爲在子孫身上再現出來的「重來」〔註
32〕之多，這時擔心又怵目驚心地應驗，加上他本來就有的對國民性的極大懷
疑，他被這沉重的包袱壓倒了，——最可怕的不是現狀的落後，而是一個病
入膏肓的老大民族已不可救藥。他悲哀地說：「無論怎樣懂得唯物史觀，卻不
懂得歷史，尤其是中國近七十年史，這是何等可惜的事。易卜生在他的劇中
高呼曰，『鬼，鬼！』這是何等可怕。嗟乎，人終逃不了他的命運，雖然科學
家硬叫它曰遺傳！」〔註33〕歷史循環論的陰影在籠罩著他。從「五四」到現
在，對他來說是一個從希望到悲觀失望，從激情澎湃到心灰意冷的過程。對
這樣他認爲不長進的民族，他不能再抱什麼信心。參照這樣的思想背景，我

〔註29〕據光緒六年師一齋刻本。《苦竹雜記·關於活埋》引錄這段文字，引文比此處
　　　　略少。
〔註30〕《苦竹雜記·關於活埋》。
〔註31〕《永日集·歷史》。
〔註32〕《談虎集·重來》。
〔註33〕《命運》，1927 年 4 月 9 日《語絲》第 126 期。

們就比較容易理解其《閉戶讀書論》〔註34〕裏的矛盾複雜心情，對他意味豐富的「苟全性命於亂世」有更深刻的理解。1927 年的事件，對魯迅也有深刻的影響，他在《三閒集・序言》中說：「我是在二七年被血嚇得目瞪口呆，離開廣東的。」不過他看待這個問題的視角與周作人不同，他認爲這是專制主義的暴行，他選擇的是反抗專制主義壓迫的政治鬥爭。

之後，周作人對歷史持一種虛無主義的循環論態度。他悲涼地說：「我最喜歡讀《舊約》裏的《傳道書》。傳道者劈頭就說，『虛空的虛空』，接著又說道，『已有的事後必再有，已行的事後必再行。日光之下並無新事』。」「察明同類之狂妄和愚昧，與思索個人的老死病苦，一樣是偉大的事業，積極的人可以當一種偉大的工作，在消極的也不失爲一種有趣的消遣。虛空的盡由他虛空，知道他是虛空，而又偏又去追迹，去察明，那麼這是很有意義的，這實在可以當得起說是偉大的捕風。」〔註35〕

需要特別指出的是，把批判國民性問題與周作人的附逆聯繫起來，這種討論方式帶有一定的局限性，容易障蔽國民性批判理論重要的歷史進步價值。由對國民性的悲觀導致人生道路的滑坡僅屬於個案，在中國現代主要的國民性批判者梁啓超、魯迅、陳獨秀、胡適、老舍等人那裏，我們看不出什麼明顯的消極作用。批判國民性是 20 世紀中國啓蒙主義思想和文學的基本主題，來自於啓蒙主義的預設。啓蒙總要有被啓蒙者，被啓蒙者存在重大的問題，啓蒙才具有合理性。這種種問題被中國現代的啓蒙者概括在「國民性」這一思想命題中。然而近年來，國民性批判遭到了強烈甚至顛覆性的質疑。這與後殖民主義的出現和引入有關。有人認爲，國民性理論及其話語是西方種族主義的產物，中國的民族主義者屈從於這種殖民主義話語，甚至說是上當受騙。這種觀點將歐洲歷史中有關中國國民性的話語與種族主義掛鉤，強調中國的國民性話語是對前者的挪用和移植，是一種東方主義話語的顛倒。然而，正如研究者所指出的那樣，從知識譜系上來看，國民性理論本身並不是殖民主義、東方主義的產物，而是啓蒙思想、浪漫主義及其民族學的產物。西方啓蒙運動中孟德斯鳩、伏爾泰以及休謨等人都曾熱衷於討論民族性問題。〔註36〕顯然，周作人的國民性批判與啓蒙思想、民族學（茀來則、呂滂等）關係密切。

〔註34〕收入《永日集》。

〔註35〕《看雲集・偉大的捕風》。

〔註36〕參閱孫強：《國民性研究的理論反思──兼論話語研究的意義》，《文藝爭鳴》2010 年 3 月號上半月。

中國國民性話語的產生有著啓蒙者自己的體驗結構——歷史體驗和個人的生活體驗。梁啓超在《清代學術概論》中說，晚晴「所謂『西學』輸入，始則工藝，次則政制」。〔註37〕在中華帝國的大門被堅船利炮打開之初，人們是不承認西方有高度的政治、道德文明的，中國所差的只是武器裝備，於是大辦洋務。可是，經營多年貌似強大的北洋水師在甲午中日戰爭中灰飛烟滅，這讓一些有識之士認識到，僅有堅船利炮是不夠的，還需要政治制度的改革，於是興起了戊戌變法。百日維新失敗後，逃亡到日本的梁啓超終於覺悟，要想建立一個現代的民族國家，必須在文化層面上要向西方學習。在西方文化的參照下，他提出「新民」的理想，「新民」預設了「舊民」的存在，所以他率先在中國提出了改造國民性的問題。周氏兄弟正是通過中日戰爭和日俄戰爭看到了日本的強大，所以選擇留學日本，想通過日本向西方學習。他們深受梁任公的影響，形成了借文學來改造國民精神和解決社會問題的啓蒙主義思路。後來辛亥革命的不徹底性更加深了他們批判國民性、改造國民精神的信念。所以說，他們批判國民性是帶著對晚清一系列救亡圖存運動失敗的歷史體驗的。另外，他們在批判國民性的文章裏評述的許多事情和現象都是親身經歷的，包涵著痛心疾首的個人體驗。

國民性批判促進了現代中國人的開放心態，促使中國接受現代文明的基本價值觀。到今天，隨著中國經濟的發展和綜合國力的提升，民族主義和國粹主義甚囂塵上。然而，把現今的社會現象與現代國民性批判者的文本相比較，會發現許多弊端依然故舊，病竈仍在。不是說今天還要開展什麼批判國民性的新啓蒙主義運動，而是強調曾經有過的國民性話語可以不斷提醒著中國人走向現代的艱難的歷史過程，從而與現實相對照，對自己的文明保持著幾分清醒。中國文化本來是缺少自我批判精神的，只是到了亡國亡種的邊緣，才肯正視自己病端。一旦吃飽肚子，穿暖衣服，獲得幾分人的地位，則容易翹尾巴，忘記自己的瘡疤。

（二）人格面具

對人生和民族的雙重悲觀，構成了周作人附逆的基本原因。既然沒有所謂彼岸世界，人生不過是通向死亡的人生旅途上的匆匆過客，活著唯一可靠的只是現世享受，而他又沒有力量去抗爭，去忍受巨大的物質和精神上的困厄，那

〔註37〕梁啓超：《清代學術概論》，北京：東方出版社 1996 年 3 月，65 頁。

麼所謂國家、民族的利益只好置之不顧了。「天下無眞是非」〔註38〕，之所以要作出是非分明的樣子不過是出於自我的需要，更何況他對民族又是那樣的悲觀呢？在對民族的悲觀中，缺乏抗戰的物質裝備是次要的因素，更主要的是一個「惡根性」已不可救治的民族，不僅不能支撐起一場現代戰爭，反而會在優勝劣敗的競爭中輸得更慘。早在 1933 年 1 月 14 日致曹聚仁的信中，他就說：「榆關事起，平津騷然，照例逃難如儀，十日來要或能逃者各已逃了，似乎又靜了一點下來；如不佞等覺得無可逃，則仍未逃耳。中國大難恐未有已，上下虛驕之氣太甚，竊意喪敗無妨，只要能自反省，知道自己的缺點何在，可望復興。……五四時自己譴責最急進者，□□□□□都變成如此，他可知矣；他們雖似極左，而實在乃極右的一種國粹的狂信者。不佞平常爲遺傳學說（古人所謂『業』）所恐脅，覩此更爲栗然。中國如亡，其原因當然很多，而其一則斷然爲此國粹的狂信與八股的言論，可無疑也。此刻現在，何處可找理性哉！且坐看洪水──來或不來，此或亦虛無主義之一支配！」〔註39〕民族失敗主義也是周 1935 年爲秦檜翻案的出發點，不過這時還可以說他旨在保留半壁江山。〔註40〕講周作人這時就有意附逆是言過其實，但可以從中尋見某些端倪。

追求現世享受最初表現爲他捨不得離開八道灣這個安樂窩，捨不得撒手他苦心孤詣、相依爲命的藏書。日本人初占北平之時，他並沒有想要附逆，而只是想矜持地表示一下臣服，仍依靠作文、譯書、教書謀生。他這時還敢誇口，自稱蘇武。〔註41〕可他很快就意識到，患有戰爭熱狂的日本軍國主義者不會輕易放過他，他不得不在侵略者的戰刀下強作歡顏，而抗戰方面對他卻毫不留情。他矛盾痛苦，沒辦法替自己解說，不知道命運的方舟將漂向何方。他以前對留平的嚴重性估計不足，淵博的學識，崇高的名望，與日本的特殊關係，在先前或許是慰安自己的理由；眼下，恰恰是這些，使八道灣更不安寧。《苦茶庵打油詩》〔註42〕中有云：「不是淵明乞食時，但稱陀佛省言辭。携歸白酒和牛肉，醉倒村邊土地祠。」寫出了他難言的苦衷。

〔註38〕周作人 1905 年 3 月 12 日（農曆乙巳二月初七）日記。

〔註39〕周作人：《致曹聚仁》，《周作人集外文》（下冊），海口：國際新聞出版中心 1995 年 9 月，397～398 頁。

〔註40〕見《苦茶隨筆》中之《岳飛與秦檜》、《關於英雄崇拜》，《苦竹雜記·關於油炸鬼》。

〔註41〕1937 年 9 月 26 日致陶亢德信，見《知堂在北平》，1937 年 11 月《宇宙風》第 50 期。

〔註42〕收入《立春以前》。

1939 年元旦八道灣的槍聲對周作人的意義是一個耐人尋味的問題。他後來自己咬定說是日本方面幹的，理由是他當了燕大的客座教授，可以回絕一切別的學校邀請。證據舉了兩條：一是日本憲兵在這個案件上對被害者採取一種很有惡意的態度，二是刺客是乘汽車大規模來的，但他們不在他去海甸燕大的路上，——他於民國十五年在一篇文章中詳細談了他去燕大的路線，顯然日本人是為了避免目標。〔註43〕

現在真相終於大白了，這是抗戰方面對附敵者的懲罰。〔註44〕元旦事件後周作人的出任偽職因而有了充分而合理的解釋：槍聲使他意識到半推半就的態度已經不能見容於抗日力量，他的民族氣節受到了徹底的懷疑，他時刻想到被再次槍擊的危險，而日本人尚未為他提供絲毫庇護。這時，周作人自認為不得不出任偽職，以換取保護。1 月 12 日，接受北京大學圖書館館長的聘書，這是他任偽職的開始，當天的日記中有：「下午收北大聘書，仍是關於圖書館事，而事實上不能不當。」「事實上不能不當」便可作如上解釋。現世享受最基本的是要做到自我保存，只有這個低層次的要求實現後，才有可能談其它方面的滿足。

元月 2 日，警察局派了三名偵緝隊員住在家裏，外出也總是跟著一個人，周作人說「連出門的自由也剝奪了」。〔註45〕周作人和偵緝隊的關係已遭到明眼人的懷疑〔註46〕，至少從日記中看他與偵緝隊的關係不像是周所說的那種關係。1939 年 11 月 6 日日記：

> 下午，教部派衛士胡，沈二人來暫住，偵緝隊李王、曹三人均回去，
> 計住此已有十月餘，於其去也，彼此各有惘然之色。贈以五十四元，
> 信子予三十元。

臨別依依不捨，還贈之以金，看來關係並不壞。

元旦事件以後，周作人面臨著更加嚴峻的考驗，內心更是矛盾痛苦。從 1939 年到 1940 年 12 月間，他除了參加日偽的幾個會議外，更多的是披閱古籍以解愁。他敵偽時期的讀書札記多收在《書房一角》和《藥堂語錄》裏，讀這些文章似乎可以聞到舊書嗆人的陳味。兩書所收文章是 1938 年到 1942

〔註43〕《知堂回想錄・一七七》。
〔註44〕詳見本書第三章。
〔註45〕《知堂回想錄・一七八》。
〔註46〕舒蕪：《歷史本來是清楚的——關於周作人出任華北教育督辦偽職的問題》，
　　　　《魯迅研究動態》1987 年第 1 期。

年間寫的，其中以 1939、1940 年間所作爲最多，約有一百一十篇左右。但他終究沒有抵擋住漢奸們的「勸進」，當上了汪僞華北政務委員會常務委員兼教育總署督辦。任職從 1941 年 12 月到 1943 年 2 月，這兩年零三個月，是他爲日本人效力的兩年零三個月。他宣傳「親仁善鄰」的教育方針和「大東亞主義」的奴化哲學，推廣漢奸教育，協助以「剿共自衛」爲中心目的的「治安強化運動」。〔註 47〕他東渡日本，參拜湯島聖堂，慰問侵華戰爭中的日軍傷病人員。北上「新京」，慶祝僞滿洲帝國成立三十週年。南下石城，祝賀汪精衛六十大壽。身著日本軍裝，往東單練兵場，參加中華民國新民會青少年團中央統監部成立大會。1943 年由於漢奸內部傾軋，失意的周作人才漸次減少了附逆活動。此時，日德在戰場上開始敗退。

他在 20 年代中期批判《順天時報》時就流露出對日本人的警惕。後來他在情感和理智上擺脫不了日本文化中的美與日本法西斯行爲上的醜之間的矛盾，試圖用藝文學術方面的賢哲和政府軍事方面的英雄代表一個民族的不同方面的理解來解釋，但還是難以自圓其說。侵華戰爭使他重新認識到日本宗教上顯示出的「神人和融」的狂熱，而他又自稱對宗教是門外漢，所以要關起日本研究的門。〔註 48〕這樣的思想發展過程，附逆中的矛盾和痛苦，都說明他對日本人的態度只能是出於自我保存。

北平淪陷後，周作人把他的「苦雨齋」改爲「苦住庵」，果眞是「苦住」嗎？「苦」頂多只是他精神上不得安寧。他日記中有如下記載：

和森介紹和興成估衣莊來，留狐皮裘二領，共千五百元。（1941 年 12 月 22 日）

用人拜壽，給賞共二百五十元也。（1943 年 12 月 27 日）

遣豐兒就永順居與西鄰十三號葉氏成契計一千二百元，地約一畝，屋十間半耳。付中保等資五百元也。（1942 年 9 月 13 日）

換用廚子，月給千元，外加五百，本是引車之徒，能作便飯菜而已。（1945 年 12 月 3 日）

這樣的記載在日記中還有多處。吃喝穿住，應有盡有；主人傭人，皆大歡喜。

〔註 47〕這類講話、演講絕大多數發表於僞教育總署主辦的《教育時報》第 1 期至第 10 期上。到第 11 期時，蘇體仁就任督辦之職。

〔註 48〕見周作人的四篇《日本管窺》，分別收入《苦茶隨筆》、《苦竹雜記》、《風雨談》和《知堂乙酉文編》，其中《日本管窺之二》收入《苦竹雜記》時改題爲《日本的衣食住》。這幾篇文章集中代表了周作人對日本的認識。

本來已付出了慘重代價，何不一醉方休，省卻許多煩惱，自己也許會因此覺得充實些。周作人追求現世享受至此偏向了一個極端。

周作人出於卑微的動機一步步地下水，這只是他複雜性格的一個方面。曾經名震海內、學貫中西的周作人不會像一般漢奸那麼簡單，附逆期間他還做了一些利國的事。這也是後來之所以會生出一些謠言的原因之一。研究周作人，需要把他分離狀的人格凝聚成一個整體。

周作人在無意識裏積襲著中國知識分子以天下為己任的傳統，雖然悲觀，他也並未能看穿人情的恩恩怨怨，更毋庸說擺脫它的影響了。附逆行為使周作人難以維持適當的人格面具，人格的和諧被打破了，人格的底層出現了巨大裂縫。自我出於自我保存的目的，焦灼地為人格的整個結構尋求統一性和穩定性。作為彌補，周作人主要有如下的行為表現：

第一，在任偽職期間消極怠工。這從 1943 年周被革除偽教育督辦之職一事可以看得清楚。張琦翔在《周作人投敵的前前後後》〔註 49〕一文中說，被革職的主要原因是，他「不得敵人歡心。因為敵人期望的參戰體制，肅正思想，學生集團訓練，勤勞奉仕生產，偽教育總督只是拖拖沓沓，沒有實力奉行」。被排擠後，他在日記中悻悻然：「朱深對汪主席云周不慣政治堅辭，對王古魯云，日方反對周放任學生。」〔註 50〕朱深的話倒並沒有錯，不過，周之所以「不慣政治」、「放任學生」，主要還在於他只是為了尋求庇護才附逆，根本沒想到為日本人賣命，同時他還需要努力保持適當的人格面具。他在同一天的日記中罵朱深「小人反覆常用手段，故如是也」，是因為在這次華北偽政權組織中，實際被革除的只是他一個人，他感覺到被涮了。

第二，完成對儒家文化的重釋。這一點我在第一章中已詳細論及。有人把周在抗戰期間完成的重新解釋看作向日本人獻「攻心策」、「治安策」，但忽略了一個事實：周的解釋在附逆前已具雛形，並且他晚年在《知堂回想錄》中仍然申述〔註 51〕。周作人一方面認為在一個民族注定要失敗的情況下，個人的抗拒是毫無意義的；另一方面他並不想完全逃避對國家民族的義務。提倡儒家文化能讓他覺得他失的只是為名教所強調的表現為現實依存關係的「節」，而在文化層次上他還是守住了民族大義的。若干年後，周作人坦白了

〔註 49〕《文化史料》第 3 輯，北京：文史資料出版社 1982 年 5 月。

〔註 50〕1943 年 2 月 10 日日記。

〔註 51〕《知堂回想錄・一九八》。

當時的心境：「那個時期的確寫了不少文章，而且多是積極的有意義的；雖然我相信教訓之無用，文字之無力，但在那時候覺得水面上也只有這一條稻草可抓了。」〔註52〕關於他重新解釋的複雜性下面還要談到。

第三，做過一些有利於民族的具體的事情。其中有：一、保護北京大學校產和國立北平圖書館。北大遷移時，周作人受校方委託保護北大校產。北大復校後，查點校產及圖書，不僅沒有損失，而且有所增益。1946 年國民黨政府法庭審判周作人時，前北大校長蔣夢麟及現任校長胡適曾具函證明這一點。國立北平圖書館曾為日本憲兵隊查封，周作人當偽督辦後，經過多方交涉，使該使館得由偽教育總署保管，館長由周作人兼代。周作人於保管及兼代館長為期一年，此間館藏圖書保存完好。二、救助國共兩黨的地下工作人員。中共地下黨員高炎被捕後，他曾予營救，並為中共黨組織安排的活動提供過方便。〔註53〕還有一些回憶材料說明周作人與中共地下組織的聯繫，有的或存在疑點，或缺乏有力的證據。不過，周同中共地下組織有過聯繫，做過一些有益的工作，營救、掩護過一些共產黨人和革命者，則是可以肯定的。據 1946 年 7 月 19 日《首都高等法院審判筆錄》載，周作人說他援救過六名國民黨赴北平的地下工作者，他們是：劉淑琴、英千里、張懷、董洗凡、楊永芳、沈兼士。其中董洗凡、張懷等人曾接受法院傳訊或寫書面材料作證，對周作人的量刑輕重起過作用。〔註54〕三、幫助李大釗幾個參加革命的子女。據李大釗的女婿賈芝提供的資料，抗戰爆發以後，冀東暴動失敗，李大釗的幾個子女李星華、李光華、李炎華等先後到北平，得到了周作人的大力幫助。周又積極支持李星華、李光華去延安，因毛澤東早年拜訪過他，所以他又讓李星華代向毛澤東問好。〔註55〕溫情脉脉的個人關係，對共產黨人的寬容，幫助去敵後抗日的大義，這些既可以撫慰他不安的良心，又有助於為他塑造一個忍辱負重的形象。

第四，在散文中寄寓對國家的感情。如《書房一角》中之記越人著作的

〔註52〕《知堂回想錄‧一九八》。
〔註53〕見高炎《我與周作人的關係及其工作》、《再談周作人的幾件史實》和羅錚（高炎妻）《周作人營救高炎的經過》，均載《文教資料》1986 年第 4 期。
〔註54〕南京市檔案館編：《審訊汪偽漢奸筆錄》（下），南京：鳳凰出版社 2004 年 4 月，1410、1432～1433 頁。
〔註55〕賈芝：《關於周作人的一點史料──他與李大釗的一家》，《新文學史料》1983 年第 4 期。

「桑下叢談」一輯。周作人曾說「故鄉猶國然」〔註56〕，他寫此類文章是有感情寄託的。又如記故鄉習俗的《上墳船》〔註57〕一文。先引張岱《陶庵夢憶》第八則所記越中掃墓的文字，說明末崇禎時掃墓習俗頗爲華靡，乙酉（清軍入關後第二年，即1645年）以後因爲兵事而間斷，令人有蕭索淒涼的興亡之感。接著周作人通過回憶，詳細記述了上墳的儀式、上墳酒等，這一方面是對《陶庵夢憶》的補充，另一方面表明如同一個民族抒情詩的民俗的強大生命力。所以最後說：「民國以前常經歷之，近來久不還鄉里，未知如何，唯此類風俗根基甚深，即使一時中絕，令人有蕭索淒涼之感，不久亦能復興，正如清末上墳與崇禎時風俗多近似處，蓋非偶然也。」文意深折，寄寓著對國家的感情。

1943年以後，抗戰開始轉向戰略反攻。事實不會沒有給周作人留下深刻的印象，中國並沒有像他所預想的那樣慘敗，相反，中國人在戰爭中顯示了這個民族特有的凝聚力與堅忍不拔的毅力和勇氣。世界戰場上，意大利於1943年9月宣布無條件投降，國際反法西斯聯盟開始向德、日本土發動進攻。周作人不會沒有注意到這些情況。自我保存還要考慮到將來，這逼迫他行動時爲自己留下迴旋的餘地。被擠掉教育總署督辦職務後，他又被任命爲僞華北綜合調查研究所副理事長，這只是一個名譽性的職務而已。在這樣的情勢下，周作人的附逆活動大大減少就容易理解了。1944年、1945年，他談自己，談民俗，談古希臘，反思五四啓蒙活動，突出他講求「道義之事功化」的思想態度和「中國人的立場。」〔註58〕

整個抗戰時期，周作人痛苦不堪地在扮演兩種角色之間平衡，他在日本人面前努力裝出笑臉，又煞費苦心地給中國人塑造一個忍辱負重的現代蘇武形象。中心目的即是現世享受，他認定「天下無眞是非」，由是非之心而生出的良心上的不安對他倒在其次。他的種種行爲和思想矛盾都可以放在他的角色平衡中去解釋。

（三）辯解與不辯解

周作人對附逆一開始就抱定了一個「不辯解」的態度。他一再稱述《東

〔註56〕 《秉燭後談・〈桑下談〉序》。
〔註57〕 收入《藥味集》。
〔註58〕 參見《立春以前・十堂筆談・十、夢》、《立春以前・後記》、《知堂乙酉文編・道義之事功化》等文。

山談苑》所載「倪元鎮爲張士信所窘辱，絕口不言」的故事，用「一說便俗」給他的附逆貼上一張封條。他的內心太驕傲了，——這種驕傲是建立在懷疑、悲觀基礎上的，所以更具淩空一切的品性。在人生的舞臺上失敗了，人格底層出現了巨大的裂縫，但他還要拼命保持表面上的儼整。周作人的虛僞是大虛僞，在正常的條件下，在一般的生活中，他倒是極嚴謹、極謙虛、極眞誠的。

其實，他爲自己進行的辯解夠多了。第一，所謂「一說便俗」的「不辯解」本身就是一種辯解，弦外之音是：他的附逆和別人不一樣，裏面大有深曲之意。第二，和抗戰以前提出自己思想中的「叛徒」成分不一樣，周作人在以《苦口甘口·自序》、《我的雜學》〔註59〕、《夢想之一》〔註60〕、《道義之事功化》〔註61〕等爲代表的一系列文章裏，更爲明確地強調其「倫理之自然化」、「道義之事功化」的一貫思想傾向，突出自己顧亭林式的探索「國家治亂之源，生民根本之計」的思想特徵。他試圖用「道義之事功化」解釋他的行爲邏輯。抗戰爆發，他不是做一走了之的嘴上君子，而是忍辱負重，講求事功，與敵人虛與委蛇，宣傳中國文化，抵制敵人奴化教育的現代蘇武。第三，他認爲可以爲前者提供佐證的是被法西斯文人視作思想上的敵人。1943年在東京召開了第二屆「大東亞文學者大會」，會上片岡鐵兵發表講演，矛頭直指周作人。在國民黨政府的法庭上，在《知堂回想錄》中，這都是周作人最看重的證據。周作人認定這是他意外的「大收穫」，是「十二分的光榮」，〔註62〕是他在敵人中間發表文章所起作用的明證。

片岡鐵兵針對的文章是《中國的思想問題》〔註63〕。周作人後來說他寫作該文的動機是：「想阻止那時僞新民會的樹立中心思想，配合大東亞新秩序的叫嚷。」〔註64〕周作人也曾逢場作戲地宣傳過「大東亞主義」的「中心思想」，這裏可以不管，先看看原文。《中國的思想問題》寫於1942年11月，可以分兩部分，分別說他「樂觀」與「悲觀」的意思。前者不過是重新抄錄了兩年前《漢文學的傳統》的第一部分——漢文學裏的思想，沒有表現出什麼

〔註59〕收入《苦口甘口》。
〔註60〕同上。
〔註61〕收入《知堂乙酉文編》。
〔註62〕《知堂回想錄·一八〇》。
〔註63〕收入《藥堂雜文》。
〔註64〕《知堂回想錄·一八〇》。

新意。後者則說明他的「憂慮」，即中國人的生存要求遭到威脅時的鋌而走險，這是不仁招致的不仁。所以中國的思想別無問題，重要的是防亂。要清除造成亂的機會與條件，此責任在於政治而不在教化。我認爲後者才是周作人這篇文章的眞正意旨所在。他的目的在於消極反抗。僞新民會要「樹立中心思想」，「配合大東亞新秩序」，其結果會把中國拖入法西斯的戰爭機器，爲了戰爭，中國的人力、財力、物力都無條件地隨著戰爭狂舞。人民也必然會進一步反抗。這樣，周作人付出了沉重代價換來的生存條件也會遭到破壞。1944年，周作人發表《苦茶庵打油詩》，篇末的附記涉及發表於 1919 年的新詩《小河》，說明他要表達的意思是「憂生憫亂」的「憂與懼」，並說他的憂慮是一種「將來的憂慮」。不過，那時的憂慮促使他去尋找解決社會問題的改良主義途徑——新村主義。前後的憂慮是一脉相承的，他害怕慘酷的現實。

周作人的虛僞在於，他把僅有的一點消極反抗誇大了，把自己描繪成了一個悲劇式的英雄。周曾寫信質問片岡鐵兵，後者在答信中說：「原文（《中國的思想問題》——引者）云，他們要求生存，他們生存的道德，不想損人以利己，可是也不能聖人那樣損己以利人云云。這樣說起，講到亂的那一節話，當時鄙人在大東亞文學者大會中發表那篇演說，即有此文在鄙人胸中。」他認爲，「不應阻害中國人民的欲望之主張實即是對於爲大東亞解放而鬥爭著的戰爭之消極的拒否。」〔註65〕

1946 年 5 月，周作人作爲階下囚從浦口渡江至南京下關途中，口佔了兩首《渡江》〔註66〕。其　云：「羼提未足檀施薄，日暮窮途劇可哀。誓願不隨形壽盡，但憑一葦渡江來。」羼提，佛語，忍辱；檀施，布施。他自比一個誓願未竟的傳道者。他一再表明過自己是個少信者，而這時儼然一個把生命獻給事業的宗教徒了。身爲囚犯南下的周作人想起了從金陵北渡的達摩，不免有幾分滑稽。

〔註65〕見《知堂回想錄・一八〇》。
〔註66〕收入《老虎橋雜詩補遺（忠舍雜詩）》，《知堂雜詩抄》，長沙：嶽麓書社 1987年 1 月。

三、周作人遇刺事件始末

（一）訪方圻

1992 年第 2 期的《上海文史》雜誌發表陳嘉祥先生《周作人被刺眞相》一文，披露刺殺周作人係「抗日鋤奸團」所爲。然而，這篇文章只有簡略的千餘字，讀後有些疑問，不知其眞實可信程度如何。陳先生在文末提到現任北京協和醫院名譽院長的方圻先生曾參與此事，我便與方先生取得了電話聯繫。

方先生很忙，兩次電話相約，他於 5 月 28 日下午拔冗接受了我的採訪。下午 3 點鐘，我按時去了他在協和醫院的辦公室。方先生已經七十二歲高齡了，是國內外頗負盛譽的心血管病專家，長期擔任過毛澤東、周恩來等中共和國家主要領導人及重要外賓的醫療保健工作。他的醫術、醫德和領導作風都有廣泛的口碑。他還是中共十三次全國代表大會代表。

我先把陳先生文章的複印件呈上。瀏覽了一遍後，他說：刺殺周作人確實是「抗日殺奸團」的人幹的。「抗日殺奸團」又叫「抗日鋤奸團」，簡稱「抗團」。當時不清楚這個組織的背景，後來才知道「抗團」是國民黨「軍統」的外圍組織，主要組織者爲軍統所派，如負責人曾澈就是。

「抗團」是利用天津英、法租界的庇護和青年學生的愛國熱情，1937 年在淪陷後的天津成立的。開始參加的人少，主要是一些高中生，規模、範圍都不大。我是於 1938 年暑假參加的，當時在耀華中學讀書。秋天，我和宋顯勇、范旭等考進了燕京大學，我上的是醫預系。燕大是美國人辦的教會學校，在淪陷後的北平成了一片孤島。我們幾個「抗團」成員組成一個「燕京小組」，

成員除了宋、范和我外，還有我的姐姐方佩萱等，總共只有五、六個人。「燕京小組」不定期活動，活動時閱讀內部文件，學習、宣傳國民黨抗日情況，熟悉暗語、術語等。小組成員都填過表。

「抗團」的大本營在天津，那邊勢力大，活動多。刺殺周作人的任務來自天津，要「燕京小組」協助。周作人是文化名人，出任了偽職，影響很大（周出任偽職應在刺殺行動之後──作者）。「燕京小組」組長宋顯勇負責跟踪，調查情況，還訪問過周作人。

刺殺行動共有兩次，第一次沒有能到達周家所在的西城八道灣。1938 年12 月下旬，天津派李如鵬來北平。兩支左輪手槍先藏在偽滿漢奸鄭孝胥（他的孫子鄭統萬為「抗團」成員）家，住址在西直門內。我們把槍事先轉移出來，由李如鵬、宋顯勇和我三人下午按指定時間出發，預訂四點鐘到周家。先聚在西單的一家名叫亞北的飲食店，然後叫了一輛出租車前往。我坐在前排的司機旁邊，他們兩個坐在後面，還帶了一小箱子彈。剛過西四，就遇到軍警臨時檢查，行人搜身。退不了，車只好往前開。上來一個偽警察，他們倆和他應付；警察大概看出來有問題，但害怕吃虧，沒有聲張，因為李、宋二人手都插在大衣口袋裏握著槍，而警察掏槍不方便。車得以放行，到報子胡同，我們怕警察追上來，就下車，鑽進了胡同。一直鑽到天黑，李如鵬把槍和箱子交給我們走了，我的宋顯勇轉到一個與「抗團」有關係的人家，把槍藏好。當晚已無法返校，我們倆另找了一個地方過夜。

第二次即在 1939 年元旦，我沒參加，是范旭協同從天津來的李如鵬、趙爾仁去的。范旭傍晚才回到學校，找到我，很興奮，說成功了，並且敘述了事情的經過。上午李如鵬拿一封介紹信，冒充天津中日中學學生，說為留學日本的事求見。趙爾仁留在門外，范旭、李如鵬進屋，見周作人正和客人談話。李如鵬在周作人伸手接介紹信的時候向他開槍，又給了客人一槍。范旭跑了出來，沒見李如鵬跟上，急忙折回去，看到他被周作人的保鏢（應為周的僕人──作者）按倒在地，忙喊趙爾仁相助。陳先生文章說這時范旭喊「九哥快來」，「九哥」是趙的暗號，他在天津「抗團」主要成員中排行第九。趙爾仁立即趕來，對準周家的僕人開了幾槍，使李如鵬脫了身。三人撤出，范旭還把圍巾掉在了周家。幾天後，我們從報上得知周作人遇刺只受輕傷的消息。

我們本來還準備刺殺偽建設總署督辦殷同，因為這次下手不成功，考慮到敵人會嚴加防範，就沒有動手。

1939 寒假，我們「燕京小組」的幾個人回到天津。「抗團」在國民飯店開會，「燕京小組」也參加了。國民飯店在中國人開的飯店中算比較大的，爲「抗團」的一個活動點，開辦人是「抗團」主要成員孫大成（又名孫若愚）的親屬。會上曾澈表揚了一些人，又念了上面的一封電報，批評李如鵬，其中有一句：「不夠沉著，未能殺敵致果」。李如鵬很不好意思。從電報上的措辭不難想見「抗團」與國民黨的關係，當時曾澈一直隱瞞背景。李如鵬和我曾是南開同年級同學，但他於 1936 年出走，估計去受訓，然後又被派回來。有些「抗團」成員直到現在仍然說不知道背景，這就不夠實事求是了。

我漸漸認識到單純的愛國熱情搞不出什麼名堂，殺死一個漢奸又會有另外一個漢奸來頂替；同時又覺得很冒險。1939 年暑假，我藉口家庭干涉，功課緊張，脫離「抗團」。

「抗團」在 1939 年就暴露了很多問題，李如鵬、曾澈在天津被捕，幾個月後遇難。1940 年初「抗團」遭到破壞。燕京大學裏有很多特務，很難開展活動。我姐姐於 40 年暑假被校方藉故開除。這一年，主要成員死的死，逃的逃，「抗團」也就差不多烟消雲散了。

我向方先生提出了兩個問題：第一，既然「抗團」是「軍統」的外圍組織，「抗團」的活動肯定都在「軍統」的掌握之中，那麼後來在國民黨的法庭上，爲什麼國民黨方面沒有人出來作證？周作人在香港發表並出版的《知堂回想錄》中一口咬定刺殺是日本軍警幹的，爲何沒人披露真情？方先生說，「燕京小組」只參與了貫徹執行，命令下達的具體過程不清楚，至於其他情況更不得而知了。但推測起來，「軍統」的這類指令未必爲很多人知道，而是直接下達的。

第二，作爲知情人，您怎麼沒有對這椿歷史疑案說話呢？方先生表示，當時只知道周作人變節了，但他是怎樣辯解的並不清楚，也沒有再去關心打聽，直到這次才知道周的詭辯。〔註1〕

（二）訪范旭

按照方圻先生提供的地址，6 月 12 日下午，我去天津，找到和平區成都道 2 號范旭先生的家。開門的是一位中等身材、頭髮斑白的老人，他就是范旭先生。

進屋坐下後，他給我看一本《燕京大學三八班同學五十週年紀念刊》(1938

〔註1〕 此部分文字經過方圻先生審閱。

〜1988），上載他的回憶文章《「風蕭蕭兮易水寒」》，記的就是 1939 年元旦刺殺周作人的經過。他又拿出 5 月 12 日《文匯報》轉載的陳嘉祥先生文章的複印件，5 月 26 日《天津日報》轉載的同一篇文章的剪報，以及于浩成先生發表在 1991 年第 9 期《魯迅研究月刊》上的《周作人遇刺真相》一文的複印件。陳先生的文章是根據《「風蕭蕭兮易水寒」》寫的，于先生的文章我還是第一次見到，也基本上是引錄范先生的文章。

他問我怎麼找到他的，我說了方圻先生。本來想為了避免先入之見，我到採訪結束時再把帶的有關材料拿出來，現在看來沒有必要了，就把與方圻先生的訪談記錄呈上。我問他對方先生回憶的看法，他說：「對，情況就是這樣。你問我們為什麼沒有站出來說話，我們確實都不知道周作人以後的情況。方圻說的「燕京小組」的人數不夠準確，最後發展到了十二個人。」

我翻開紀念刊的「友誼錄」，略知坐在我面前的這位飽經風霜的老人的情況：范旭，江蘇蘇州人，1918 年生。經濟系，1940 年離校。1979 年自天津耐火器材廠退休。多病。自我題辭：「抗日有心，報國無門。蹉跎一生，愧對故人。」

下面為我和范先生一段談話的記錄（F 代表范先生，H 代表本文作者）：

H：范老，從您的自我題辭看，您的生活好像一直不太順利？

F：因為參加過「抗團」，解放後我一直背著包袱，受到不公正待遇，是歷次運動的對象。檔案上說是一般歷史問題，其實是作為內控特嫌對待的。

H：什麼叫「內控特嫌」？

F：「內控」，就是內部控制。

H：您什麼時候知道「抗團」與「軍統」關係的？

F：抗戰勝利後，才知道「抗團」與國民黨的關係，與「軍統」的關係解放後才知道。

H：請您再詳細敘述一遍 1939 年元旦的事，好嗎？

F：好的。那次李如鵬、趙爾仁事先從天津到燕京，宋顯勇上月 30 號去了天津，兩邊的人走岔了。臨時宋顯勇去不了，就由我代替他。我去的目的是辨認周作人。在準備階段，我和宋顯勇一道去熟悉過周的情況。

我們三人早晨乘燕大校車，到西直門，去鄭孝胥家取出手槍。從他家的後門出來，不遠，幾分鐘就到了周作人家。叫門時自稱是天津中日中學的學生，周作人是這個學校的校董，學生留學日本都要通過他。趙爾仁在大門口巡風，我和李如鵬隨僕人走進二道院裏的客廳。時間在9點左右。

H：周作人說最初進去一個人，到底是一個人，還是兩個人？

F：肯定是兩個人。有四五個人在客廳裏談天。看到我們進去，周作人站起身走過來。我說：「這就是周先生。」這時，李如鵬與周作人相距只有一米，他從口袋裏掏出手槍，對準周作人開了一槍，周手捂肚子哎喲一聲倒地。

H：周作人說他並沒有倒地？

F：那至少也蹲下了。一個客人（即沈啓無——作者），坐在靠近門口的地方，站了起來，我記不清他說沒說話，李如鵬又對他開了一槍。見大功告成，我們就撤出。我在前，李如鵬在後。走到前院，沒見李如鵬，我又回二道院。發現他被兩三個人按倒在地，雙手壓在身子底下。我急忙到門口叫趙爾仁：「九哥快來！」趙爾仁開了兩三槍，僕人們鬆了手，李如鵬起來，我們三人迅速撤離。我的大毛圍巾掉在了院子裏。

幾天後，從一家英文報紙上知道周沒有死。當時看到沒有人追出來，我們走得很從容。又從鄭家後門進去，在裏面坐了一會兒，從前門出來。當時鄭統萬在家。他們兩個回了天津，我傍晚回到學校。

H：請您介紹一下您和方老提到的幾個人的情況。

F：我現在是刺殺周作人的唯一健在的當事人了。趙爾仁抗戰後在重慶飛機場負責檢查工作，解放後作爲歷史反革命被判處無期徒刑在東北服刑，後被減刑爲二十年。他的一個妹妹在香港，刑期快滿時，隨國民黨最後一批特赦人員釋放後去香港。去年去世。宋顯勇當時上的是燕大政治系，現在美國佛羅里達州的 Tampa 開飯館。孫大成現在臺灣。

（三）一組材料

1. 關於「抗日殺奸團」

筆者從范旭先生處借閱了向他徵求意見的祝宗梁著的《抗日殺奸團

回憶錄》（手稿複印件）。祝先生是「抗團」的主要領導人之一，他的這篇三萬七千字的文章內容充實，敘述了「抗團」從產生、發展到解散的整個過程。祝先生現居上海，目前在北京。我寫信與他聯繫，他 7 月 1 日回信。7 月 2 日我去北京西北郊拜訪了他。國內很難找到關於「抗團」的材料，徵得祝先生的同意，我摘其大要如下，以供參考。為了完全忠實於原文，與方圻、范旭兩位先生的回憶有出入的地方存疑。有關的團體，原文均未加引號。摘錄文字經過祝先生審閱。

抗戰前在天津有個天津青年救亡聯合會（或稱中國青年救亡聯合會），又簡稱學聯。抗戰開始後，其中有些人就組成了抗日殺奸團。曾澈是該組織成立後由別人介紹加入的，當時都不知道，他另外有一個身份是軍統派到天津站的秘書。由於比較有經驗，又有社會關係，他在抗團內就占居了主導的地位。這是一個鬆散的組織，大家出於自願，不計報酬，有些人還自願離去。成員多是中學生。成立後，頻繁地進行抗戰宣傳和諸如焚燒、爆炸等活動。

不久，抗團進行改組，成立了一個幹事會，作為抗團的最高決策集體。幹事會由六人組成，由曾澈總負責，李如鵬任組織幹事，孫若愚任行動幹事，袁漢俊任行動幹事，祝宗梁任技術幹事，另一個沈棟在英工部局的獄中（後越獄），為他保留一個幹事位置。抗團繼續行動。1938 年底刺殺了偽天津海關監督兼聯合準備銀行經理程錫庚。1939 年 7 月，曾澈才告訴祝宗梁等人有個軍統局。祝宗梁等人輾轉去重慶，受到戴笠和蔣介石的接見。由於軍統內部出了叛徒，曾澈和李如鵬被捕，不久遇難。此後，天津抗團屢遭破壞，元氣大傷。

1938 年夏，天津抗團一些成員轉學或升學去北平讀書，於是在北平創建了北平抗團。1939 年初刺殺周作人。1939 年春，孫若愚從天津到北平建立行動組。後來天津又有些抗團成員轉到北平，天津抗團又屢遭破壞，工作重心就轉移到北平。刺傷了敵偽公務局局長舒壯懷，教育總署次長（應為署長，此職僅次於督辦──摘錄者）方宗鰲等漢奸。

1940 年春，孫若愚離北平赴重慶，與祝宗梁等抗團成員相聚，決定在上海開闢新的戰場。孫到上海，聯絡上一些從天津來的抗團同志，建立了上海抗團。進行了一系列類似於在平津的宣傳和恐怖活動。

1941 年軍統幫助按其訓練方式，在貴州息烽建立抗團暑期訓練班。祝宗

梁、沈棟等二十六人參加。他們又在重慶成立抗團總部，由祝負責。制定規劃，派人到平津等地開展工作。抗團的工作任務只在淪陷區。抗團的規劃得到軍統毛人鳳的批准。

至於抗團的方向，祝宗梁先生說他一直注意抗團與軍統保持距離，不願介入國內的黨派之爭，甚至違背戴笠的意旨。40 年代初，戴笠曾建議改稱「抗日殺奸團」爲「抗日鋤奸團」，他未從。1944 年以後，祝漸漸認識到國民黨統治的腐敗和特務統治的黑暗。1945 年抗戰勝利前，軍統要抗團人員全體加入國民黨，抗團未曾照辦。1946 年抗團解散。抗團人員繼續與保密局（1946 年7 月成立，前身即「軍統局」——摘錄者）有組織關係的只有孫若愚等少數幾個人。其他人都自謀公職，與保密局無來往。祝宗梁也不接受保密局預備授予的官職。

前後參加抗團的人員到底有多少，祝表示也說不清，也許有五六百人或者更多。二十多人獻出了生命。祝不同意說抗團是軍統的外圍組織，認爲他是青年愛國團體，軍統從未派人來扭轉抗團的工作方向。保持與軍統的聯繫，是想獲得支持，更好地爲抗戰效力。

> 祝先生在談到「抗團」在北平活動時只說「北平抗團」，根本未提「燕京小組」，這是怎麼回事？二者是什麼關係？再者，方圻和范旭兩位先生都說「抗日殺奸團」又叫「抗日鋤奸團」，而祝先生一直用「抗日殺奸團」這個名稱，並說是 40 年代初戴笠曾建議改「抗日殺奸團」爲「抗日鋤奸團」，他未聽從。這又使人費解。范旭先生在 6 月 20 日致我的信中，回答了我提出的問題：「祝文中未提到『燕京小組』，係因燕京小組與北平抗團是平行的兩個兄弟組織，各自爲政而同屬天津抗團總部。除個別的幾位負責同志如宋顯勇等外，兩組織沒有橫的關係。祝所聯繫的『北平抗團小組』與『燕京小組』沒有直接聯繫，因此他對『燕京小組』的活動知之不多。即使刺周行動，在他文中也不過是一帶而過，語焉不詳。」並說：「抗日殺奸團」與「抗日鋤奸團」兩個名稱混用，他本人在寫過的材料中慣常使用「抗日殺奸團」之名。祝宗梁先生 7 月 1 日來信說：「抗團原名爲抗日殺奸團，在淪陷時期散發傳單、標語等活動中都署名抗日殺奸團，可是在平時大家都用簡稱抗團。由於這個緣故，可能有些人就不大注意它的全稱，才發生抗日鋤奸團的稱呼。」

2. 周作人遇刺的幾種說法

周作人遇刺眞相現在可以大白於天下了。之前主要有以下幾種說法──

在《知堂回想錄》中，周作人說這是日本軍警所爲，理由是他於 1938 年 5 月接受了燕大客座教授的聘書，以此可以回絕一切別的學校邀請，因而觸怒了日本人。這種說法遭到學術界的普遍懷疑。他當然在爲自己的附逆行爲辯護。日本軍警不會那麼愚蠢，看不到他參加 1938 年 2 月 9 日大阪《每日新聞》社召開的「更生中國文化建設座談會」是遞給他們的第一個秋波，看不到他已受到中國進步文化界的貶斥。他的聲望正可以把侵略塗上一層柔和的文化暈圈，他的動搖對日本方面來說自然是看在眼裏，喜在心頭。日本憲兵的下一著棋是怎樣誘他進一步下水，而不是置之於死地，因此他們頂多只是威脅他。而據周作人回憶，子彈被對衿毛絨衣的第三個扣子擋住，部位在肚臍的左邊，當年日本首相濱口雄幸被刺身亡就是在這個部位被擊中，可見是可致命的。這顯然不只是威脅。

還有兩種別的說法：

其一，據成仲恩（鮑耀明）編注的《知堂老人的一篇遺稿》〔註 2〕，1946 年，一個署名盧品飛（Loo Pin-fei）的人，在美國出版了《黑暗的地下》（It is Dark Underground）一書，自認是刺周的當事人之一，與他合謀的還有高姓、王姓兩人。周作人在致香港鮑耀明信中，對此說加以否定。

其二，爲洪炎秋之說，認爲刺殺與周作人的侄子周豐三有關。〔註 3〕周豐三當時在輔仁大學附中讀書，他的一個同學知道周作人的矛盾處境，他們爲了保全周的聲譽動手，反促使他更快地下水。豐三因精神上受到打擊而自殺。查豐三自殺時間在 1941 年 3 月，即周作人於 1940 年 12 月 19 日被任命爲僞華北教育總署督辦後不久。這一說法畢竟缺乏有力的證據。

日本憲兵在調查此案時稱，可能是國名黨方面因周的動搖而下手。我想周作人的內心裏也肯定認爲這是抗戰方面幹的。這可爲元旦事件後周作人立即出任僞職提供充分的解釋：槍聲使他意識到半推半就的態度已經不能見容於抗日力量，他的民族氣節受到徹底的懷疑，他時刻想到再次被槍擊的危險，

〔註 2〕 該文抄錄了周作人的《元旦的刺客》一文及自認是當日刺客之一的「盧品飛」所著的《黑暗的地下》第八節「碎玉」（Broken Jade）和周致鮑耀明的有關刺客的四封信。載 1968 年 12 月香港《明報月刊》第 36 期。

〔註 3〕 見洪炎秋：《國內名士印象記》，原載 1947 年 11 月《臺灣文化》，後收入《廢人廢話》一書。

而日本人尚未能給他提供絲毫庇護。這時，周作人自認爲不得不出任僞職，以換取日本人的保護。1 月 12 日，接受僞北京大學圖書館館長一職，這是他任僞職的開始，當天的日記中有：「下午收北大聘書，仍是關於圖書館事，而事實上不能不當。」「事實上不能不當」便可作如上解釋。

再查看周作人日記，1940 年 5 月 3 日：「下午，聞方少峰被狙擊，不知詳情如何。……晚，啓無來談，知方君中頰，當無害也。」同年 8 月 8 日：「晚，聞平白電話云：劉予生午被狙擊，腹中二彈，已取出，可無恙。」方少峰，即方宗鰲。劉予生，即劉兆霖，僞北京大學醫學院附屬醫院院長。現在我們知道刺殺方宗鰲也是「抗團」的行動。誠如有的研究者所言：「周作人遇刺之後，正是出於物傷其類之情，才會對他們這樣同情關切。」〔註4〕

3. 關於范旭的《「風蕭蕭兮易水寒」》

下面是范旭的《「風蕭蕭兮易水寒」》全文：

> 三八班同學絕大多數是在一九四一年一二・八離校的。而我在一九四〇年九月就被迫離開了燕園。爲什麼？這裏有一段故事。
>
> 七・七事變後，天津的一些中學生由於愛國抗日，參加了以曾澈爲首的「抗日鋤奸團」（以下簡稱「抗團」）。他們刺殺過漢奸僞商會會長王竹林和僞海關監督、僞天津聯合準備銀行經理程錫庚，和縱火燒日商大丸商店等。震動津市，人心大快。我在新學中學同學趙爾仁的介紹下也加入了這一組織。
>
> 一九三八年夏，天津「抗團」成員黎大展、宋顯勇和我一同考入燕大，宋是燕大「抗團」的小組長，我們暗地活動，又發展了幾位男女同學。一九三八年冬，盛傳周作人將出任華北僞政府教育督辦之職，天津「抗團」調查屬實，決定對周執行死刑，將派人來平執行。那時周正在燕大授課，宋顯勇奉命去認清周的面貌，查看周的住宅地形和門戶情況，並布置其他成員運送收藏的武器。一切就緒，宋就去了天津向組織報告；不想天津「抗團」骨幹李如鵬（原南開中學學生）和趙爾仁於同日到達北平。爲了不延緩時日，臨時決定命令我再進行刺探，同時研究好行動計劃。當我執行任務，離校與小

〔註 4〕 舒蕪：《歷史本來是清楚的——關於周作人出任華北教育督辦僞職的問題》，《魯迅研究動態》1987 年第 1 期。

組同學話別時，也有「風蕭蕭兮易水寒，壯士一去不復還！」的心情。一九三九年一月一日李、趙在我引路下，取得手槍兩支由他二人分藏身邊，逕赴西城九道彎（應爲八道灣──本書作者）周宅。來到門口，假稱是天津中日中學來的，要見周先生商量赴日留學事，乃被周的傭人引進二道院客廳。趙在大門口巡風，我和李進入客廳，見有數位客人在座。周起立示意，我就指著周對李說：「這就是周先生。」李立即掏出手槍，對準周腹開了一槍。周應聲倒地，在座客人均被驚呆。我二人見大功告成，從容撤出，我在前，李在後，走到前院我回頭一看，見李沒跟上，就又回到二道院，發現李已被幾個僕人按倒在地，槍已無法拔出。我急奔大門，叫道：「九哥（趙的暗號）快來！」趙持槍飛跑而來，放了兩槍，僕人當即鬆手，李躍身而起。我們三人奪門而出，我的大圍巾被他們拉掉，也顧不得去拾了。走出周家，我們把手槍又送回原處，我逕自回校，李、趙二人也若無其事地返迴天津了。原來我們認爲周作人已經一槍斃命，可以警戒其他想當漢奸之流。不料數日之後，報紙披露，周遇刺受輕傷，並未死亡。

此項刺殺漢奸案並未被敵僞偵破；但天津方面出了叛徒，出賣了組織，很快「抗團」負責人曾澈、李如鵬和其他成員多人被日本憲兵隊逮捕。曾、李二人在嚴刑拷問之下堅貞不屈，遂被處決。我則仍在燕大讀書，以爲可以幸免。次年九月，暑假將過，我正在協和醫院割除闌尾，手術才三天，我父親突然前來，說有同學報信，我已被日本列入黑名單，隨時有被捕危險。他命我立刻出院，返迴天津英租界家裏，已買好去上海的英國輪船票，克期遠離天津。我都來不及迴學校再看一眼，就倉皇和燕園不辭而別了。

我到了上海不久，宋顯勇也來了，相偕到之江大學就讀。從此我也與「抗團」脫離關係，再無任何聯繫。

〔原載《燕京大學三八班入學五十週年紀念刊》（1938～1988）〕

范先生說刺周前就已知道他將出任華北僞政府教育總署督辦之職，蓋係誤記。周被正式任命這個職務在 1940 年 12 月 19 日，相距 1939 年元旦事件差不多兩年。其間的過程非常複雜，1938 年底就知道周將出任此職是不可能的。

周於 1938 年 2 月 9 日出席日本大阪《每日新聞》社在北京飯店召開的「更生中國文化建設座談會」，這是他下水的第一步，在抗戰方面引起了震動。看到他已動搖，考慮到他投敵可能帶來的消極影響，從而對他實行刺殺行動是可以理解的。不過，不知「抗團」方面是否另有所聞。1938 年年初就有周作人將出任偽北大校長的消息，1938 年 6 月 17 日上海《文匯報》所載胡馬《關於周作人———一封北平來的信》說：「依個人觀察，關於周先生的誤會（指參加大阪《每日新聞》社召開的「更生中國文化建設座談會」後引起的軒然大波——引者），想是將做北大校長的消息罷。此消息似是今年一月間在此間的報上揭載的。周先生五月十二日給我的一封信講到天津庸報說：『聽說其報上曾載過不佞將做北大校長之消息，可謂有光榮矣。』周先生自己答覆此問題了。」〔註5〕另據當時滯留北平的李霽野先生的文章《關於周作人的幾件事》〔註6〕，在 1938 年確傳說周作人已就任北大文學院院長。看來方圻、范旭兩位先生的回憶是有根據的。既然如此，作為一個消息來源不可能做到十分確鑿的地下組織，「抗團」發出處死周作人的指令也就可以理解了。

〔註 5〕 引文據 1938 年 8 月 1 日《宇宙風》第 7 期轉載的此文。
〔註 6〕 1992 年 7 月 4 日《文藝報》。

四、周氏兄弟早期「啓蒙主義的民族主義」文學觀

周作人的文學思想明顯可以分爲留日時期、五四文學革命前期和 20、30年代三個時期。在第一個時期，周作人與魯迅形成了現代性的文學觀。其文學觀的一個突出特點是把民族主義的訴求與建立純文學觀念的意圖結合了起來，具有鮮明的民族和時代的特點。他們的文學觀處於晚清文壇的邊緣，在當時並沒有產生什麼影響，但卻是從晚清到「五四」文學觀念的邏輯發展中不可或缺的重要環節；並且，他們後來帶著這一時期的知識積纍和對文學的體認參與掀起了波瀾壯闊的五四文學革命的浪潮。本章主要關注周氏兄弟的文學觀作爲一種現代性的話語的形成接受了怎樣的中外影響，並試圖從影響的角度對其特徵、意義進行更準確的闡明和歷史定位。

（一）啟蒙主義的民族主義

周氏兄弟留日時期的思想是民族主義的，文學思想是其民族主義的一部分，從根本上來說表達的是民族主義的訴求，所以要理解他們對文學功用的認識就離不開他們民族主義的思想語境。周作人曾經講得明白：「豫才那時的思想我想差不多可以民族主義包括之，如所介紹的文學亦以被壓迫的民族爲主，俄則取其反抗壓制也。」〔註1〕魯迅自己還參加過實際的民族革命的活動，周作人也自稱：「我那時又是民族革命的一信徒」〔註2〕。周作人於 1925 年還

〔註 1〕 《瓜豆集・關於魯迅之二》。
〔註 2〕 《知堂回想錄・六七》。

說過：「我當初和錢玄同先生一樣，最早是尊王攘夷的思想……後來讀了《新民叢報》《民報》《革命軍》《新廣東》之類，一變而為排滿（以及復古），堅持民族主義者計有十年之久，到了民國元年這才軟化。」〔註3〕

世界範圍內，現代是一個以民族國家為政治形式的競爭時代，而民族主義正是建立現代民族國家的歷史動力。周氏兄弟的民族主義是在晚清政治、社會和文化的重重危機中產生的，他們以對晚清社會和文化改革的挑戰者和批判者的姿態出現，指出建立一個現代國家的根本出路所在。無論魯迅還是周作人，他們都把人的精神個性看作中國落後的癥結。在戊戌變法之前，康有為、梁啓超就明確意識到了人才的重要性，只是他們認為培養人才是一個漫長的過程，於是想走一條捷徑，從政治變革入手。戊戌變法失敗後，梁啓超開始關注人的精神層面，率先提出改造國民性的問題。梁啓超的思路啓發了周氏兄弟。

在周氏兄弟的民族主義思想中，物質與精神的二元對立其邏輯起點，他們據此批判晚清的各種改革方案和措施，並提出自己的主張。

魯迅在《科學史教篇》中敘述西方科學簡史，落腳點在於補救時弊。當時的革新派人士眩於西方國家的強大，提倡「興業振兵之說」，但並沒有得到西方富強的真諦。他最後還特別強調了人文的重要性，認為科學與人文兩不偏廢才能促進人性的全面發展，造成社會的文明。〔註4〕《文化偏至論》〔註5〕則把這種批判上升到理論的高度。晚清的革新派人士「競言武事」，或主張「製造商佶立憲國會」，魯迅指責他們不知中國國情，不察歐美的實際，不作「根本之圖」。他們的迷誤主要有兩個方面：一是惑於歐美的富強，而不知其富強的根本在於人；一是不知是「物質」和「眾數」是 19 世紀西方文明的通病，並且不瞭解 19 世紀末批判這種弊端的新思潮。「物質」就是追求外在的物質世界、忽視人的主觀精神的「物質主義」，「眾數」則指壓制少數人的多數人的民主。它們共同造成的結果是流於平庸、失去個性。他評述了唯意志論哲學家斯蒂納、叔本華、克爾凱郭爾、尼采以及戲劇家易卜生等的特立獨行的個人主義思想，汲取他們身上的反抗、破壞的精神，主張「掊物質而張靈明，

〔註 3〕《雨天的書·元旦試筆》。
〔註 4〕魯迅：《科學史教篇》，《魯迅全集》1 卷，北京：人民文學出版社 1981 年。原載 1908 年 6 月《河南》5 期。
〔註 5〕收入《墳》，原載 1908 年 8 月《河南》第 7 期。

任個人而排眾數」。他得出了帶有進化論色彩的結論:「是故將生存兩間,角逐列國是務,其首在立人,人立而後凡事舉;若其道術,乃必尊個性而張精神。」所謂「立人」,就是要喚醒國人的自覺,張揚其個性,從而「立國」。

周作人從自己的角度提出改造國民精神的問題。他在《論文章之意義暨其使命因及中國近時論文之失》〔註6〕中開宗明義,談了自己對「民族」以及「民族」與文化的理解:「今夫聚一族之民,立國大地之上,化成發達,特秉殊采,偉美莊嚴,歷劫靡變,有別異於昏凡,得自成美大之國民(nation,義與臣民有別)者,有二要素焉:一曰質體,一曰精神。質體云者,謂人、地、時三事。同胤之民,一言文,合禮俗,居有土地,賡世守之,素白既具,乃生文華。之數者,爲形成國民所有事,亦凡有國者所同具也。若夫精神之存,斯猶眾生之有魂氣。……蓋凡種人之合,語其原始,雖群至龐大,又甚雜糅而不純,自其外表觀之,探其意氣之微,宜儼然無所統一。然究以同氣之故,則思想感情之發現,白於眾異之中,不期而然趨於同致,自然而至莫或主之,所謂種人之特色,而立國之精神者是已。國人有此,乃足自集其群,使不即於渙散,且又自爲表異,以無歸於他宗,然後視其種力,益發揮而光大之,漸以成文化。」在文章中,他用了「國民」、「國民精神」、「國魂」、「種人」(種族)等民族主義語彙。他從質體與精神的關係出發,批評革新派人士「競言維新」,認爲這不過是傳統功利主義的表現。在他看來,如果精神委頓,即便是貿易、工業興盛,那麼「質體」的存在也不過形同槁木罷了。所以,「爲今之計,竊欲以虛靈之物爲上古之方舟焉。」

魯迅、周作人把改革中國的焦點集中於精神,除了吸取了晚清一系列救亡圖存運動失敗的教訓外,肯定還溶入了大量的、直接的甚至是令他們痛心疾首的對國人精神面貌的觀感。典型的如在《〈吶喊〉自序》中所述導致作者棄醫從文的幻燈片事件中,國人面對同胞被殺害表現出了驚人的麻木。魯迅早在 1902 年在東京弘文學院學習期間就從日譯本讀了美國傳教士史密斯的著作《中國人氣質》〔註7〕(1894),該書通過作者在中國傳教二十二年的觀察和見聞,揭露了大量的中國人的精神病症。它給魯迅所思考的中國民族性的

〔註6〕1908 年 5、6 月《河南》4、5 期。

〔註7〕參閱《中國人氣質》(張夢陽、王麗娟譯,蘭州:敦煌文藝出版社 1995 年 9 月)一書的《譯後評析》,該文對魯迅改造國民性思想與《中國人氣質》的聯繫進行了詳細的介紹。

缺點問題提供了具體的例證，他後來很多改造國民性的思想觀點，──如認為中國人缺乏誠與愛、中國改革難等，都可以在史密斯的書裏找到原型。還有魯迅與許壽裳在弘文學院學習期間對中國國民性的基本判斷〔註8〕，也正是建立在大量感性材料基礎上的。

發現病根，自然就要對症下藥，尋求醫治的藥方。那麼究竟應該怎樣喚醒國人的覺悟，改造國民的精神呢？他們都強調了「心聲」或「精神」的重要性。真正的個性來源於「心聲」和「內曜」，這是《破惡聲論》的主題。為什麼「心聲」可以喚醒覺悟，產生個性呢？作者說得明白：「蓋惟聲發自心，朕歸於我，而人始自有己，而群之大覺近矣。」那些維新人士昌言改革，擾攘不已，但他們是為了一己的私利，從其言行中看不出「離偽詐」的「心聲」與「破黮暗」的「內曜」，所以中國仍是一個「淒如荒原」的「寂漠」之境。當時維新人士的主張大抵可分為民族主義和世界主義兩種傾向的話語，前者宣稱「不如是則亡中國」，後者則揚言「不如是則畔文明」，但都是借集體來泯滅人的個性，使人不敢獨異。他指出：「故今之所貴所望，在有不和眾囂，獨具我見之士，洞矚幽隱，評騭文明，弗與妄惑者同其是非，惟向所信是詣，舉世譽之而不加勸，舉世毀之而不加沮，有從者則任其來，假其投以笑傌，使之孤立於世，亦無懾也。則庶幾燭幽暗以天光，發國人之內曜，人各有己，不隨風波，而中國亦以立。」〔註9〕

著眼點相同的「心聲」或「國民精神」是他們當時各自最重要的文學論文《摩羅詩力說》、《論文章之意義暨其使命因及中國近時論文之失》的邏輯線索。中國古代文人在論述某事對國家的重要性時往往要展開一番歷史敘述，周氏兄弟也是這樣。魯迅說，文化流傳後世的，莫過於表達「心聲」的文事了。古人運用他們的想像力（神思），與自然的奧秘相溝通，和萬物相默契，心領神會，說出他們所要說的話，這樣就有了詩歌。它的聲音經過漫長的時間而深入人心，不因人們的沉默而斷絕；並且日益在一個民族間流傳。等到詩歌這樣的文事衰落了，那麼這個民族的命運也就完結了。他舉了印度、以色列、伊朗、埃及等幾個文明古國的例子，說明上述文事與民族命運的休

〔註8〕 許壽裳：《回憶魯迅》，收入魯迅博物館等編《魯迅回憶錄（專著）》（上冊），北京：北京出版社1999年1月。
〔註9〕 魯迅：《破惡聲論》，《魯迅全集》8卷，北京：人民文學出版社1981年。原載1908年12月《河南》8期。

戚相關。他引用了卡萊爾關於「心聲」的觀點。有感於中國現實「心聲」的寂寞，爲了改造國民精神，他要「別求新聲於異邦」，評介那些「摩羅」詩人。〔註10〕

同樣，「國民精神」是周作人文章的邏輯線索。一個民族的特色在於其「立國之精神」，在他看來，精神爲體，質體爲用，質體滅亡而精神能再造，或者質體滅亡而精神不死，沒有精神萎死而質體獨存的。像魯迅一樣，他先講史。埃及雖然亡國，但表現在古代文獻中的思想、精神則流澤深長，這是質體滅亡而精神不死的例子。又如古希臘文化美妙而又偉大，雖然受到基督教長期的壓迫，但依然走向復興。希臘也因爲其源遠流長的國民精神而得以重建，並產生了新的文學。這是質體滅亡而精神能夠再造的例子。在新進的斯拉夫民族中，由於能發揚固有的國民精神，也出現了新的氣象。而在中國，上古文學雖然也有曲折、深微的「美感至情」，但遭到了儒家思想的壓制，並受到「趨時崇實」的功利主義的束縛，所以造成了思想的「拘囚蜷曲」，「莫得自展」。而近代國內之士「競言維新」其實也是傳統功利主義的表現。像魯迅一樣，他想他想借助文學來改革國民精神；所不同的是魯迅通過介紹「摩羅」詩人來表明所要提倡的文學，周作人則對這種新文學加以理論上的闡明。

在《哀弦篇》〔註11〕中，周作人又呼喚「心聲」。他有感於「華土特色之黯淡」，「華土之寂漠」，如過「落日廢墟，或無神的寒廟」。原因何在？在於沒有「覺悟」。爲什麼沒有「覺悟」？是因爲沒有「悲哀」。「悲哀者人生之眞誼」，「蓋在人事，恒樂少而悲多，樂暫而悲久也。是故天下心聲，多作愁歡之節，而激刺人情，感應尤疾。」「中國文章，自昔本少歡娛之音。」「洎夫近世，國人浸昧此誼，民向實利而馳心玄旨者寡，靈明汨喪，氣節消亡，心聲寂矣。」而遠在萬里的海外，則有蒼涼哀怨的哀音，絕望之中有激揚發越。他引用泰納的藝術「三要素」說來說明「國民文章」反映了國民的心聲和特色，並以此「介異邦新聲，賓諸吾土」。他介紹的是波蘭、烏克蘭、波希米亞等斯拉夫小國以及猶太諸國文人具有「哀聲逸響」的文學。這些國家「雖亦有黯淡之色，而尚無灰死之象」。這裏表明了民族主義的動機和視野。他最後引用了尼采《查拉圖斯特拉如是說》序言中的話：「唯有墳墓處，始有復活。」中國傳統向來視哀怨之音爲「亂世之音」，周作人對此卻有了完全不同的理解

〔註10〕魯迅：《墳‧摩羅詩力說》。原載 1908 年 2、3 月《河南》2、3 期。
〔註11〕周作人：《哀弦篇》，1908 年 12 月《河南》9 期。

和評價，反映了其接受西方文化影響以後的新的胸襟。周作人在對文學的理解、思維方式、話語方式甚至取材上都與其兄十分地一致。

《摩羅詩力說》、《哀弦篇》的選材都表現出明確的民族主義意圖。日本學者北岡正子通過大量實證的材料，說明「《摩羅詩力說》是在魯迅的某種意圖支配下，根據當時找得到的材料來源寫成的。」〔註12〕在《摩羅詩力說》中，作者根據民族主義意圖構制了一個受拜倫影響的「摩羅」派詩人的系譜。魯迅在 1925 年追憶道，他當時讀了拜倫的詩而「心神俱旺」，特別是看到他那花布裹頭，去助希臘獨立時候的肖像。「其實，那時 Byron 之所以比較的爲中國人所知，還有別一原因，就是他的助希臘獨立。時當清的末年，在一部分中國青年的心中，革命思潮正盛，凡在叫喊復仇和反抗的，便容易惹起感應。那時我所記得的人，還有波蘭的復仇詩人 Adam Mickiewicz；匈牙利愛國詩人 Petofi Sandor；飛獵濱的文人而爲西班牙所殺的鰲沙路」〔註13〕。勃蘭兌斯《十九世紀文學主潮》第四分冊中有這樣一段文字：「在俄國和波蘭、西班牙和意大利、法蘭西和德國這些國家的精神生活中，他（指拜倫──引者）如此慷慨地到處播下的種子都開花結果了──從種下龍的牙齒的地方躍出了披盔戴甲的武士。斯拉夫國家的民眾，由於他們一直在暴政的統治下呻吟，天性就趨向於多愁善感，同時他們的歷史又使他們養成了反抗的本能，因此他們如饑似渴地抓住拜倫的詩不放：普希金的《葉夫蓋尼·奧涅金》，萊蒙托夫的《當代英雄》，馬爾採夫斯基的《瑪麗婭》，密茨凱威茨的《康拉德》和《瓦倫羅德》，斯洛瓦吉的《蘭勃羅》和《本尼奧夫斯基》等等作品，都證明了拜倫給這些詩的作者留下的強烈印象。」〔註14〕北岡正子指出：「可以想見，魯迅在斯拉夫民族之中尋找拜倫系譜是從這段話得到某些啓示的。」〔註15〕在斯拉夫民族中尋找拜倫系譜最重要的意義，在於顯示或證明以拜倫爲代表的自由意志和反抗精神對於被壓迫民族的解放和獨立的根本意義。關於《哀弦篇》選材的民族主義意圖，我在上面已經談過。

在周氏兄弟的民族主義思想中，建立現代民族國家的目標與進步、個性

〔註12〕〔日〕北岡正子：《摩羅詩力說材源考》，何乃英譯，北京：北京師範大學出版社 1983 年 5 月，《前言》。

〔註13〕魯迅：《墳·雜憶》。

〔註14〕〔丹麥〕勃蘭兌斯：《十九世紀文學主流》第四分冊，徐式谷等譯，北京：人民文學出版社 1997 年 10 月，453 頁。

〔註15〕《摩羅詩力說材源考》，42 頁。

解放、自由意志等西方啓蒙主義的基本價值觀是高度一致的，因此我們可以把他們的民族主義稱爲啓蒙主義的民族主義。當然，西方的啓蒙主義有個性和理性兩個基本的支柱，但在二者的關係中，個性解放具有前提的性質。在西方，個性解放和人的覺醒是文藝復興的產物，理性則是在十八世紀啓蒙主義運動中確立起來的社會生活原則，用以調節個性解放帶來的諸如道德淪喪等方面的問題。顯然，周氏兄弟所處的時期是一個前現代時期，擺在他們面前的中國現代化的首要任務首先是喚起國民建立在個性解放基礎上的覺醒。他們的文藝思想屬於浪漫主義的，而按照卡林內斯庫的說法，西方語境中的浪漫主義文藝思潮帶有美學現代性反抗資本主義的世俗現代性的傾向〔註16〕；魯迅還受到了以尼采爲代表的唯意志論哲學家的影響，唯意志論哲學又明顯地表現出對啓蒙現代性的批判；但這些並沒有在周氏兄弟思想中構成與啓蒙主義價值觀中理性原則的衝突，只是強化了對個性的強調。魯迅並沒有完整地接受唯意志論哲學家的思想。

　　《域外小說集》是周氏兄弟從啓蒙主義的民族主義立場出發的一次文學活動。魯迅在《域外小說集‧序言》中說：「異域文術新宗，自此始入華土。使有士卓特，不爲常俗所囿，必將犁然有當於心，按邦國時期，籀讀其心聲，以相度神思之所在。」〔註17〕他後來講得更清楚明瞭：「我們在日本留學的時候，有一種茫漠的希望：以爲文藝是可以轉移性情，改造社會的。因爲這意見，便自然而然的想到介紹外國新文學這一件事。」〔註18〕正是由於關注的焦點不同，周氏兄弟翻譯外國小說的旨趣和選材也就與梁啓超翻譯外國政治小說迥乎有別。他們啓蒙主義的民族主義以人類的普遍價值爲最高標準，除了表現被壓迫民族的愛國情懷和俄國反抗專制的精神，《域外小說集》中還流貫著鮮明的人道主義特色。兩個譯者都非常愛好俄國文學中深厚的人道主義精神。

（二）不用之用

　　顯然，魯迅和周作人都接受了與科學、道德分治的現代知識制度上的文學觀念，他們所說的「文章」不同於傳統，指的就是純文學。《摩羅詩力說》

〔註16〕　參閱〔美〕馬泰‧卡林內斯庫著，顧愛彬、李瑞華譯：《現代性的五副面孔》，北京：商務印書館 2002 年 5 月，47～53 頁。

〔註17〕　魯迅：《域外小說集‧序言》，《魯迅全集》10 卷，北京：人民文學出版社 1981 年。

〔註18〕　魯迅：《〈域外小說〉序》，《魯迅全集》10 卷。

與《論文章之意義暨其使命因及中國近時論文之失》的側重點不同，前者主要通過評述範例表明一種對文學的態度，較少對文學的理論的闡述，後者則有對文學本體和功用的完整的論述。

許壽裳回憶說，在東京聽章太炎講學時，魯迅表示不贊同老師的雜文學觀念：「先生詮釋文學，範圍過於寬泛，把有句讀的和無句讀的悉數歸入文學。其實文字與文學固當有分別的，《江賦》、《海賦》之類，辭雖奧博，而其文學價值就很難說。」〔註19〕周作人明確地擯棄傳統的「雜文學」觀念：「夫言文章者，其論旨所宗，固未能盡歸唯美，特泛指學業，則膚泛而不切情實，亦非所取。惟其義主折中而說近似者，則如近時美人宏德（Hunt）之說，庶得中庸矣，宏氏《文章論》曰：『文章者，人生思想之形現，出自意象、感情、風味（Taste），筆為文書，脫離學術，遍及都凡，皆得領解（Intelligible），又生興趣（Interesting）者也。」還說：「文章一科，後當別為孤宗，不為他物所統。」美國不大著名的社會歷史學派文論家漢特（Theodore W. Hunt）的《文學的原理與問題》（Literature：Its Principles and Problems）是周作人文學理論的啓蒙書，他的文章中關於文學的定義的觀點和材料均來自《文學的原理及其問題》的第一編第二章中「文學的一個定義」。〔註20〕周氏兄弟對文學的理解也離不開當時已接受了西方純文學觀念的日本明治文壇。晚清直接用「文學」來指稱西方近代意義上的 literature 也是來自於日本的影響。

他們都相信文學是國民精神的表現，這是他們最重要的文學論文中的前提性文學命題。這是中國啓蒙主義文學最重要的基礎性命題，因為要確認文學具有改造國民精神的作用，必須首先確認文學與國民精神的關係。魯迅認為文學最有力地表達了民族的「心聲」，文事與民族命運休戚相關，所以為了

〔註19〕許壽裳：《亡友魯迅印象記》，北京：人民文學出版社 1953 年 6 月，25 頁。
〔註20〕可見〔美〕Theodore W. Hunt 著、傅東華譯：《文學概論》（即《文學的原理與問題》），上海：商務印書館 1935 年 12 月。文中的文學定義見該書 30 頁。漢特對後來的茅盾和鄭振鐸的文學觀念都有影響，鄭振鐸曾經對《文學的原理與問題》予以介紹：「韓德此書，也是入手研究文學的人所必要讀的。共分兩個部分。第一部分泛論文學的定義，文學的研究法，文學的範圍，文學與科學，哲學，政治，文學，人生，倫理，藝術等等的關係，及文學的使命。第二部分則討論讀文學書與研究文學的目的，文學形式的種類與發展，文學上的各種疑問，及文學上的希伯來主義與希臘主義，文學在文字教育的地位等，對於詩歌，史詩，詩學及散文，小說等，都有很詳細的研究。出版的時間是一九〇六年，出版的地方是紐約的 Funk and Wagnalls Company。」（西諦：《關於文學原理的重要書籍介紹》，1923 年 1 月《小說月報》14 卷 1 號。）

發揚「國民精神」，就要「求新聲於異邦」。周作人在《論文章之意義暨其使命因及中國近時論文之失》中寫道：「蓋精神為物，不可自見，必有所附麗而後見。凡諸文化，無不然矣，而在文章為特著。何也？……特文章為物，獨隔外塵，託質至微，與心靈直接，故其用亦至神。所以英國人珂爾垤普（Courthope）說：『文章之中可見國民之心意，猶史冊之記民生也。』」他在文章中表達的中心思想是：「夫文章者，國民精神之所寄也。精神而盛，文章固即以發皇，精神而衰，文章亦足以補救，故文章雖非實用，而有遠功者也。」所以，「文章改革一言，不識者雖以為迂，而實則中國切要之圖者」。「文章或革，思想得舒，國民精神進於美大，此未來之冀也。」在《哀弦篇》中，他還引用泰納的藝術「三要素」說，來說明「國民文章」反映了國民的「心聲」和特色。

文學是國民精神的表現的命題確認了文學與國民精神的關係，那麼文學到底能起到哪些作用，發生作用的方式是什麼樣的呢？周氏兄弟的文學功用觀集中反映在「不用之用」這一康德式的命題中。

魯迅在《摩羅詩力說》中明確提出「不用之用」的文學功用觀。關於「不用」，他說：「由純文學上言之，則以一切美術之本質，皆在使觀聽之人，為之興感怡悅。文章為美術之一，質當亦然，與個人暨邦國之存，無所繫屬，實利離盡，究理弗存。」所謂「用」，他說：「涵養人之神思，即文章之職與用也。」這種功用的發生，好比在大海裏游泳，面對一片汪洋，起伏在波濤之上，上岸以後，精神和肉體都發生了變化。然而那大海實際上只是波起濤飛，毫無情愫，並沒有給人們傳授什麼教訓或格言，但游泳者的元氣和體力都突然增加了。他並強調文學活動是人的全面發展所不可或缺的。

此外，文學還有一個「特殊之用」：「蓋世界大文，無不能啓人生之閟機，而直語其事實法則，為科學所不能言者。所謂閟機，即人生之誠理是已。此為誠理，微妙幽玄，不能假口於學子。」而文學作品則可以通過形象的方式把人生的真理傳達給人。他舉例說，對熱帶地區的人抽象地以物理學、生理學去解釋，他還是不明了水可以凝固，冰是寒冷的；當你直接拿冰給他看，讓他接觸到冰以後，雖然不講那些科學的道理，但是他卻能直觀地明白冰是什麼東西。文學的妙用就在這裏，他寫道：「惟文章亦然，雖屢判條分，理密不如學術，而人生誠理，直籠其辭句中，使聞其聲者，靈府朗然，與人生即會。如熱帶人既見冰後，曩之竭研究思索而弗能喻者，今宛在矣。」

　　魯迅還從普遍人性的角度索解讀者之所以能理解文學作品的原因：「蓋詩人者，攖人心者也。凡人之心，無不有詩，如詩人作詩，詩不爲詩人獨有，凡一讀其詩，心即會解者，即無不自有詩人之詩。」文學之所以能夠「涵養人之神思」即由此來。

　　《摩羅詩力說》第六節是對雪萊的評述，儘管沒有直接引用雪萊的詩學觀點，但我們可以發現兩人對詩的功用的理解十分地一致。在著名的《爲詩辯護》一文中，雪萊認爲詩是想像力的表現，並作用人的想像力，從而鼓舞人的鬥志，並提升人精神。文學在人類的存在活動中不可或缺。雪萊一方面強調詩所具有的「改進人類道德」的作用，另一方面又強調詩人不應該「抱有一種道德目的」。詩的功用的發生與倫理學不同，「詩的作用都是經由另外一種更爲神聖的途徑。詩喚醒人心並且擴大人心的領域，使它成爲能容納許多未被理解的思想結構的淵藪。」「詩增強了人類德性的機能，正如鍛鍊能增強我們的肢體。」我們還記得魯迅在說明「不用之用」的發生時所舉的在海水裏游泳的例子。雪萊也認定了詩人對民族振興的重要性：「在一個偉大民族覺醒起來爲實現思想上或制度上有益改革而奮鬥當中，詩人就是一個最可貴的先驅、夥伴和追隨者。」〔註21〕

　　連接強烈的民族主義動機和文學關係的即是「不用之用」的文學功用觀，民族主義的動機與文學「不用」的動機之間難免有某種不適感，於是也就顯露出一定程度上的矛盾。魯迅一方面說文學與「個人暨邦國之存」沒有直接的關係，但他又舉了普法戰爭中德意志民族詩人的例子。1806 年 8 月，拿破侖大破普魯士軍，翌年 7 月，普魯士求和，成了法國的附屬國。但德意志民族的精神並沒有被征服。詩人阿恩特（E. M. Arndt）作《時代之精神》，宣傳自由的精神，使國人大振。1813 年，普魯士國王下令國民當兵，爲自由、正義、祖國而戰。於是，青年學生、詩人、藝術家爭相入伍。特沃多・柯爾納（Theodor Korner）辭去維也納國立劇場詩人的職務，投筆從戎，作詩集《豎琴長劍》，抒發愛國熱情。於是，「開納（即柯爾納——引者）之聲，即令全德人之聲，開納之血，亦即全德人之血耳。」所以可以推想，打敗拿破侖的不是國家、皇帝和刀劍，而是受到詩人感召的國民。「國民皆詩，亦皆詩人之具，而德卒以不亡。」這個例子大概是要說明詩歌與國民精神和國事的關係，

〔註21〕〔英〕雪萊：《爲詩辯護》，《西方文藝理論名著選編》（中卷），伍蠡甫、胡經之主編，北京：北京大學出版社 1986 年 8 月。

然而如果魯迅的敘述屬實的話，我們可以從裏面得出兩點與魯迅的「不用之用」有偏差的結果：阿恩特和柯爾納顯然是抱著明確的功利目的的；詩歌與民族國家的存亡有直接的關係。這種矛盾可以看作他從事文學的功利目的與他接受的「非功利」的審美觀念之間的矛盾，也可以說是學理與民族主義動機之間的矛盾。

在談到文學功用觀問題時，魯迅的側重點是對「不用之用」進行辨析，而周作人則引進漢特的觀點，對文學的使命加以闡發：「一、文章使命在裁鑄高義鴻思，匯合闡發之也。淺言之，所謂言中有物。」「二、文章使命在闡釋時代精神，的然無誤也。」他在《哀弦篇》中高度評價文學與時代的關係：「蓋文章之起，根於人心，故與當世思想，所關甚大。」「三、文章使命在闡釋人情，以示世也。」「四、文章使命在發揚神思，趣人生以進於高尚也。」〔註22〕第四項彷彿與第一項有矛盾，他解釋說：「宏德所謂處今日商工之世，百物皆備，所希者獨冀文章有超凡之觀，神思發現，以別異於功利有行之物事耳。雖然，此意有不可與第一義所言混者。蓋文章之職，固當闡發義旨，而今之所重乃在神思，且二者不可或離。高義鴻思之作，自非思入神明，脫絕凡軌，不能有造。凡云義旨而不自此出，則區區教令之屬，寧得入文章以留後世也。」他在《哀弦篇》中談到勃洛靖斯基、密茨凱維支、斯洛伐斯基和克拉辛斯基等波蘭詩人時，這樣肯定他們與國民的關係：「波蘭詩人之所言，莫非民心之所蘊。是故民以詩人為導師，詩人亦視民如一體，群己之間，不存阻閡，性解者，即愛國者也。其所為詩，即所以達民情，振民氣，用盡其先覺之任而已。」

他從自己接受的純文學概念和文學功用觀出發，對當時流行的觀念進行批判，認為他們不瞭解文學的真義。這顯然與傳統的文學觀有關：「古者以文章為經世之業，上宗典經，非足以弼教輔治者莫與於此。歷世因陳，流乃益大。」像《文心雕龍》本是中國最傑出的文學理論的著作，但還是拘於成見，強調「原道」、「徵聖」、「宗經」。劉勰在序言中說，他過了三十歲，曾經夢見自己拿著朱紅漆的祭器跟著孔子向南走。並且說：「惟文章之用，實經典枝條，五禮資之以成，六典因之致用，君臣所以炳煥，軍國所以昭明」。

近時文論，他不點名地以陶曾祐的《中國文學之概觀》、京師大學堂教員林傳甲的《中國文學史》和梁啓超的《論小說與群治之關係》為靶子。它們的錯誤

─────────────────

〔註22〕上述觀點均直接來自漢特的《文學概論》，參閱該書中譯本241～250頁。

有二：強調治化而導致文學評價標準的失衡，如《中國文學史》言必宗聖，強調文學不能離治化而獨存，指譯小說爲誨淫誨盜。就是那些提倡新小說的人也中了實用之說的毒：「今言小說者，莫不多立名色，強比附於正大之名，謂足以益世道人心，爲治化之助。說始於《論小說與群治之關係》一篇。」另一錯誤是持傳統的雜文學觀，或不能正確認識現今的文類，或貶低小說、詞曲等文體。他們不理解：「夫文章一語，雖總括文、詩，而其間實分兩部。一爲純文章，或名之曰詩，而又分之爲二：曰吟式詩，中含詩賦、詞曲、傳奇，韵文也；曰讀式詩，爲說部之類，散文也。其他書記論狀諸屬，自爲一別，皆文章耳。」

　　在辛亥革命時期，周氏兄弟仍然堅持自己留日時期的文藝功用觀。魯迅說：「言美術之目的者，爲說至繁，而要以與人享樂爲臬極，惟於利用有無，有所抵午。主美者以爲美術目的，即在美術，其於他事，更無關係。誠言目的，此其正解。然主用者則以爲美術必有利於世，倘其不爾，即不足存。顧實則美術誠諦，固在發揚眞美，以娛人情，比其見利致用，乃不期之成果。沾沾於用，甚嫌執持，惟以頗合於今日國人之公意故從而略述之如次」：「一美術可以表見文化」，乃「國魂之現象」，二是「美術可以輔翼道德美術之目的，雖與道德不盡符，然其力足以淵邃人之性情，崇高人之好尚，亦可輔道德以爲制。」三是「美術可以救援經濟」，他指的是美術品本身具有商業價值。〔註23〕周作人說：「蓋欲改革人心，指教以道德，不若陶熔其性情。文學之益，即在於此。」〔註24〕他也這樣看童話，在作於 1912 年 10 月的論文《童話研究》〔註25〕中，他寫道：「蓋凡欲以童話爲教育者，當勿忘童話爲物亦藝術之一，其作用之範圍，當比論他藝術而斷之，其與教本，區以別矣。故童話者，其能在表見，所希在享受，攖激心靈，令起追求以上遂也。是餘效益，皆屬副支，本末失正，斯昧其義。」

　　以 1906 年從仙臺回到東京決定從事文學爲界，留日時期魯迅的文學功用觀明顯可以分爲前後兩個時期。前期對文學功用的理解基本上停留在梁啓超的層次。魯迅像康有爲、梁啓超等人一樣，注意到了小說的巨大社會作用。兒童和普通人可能不知道《山海經》、《三國志》，但他們能記住那些人長得奇

〔註23〕魯迅：《儗播布美術意見書》，《魯迅全集》8 卷，北京：人民文學出版社 1981 年。

〔註24〕周作人：《小說與社會》，原載 1914 年 2 月《紹興縣教育會月刊》5 號，收入鍾叔河編《周作人文類編‧本色》，長沙：湖南文藝出版社 1998 年 9 月。

〔註25〕周作人：《兒童文學小論‧童話研究》。

形怪狀的海外諸國，談論周瑜、諸葛亮的名字，這得益於《鏡花緣》和《三國演義》的影響。「故掇取學理，去莊而諧，使讀者觸目會心，不勞思索，則比能於不知不覺間，獲一斑之智識，破遺傳之迷信，改良思想，補助文明，勢力之偉，有如此者！」「故苟欲彌今日譯界之缺點，導中國人群以進行，必自科學小說始。」〔註26〕不僅觀點與梁啓超相同，連說話的口氣都差不多。魯迅留日原本是想學醫，顯然抱著晚清民初流行的科學救國的信念。正是在這一信念支配下，他才翻譯《月界旅行》、《地底旅行》，編寫《中國地質略論》、《中國礦產志》，撰述《說鈤》、《人之歷史》的。

（三）別立新宗

最後我想探討一下周氏兄弟改造國民精神的思路和文學觀念所受的外來影響，並把他們的觀念放在晚清的歷史語境中，通過與晚清國粹派和梁啓超、王國維的對比，試圖確認其獨特性和歷史價值。

周氏兄弟的選擇和思想觀點離不開日本明治20、30年代文壇的參照；如果沒有這種參照，這對年輕的兄弟很可能會茫然不知所從。魯迅後來在《我怎樣做起小說來》〔註27〕中回憶他「當時最愛看的作者」時，提到了四個人的名字，其中就有夏目漱石和森歐外。周作人說魯迅：「對於日本文學不感興趣，只佩服一個夏目漱石，把他的小說《我是貓》、《漾虛集》、《鶉籠》、《永日小品》，以至乾燥的《文學論》都買了來，又爲讀他的新作《虞美人草》定閱《朝日新聞》」。上田敏、長谷川、二葉亭諸人，差不多只看重其批評或譯文。〔註28〕周作人還說他讀日文書可以說是從夏目漱石入手的，其《文學論》出版時就買了一本。〔註29〕1918年，周作人在北京大學作講演《日本近三十年小說之發達》，指出中國文學界的當務之急是缺少一部說明小說是什麼的《小說神髓》。他很可能在留學時期就讀過該書。《〈摩羅詩力說〉材源考》的作者北岡正子通過她細緻的考證工作，讓我們看到了《摩羅詩力說》中所引用的材料與日本評介論著的關係。

〔註26〕魯迅：《〈月界旅行〉辨言》，《魯迅全集》10卷。

〔註27〕魯迅：《我怎麼做起小說來》，《魯迅全集》4卷，北京：人民文學出版社1981年。

〔註28〕周作人：《魯迅的故家》，《魯迅回憶錄》（專著）（中），北京：北京出版社1999年1月，1052頁。

〔註29〕周作人：《〈文學論〉中譯本〈序〉》。

　　明治 20、30 年代日本文壇與中國現代文壇很相像，西方文藝復興以後的各種文藝思潮往往共時存在。明治 21 年，深受浪漫主義影響森歐外從德國回國。爲了進一步啓發國民的個性意識，他與上田敏等人掀起了一場浪漫主義運動，並大量翻譯歐洲浪漫主義文學。流風所向，浪漫主義的傳記也大量出現。有的即成爲《摩羅詩力說》的材料來源。〔註 30〕與此同時，崇尚人的精神世界、探究個體價值的德國唯心論哲學成爲思想、理論界的熱點，尼采、叔本華都流行一時。「明治 30 年代流行於日本的浪漫思潮，無論在哲學上，還是在文學方面，其著眼點都集中在人的精神活力上，宗旨是倡導和培育一種『眞摯之人』、『赤誠之人』和『至誠之人』。而德國的尼采，英國的拜倫、雪萊和匈牙利的裴多菲等，便都是這種楷模。」〔註 31〕由此可見，魯迅幾篇早期論文從觀點到材料都受到了明治 20、30 年代的浪漫主義思潮影響，並且他和周作人的改造國民精神的思路也明顯地帶著這個思潮的印痕。

　　在周氏兄弟的文學功用觀上，我們也可以找到類似的聯繫。梁啓超的文學觀曾深受盛行於 1880 年到 1890 年間的日本政治小說的影響。而在其後，日本的青年一代開始引進西方的文學觀念和藝術，如浪漫主義、新浪漫主義、自然主義以及象徵主義等。被稱爲日本現代小說的理論締造者的坪內逍遙於 1895 年推出了有影響的《小說神髓》，指出小說的直接目的是美的愉悅，間接目的是培養人的高尚品格，在某種程度上抵制了流行的政治小說。正像鄭清茂所說：「梁啓超對日本文學當時這些新的發展全然無知。正確地說來，他畢生對於日本文學的興趣永遠沒有跨越過政治小說。這並不難於理解，因爲他對小說的概念，主要是它的功利性這一點；更重要的是他不能閱讀用口語體寫的日文，而當時它已經成爲流行的文學表達方式了。大多數政治小說是用所謂漢文直譯體寫的。」〔註 32〕周氏兄弟與日本文壇的關係就截然不同了，他們置身於日本文學的新的發展階段，並且有著嶄新的知識視野和世界觀。

　　以《小說神髓》爲標誌，坪內逍遙把康德的非功利的美學觀引入日本，促動了文學的非功利化傾向。在他的理論指導下的寫實主義以及在 20 世紀初

〔註30〕參閱何德功：《中日啓蒙文學論》（北京：東方出版社 1995 年 1 月）第四章「晚清第二次文學運動與日本文學的影響」。

〔註31〕麻：《溝通與更新──魯迅與日本文學關係發微》，北京：中國社會科學出版社 1990 年，61 頁。

〔註32〕〔美〕鄭清茂：《日本文學思潮對中國現代作家的影響》，《中國現代文學的主潮》（賈植芳主編），上海：復旦大學出版社 1990 年 2 月。

支配日本文壇的自然主義都受到了這種非功利化文學觀念的影響。夏目漱石也接受了康德的美學觀，他在《文學論》一書中把情緒作爲文學的中心內容，除了主張寫實主義有選擇的「眞」而外，還著重提倡「美」。另外，他在爲高浜虛子的短篇小說集《鷄頭》所作的序言中，主張趣味的「有餘裕的文學」。〔註33〕周氏兄弟認爲文學的意義在於「發揚眞美」〔註34〕，首先在使觀聽之人「爲之興感怡悅」〔註35〕的主張正與坪內逍遙、夏目漱石等人相通。〔註36〕

然而，明治20、30年代的文壇對周氏兄弟只是起到了中介和參照的作用，他們在留學時期的幾篇論文也從未提到日本的影響。在對他們當時的文學選擇和文學觀產生重要影響的外國人中，至少可以舉出以下名字：勃蘭兌斯、克魯泡特金、卡萊爾、史密斯和漢特。

對周氏兄弟當時文學觀念影響最大的要數丹麥文學批評家勃蘭兌斯。周作人後來回憶說：「替《河南》雜誌寫《摩羅詩力說》的時候，裏邊講到波蘭詩人，尤其是密克威支與斯洛伐支奇所謂『復仇』詩人的事，都是根據《波蘭印象記》所說，是由我口譯轉述的。」〔註37〕1940年，周作人自報家門，說在文學批評方面受勃蘭兌斯的影響最大。〔註38〕在此前三年的另一篇文章《關於自己》中，他還告訴我們他所見到的勃蘭兌斯著作的英譯本，除了《十九世紀文學主潮》外，還有《莎士比亞》、《易卜生》、《拉薩勒》（即《斐迪南·拉薩爾》——引者）、《尼采》、《耶穌》、《十九世紀的名人》、《希臘》、《俄國印象記》、《波蘭印象記》等。他還特別談到最後兩本書：「兩種《印象記》留下的印象確是很深，比較起來波蘭的一部分或者更深刻一點，因爲他更是陰暗。……波蘭小說家中我最喜顯克微支，這也是《印象記》的影響。」〔註39〕他譯過顯克微支的名篇《炭畫》、《天使》、《燈檯守》、《樂人揚珂》、《酋長》等。很難確切地一一指出周作人究竟在什麼時候讀過上述著作，然而可以肯定地說他在留日時期就讀過《十九世

〔註33〕參閱周作人：《藝術與生活·日本近三十年小說之發達》。
〔註34〕魯迅：《擬播布美術意見書》。
〔註35〕魯迅：《摩羅詩力說》。
〔註36〕參閱何德功《中日啓蒙文學論》第四章。
〔註37〕周作人：《知堂回想錄·七八》。
〔註38〕周作人：《藥堂雜文·讀書的經驗》。
〔註39〕周作人：《關於自己》，《周作人集外文》，海口：海南國際新聞出版中心1995年9月。

紀文學主潮》、《俄國印象記》和《波蘭印象記》，並通過他的介紹使魯迅也接受了其影響。北岡正子也在《摩羅詩力說材源考》中舉出過《摩羅詩力說》所受勃蘭兌斯這三部著作影響的材料。〔註40〕

　　也許把勃蘭兌斯放在西方文學批評史上來看，他缺少獨創性，韋勒克就稱他爲「一個既無獨到之處又無實質內容的中人」〔註41〕。他之所以會對周氏兄弟產生影響，我想可能主要有以下幾個原因：其一是思想政治立場的相近。勃蘭兌斯站在自由主義的政治立場上，在《十九世紀文學主潮》中，以歐洲資產階級民主革命爲線索，評述了19世紀前半葉英、法、德三國的文學運動。其中心的思想線索是對法國大革命的反動以及對反動的克服。其中，法國大革命是「正題」，法國封建王朝是「反題」，自由主義文學運動的興起與發展是「合題」。他採用的是黑格爾哲學的方式，把一個發展過程視爲包括正、反、合三個階段的過程。他又以自由主義的立場評介了俄國和波蘭的文學，對波蘭爭取民族解放的文學充滿了同情和理解。其二是文學觀念上的啓迪。周作人在《關於自己》中談到克魯泡特金的《俄國文學中的理想和現實》時指出：「《俄國文學》所給我的影響大略與勃蘭兌斯的《俄國印象記》相同，因爲二者講文學都看重社會，教我們看文章與思想並重，這種先入之見一直到後來很占勢力。」關於「看文章與思想並重」，周作人舉了克魯泡特金和勃蘭兌斯評價普希金的例子。前者說：「到了晚年他就不能再與那些讀者們接近，他們以爲在尼古拉一世的軍隊壓服波蘭以後去頌揚俄國的武力不是詩人所應做的。」後者說：「普式庚少年時的對於自由的信仰，到了中年時代，卻投降於獸性的愛國主義了。」魯迅在《摩羅詩力說》中就引用了勃蘭兌斯對普希金的這個批評。周作人還交待：「克魯泡金是舊公爵而信無政府共產主義者，勃蘭兌思是猶太系統的自由思想者，但是我們所接受到的影響還多是文藝批評方面的。」這裏周作人用的是「我們」，顯然是包括魯迅在內的。《俄國文學中的理想和現實》也是《摩羅詩力說》的材料來源之一。〔註42〕

　　此外，勃蘭兌斯試圖通過一場文學革命來喚醒自己的同胞，自己的祖國，1871年11月在哥本哈根大學作了「十九世紀文學主流」的連續講演，在丹麥

〔註40〕　參閱《摩羅詩力說材源考》42、83、114頁。
〔註41〕　〔美〕韋勒克著、楊自伍譯：《近代文學批評史》4卷，上海：上海譯文出版社1997年7月，415頁。
〔註42〕　參閱《摩羅詩力說材源考》，83頁。

吹響了「精神上的革命」的號角。他認爲：「文學史，就其最深刻的意義來說，是一種心理學，研究人的靈魂，是靈魂的歷史。」〔註 43〕強調的就是文學與人的精神之間的深刻的關係。這與周氏兄弟想通過文學來進行思想啓蒙的基本思路是一致的。

魯迅改造國民精神的思路還受到過美國傳教士史密斯的啓示。史密斯《中國人氣質》除了給魯迅所思考的國民性問題提供了具體的例證，還提示了關於中國改革的大思路。史密斯是個傳教士，他的目的是要在中國傳布基督教。他肯定科學和物質文明對中國的重要性和迫切性，但針對張之洞呈遞主張修建鐵路的奏摺，他問道：「物質文明的積纍能夠消除道德弊病嗎？鐵路能夠保證其雇員和老闆都誠實嗎？」進而指出：「在中國，物質文明不會創造出西方那樣的環境，除非創造西方環境的因素，能夠在中國產生同樣的結果。那些因素不是物質的，而是道德的。」所以，他主張：「爲了革新中國，必須追溯性格的動因，使人格昇華，良心必須得到實際的推崇，再不能像日本天皇家族那樣囚禁在自己的宮中。」〔註 44〕許壽裳告訴我們他和魯迅在東京弘文學院學習日語時，見面每每討論中國民族性的缺點，並說：「他後來所以學醫以及毅然棄醫而學文學，都是由此出發的。」〔註 45〕魯迅和史密斯都是由中國國民性的缺點問題出發，來思考中國改革的出路，兩個人的大思路如出一轍。

周氏兄弟懷抱著以文學拯救中國的浪漫主義式的英雄夢，其楷模就是魯迅筆下的「摩羅」詩人。這些「摩羅」詩人有著強烈的使命感，敢於獨異，勇於挑戰，周氏兄弟在文章中表現出的精神氣質是與「摩羅」詩人們相通的。他們的文學英雄夢還受到《英雄和英雄崇拜——卡萊爾講演集》的鼓勵，——至少魯迅是這樣。

卡萊爾在他的講演集中宣揚了他的英雄主義史觀：「世界的歷史，人類在這個世界上已完成的歷史，歸根結底是世界上耕耘過的偉人們的歷史。」〔註 46〕他論述了六種主要的英雄形式：神靈英雄、先知英雄、詩人英雄、教士英

〔註43〕 〔丹麥〕勃蘭兌斯：《十九世紀文學主流》第一分冊「流亡文學」，張道眞譯，北京：人民文學出版社 1997 年 10 月，2 頁。

〔註44〕 《中國人氣質》246～248 頁。

〔註45〕 許壽裳：《回憶魯迅》，《魯迅回憶錄（專著）》（上冊），北京：北京出版社 1999 年 1 月。

〔註46〕 〔英〕卡萊爾著、張峰、呂霞譯：《英雄和英雄崇拜——卡萊爾講演集》，上海：上海三聯書店 1988 年 3 月，1 頁。

雄、文人英雄和君主英雄。關於詩人英雄，他舉了但丁和莎士比亞。詩人是一種屬於一切時代的英雄人物，而文人英雄──如約翰遜、盧梭、彭斯──則是新時代的產物。他解釋道：「我說，文人英雄是新的，他在這個世界上才持續了一個世紀。」〔註 47〕他們是靠印刷的書籍來表達自己，並獲得生存條件的。他把這些報紙、小冊子、詩歌、書籍的作者們的作用描述爲「一個現代國家的有現實作用的有效的教會」〔註 48〕。

卡萊爾的文學功用觀可以說是「不用之用」，他這樣談論但丁的「用處」：「這個但丁的用處是什麼？我們不想過多地談論他的『用處』。一個曾一度深入歌曲的原初意境，並且適當地唱出某種東西的人類靈魂，已經在我們生存的深底起了作用，通過漫長的時代培育著一切優秀人物的生命之根，這是『功利』所不能成功地算出來的！我們並不因爲太陽具有使我們節省煤油燈的性質而敬重它；但丁是不可估價的，或是無價的。」〔註 49〕他這樣設問：英國人是願意放棄印度帝國還是莎士比亞？他回答：「有無印度帝國我們不管，但我們不能沒有莎士比亞！」〔註 50〕他以殖民主義的情懷設想將有一個覆蓋地球很大面積的大英帝國，那麼如何把這些地區都結合成一個民族，讓人們兄弟般地和諧相處、互相幫助呢？「這裏只有一個國王，任何時代或機會，任何國會或議會聯合體都不能推翻他的王位！這就是國王莎士比亞。」〔註 51〕在《摩羅詩力說》中，魯迅提到莎士比亞時說他「即加勒爾（卡萊爾──引者）所讚揚崇拜者也」，表明他熟悉卡萊爾對莎士比亞的意義的稱讚。卡萊爾高度肯定詩人對民族的意義：「千真萬確，對一個民族來說，獲得了一個清晰表達的聲音，產生了一個悅耳地說出它的心裏話的人，這是一件大事！例如，意大利，可憐的意大利四分五裂，支離破碎，在任何議定書或條約上沒有作爲一個統一體出現；然而，高貴的意大利實際上是一個統一體；因爲意大利產生了它的但丁；意大利能說話；全俄羅斯的沙皇，因有如此之多的刺刀、哥薩克士兵和加農炮而強有力，一個偉大的功績把這樣一塊廣袤的土地在政治上保持統一；但他還不能說話。他身上有某種偉大的東西，但這是啞巴的偉大。他沒有所有人和所有時代都能聽到的天才的聲音。……有了一個但丁

〔註 47〕 《英雄和英雄崇拜──卡萊爾講演集》，253 頁。
〔註 48〕 《英雄和英雄崇拜──卡萊爾講演集》，266 頁。
〔註 49〕 《英雄和英雄崇拜──卡萊爾講演集》，165～166 頁。
〔註 50〕 《英雄和英雄崇拜──卡萊爾講演集》，187 頁。
〔註 51〕 《英雄和英雄崇拜──卡萊爾講演集》，188 頁。

的民族必定統一,而啞巴的俄國卻不能。」〔註52〕《摩羅詩力說》引用了這段話,說明卡萊爾的觀點引起了年輕的魯迅的共鳴。

儘管周氏兄弟以晚清文化思潮的挑戰者的姿態出現,但他們借文學來改造國民精神和解決社會問題的啓蒙主義思路來自梁啓超,並且和晚清國粹派有著直接和重要的關係。而後者迄今基本上還在學術界的視野之外,儘管人們在一定的程度上注意到了周氏兄弟與章太炎的關係。

國粹派是形成於 1902 年到 1905 年間的文化保守思潮。其意圖「是用國粹激動種姓,增進愛國的熱腸」〔註53〕。或者用許守微的話來說「以學救國救天下」〔註54〕。這種「文化救國論」廣泛存在於晚清民初激進或保守的各派思潮中,其思路至少可以追溯到以王夫之、黃宗羲、顧炎武、顏元等人為代表的清初之學。據一個研究者總結,國粹派代表人物所用「國粹」一詞包括以下三個方面的含義:廣義上的中國歷史、文化,中國文化的精華,中國文化的民族精神與特性。〔註55〕這幾個含義之間有著明顯的遞進關係,並以第三個方面的含義為旨歸。他們不是要真正地復古,而是試圖通過文化復興來重建中國文化。

章太炎和劉師培是國粹派的代表人物,是「談學術而兼涉革命」〔註56〕的《國粹學報》的主要撰稿人。周氏兄弟曾於 1908 年夏到 1909 年間在東京民報社聽章氏講學,彼此有師生之誼。他們喜歡讀《民報》,周作人還在該刊和劉師培所辦的《天義報》上發表詩文和譯作。他們學習《民報》古奧的文風,在文體上進行「復古」的試驗。〔註57〕國粹派的「復古」也在周氏兄弟的思想中留下了印痕。

如果把周作人的《論文章之意義暨其使命因及中國近時論文之失》與國粹派成員的言論略作比較,我們就有理由相信他們之間存在著直接的影響關

〔註52〕《英雄和英雄崇拜——卡萊爾講演集》189 頁。

〔註53〕 章太炎:《東京留學生歡迎會演說詞》,《章太炎政論選集》上冊,北京:中華書局 1977 年 11 月,276 頁。

〔註54〕 許守微:《論國粹無阻於歐化》,原載乙巳(1905)《國粹學報》第一年第七期,收入張枬、王忍之編《辛亥革命前十年間時論選集》2 卷上冊,北京:生活‧讀書‧新知三聯書店 1963 年 1 月。

〔註55〕 鄭師渠:《晚清國粹派——文化思想研究》,北京:北京師範大學出版社 1997 年 11 月,111~113 頁。

〔註56〕 魯迅:《「一是之學說」》,《魯迅全集》1 卷,北京:人民文學出版社 1981 年。

〔註57〕 魯迅:《墳‧題記》,周作人:《雨天的書‧我的復古的經驗》。

係。許守微相信：「國有學，則雖亡而復興；國無學，則一亡而永亡。何者？蓋國有學則國亡而學不亡，學不亡則國猶可再造。國無學則國亡而學亡，學亡而國之亡遂終古矣。」他舉了印度、埃及的例子來說明，而中國雖屢亡於外族，但數次光復，這就是「國粹」的功勞了。〔註58〕黃節也說：「立乎地圜而名一國，則必有其立國之精神焉，雖震撼攙雜，而不可以滅之也；滅亡則必滅其種族而後可，滅其種族，則必滅其國學而後可」，「學亡則亡國」。〔註59〕因為在他們看來，「國粹」中包含著「立國之精神」：「國粹者，一國精神之所寄也。其為學，本之歷史，因乎政俗，齊乎人心之所同，而實為立國之根本源泉也。」〔註60〕這一層鄧實說得更清楚：土地、人種構成一國的「質幹」，「其學術則其神經也」。〔註61〕「夫一國之立，必有其所以自立之精神焉，以為一國之粹，精神不滅，則國亦不滅。」〔註62〕章太炎也認為，「國於天地，必有與立」，這就是緣於種族、語言、歷史的「國性」。在上述關於「國粹」與民族國家關係的論述中，包含了身體與精神的隱喻。〔註63〕質體與精神的關係正是周作人文章的基本思路，他也用了「立國之精神」〔註64〕的詞。魯迅「棄醫從文」的故事也隱含著身體與精神的比喻，不好說魯迅改革中國社會的思路就來自國粹派，但至少說明他們之間有相通之處，也可能受到了國粹派某種程度的影響。周作人所言「文章者，國民精神之所寄也」，看起來像是把「國粹者，一國精神之所寄也」的「國粹」替換成了「文章」而已。

周作人後來回憶：「我那時又是民族革命一信徒，凡民族主義必含有復古思想在裏邊，我們反對清朝，覺得清朝以前或元朝以前的差不多都是好的」〔註65〕他們在留日時期的文章中偶爾追慕民族輝煌的過去，魯迅在《文化偏至論》中表示要「取今復古，別立新宗」。這些都是他們受到國粹派影響的結果。然

〔註58〕許守微：《論國粹無阻於歐化》。

〔註59〕黃節：《國粹學報敘》，乙巳（1905）《國粹學報》第一年第一冊。

〔註60〕許守微：《論國粹無阻於歐化》。

〔註61〕鄧實：《雞鳴風雨樓獨立書·學術獨立》，1903 年《政藝通報》24 號。

〔註62〕鄧實：《雞鳴風雨樓獨立書·語言文字獨立》，1903 年《政藝通報》第 24 號。

〔註63〕章太炎：《重刻〈古韻標準〉序》，《章太炎全集》（四），上海：上海人民出版社 1985 年 9 月。

〔註64〕這個用語早在《飲冰室詩話》中就出現過。據周作人日記，他於 1902 年 8 月 6 日、7 日（七月初三、初四）閱讀、抄寫《飲冰室詩話》。見《周作人日記》（上），鄭州：大象出版社 1996 年 12 月，344 頁。

〔註65〕周作人：《知堂回想錄·六七》。

而，他們所說的「古」只是虛席，其思路與章太炎等國粹派成員相比有根本的不同。周氏兄弟還明顯地受到了章氏那種傲睨古今、獨立思考的革命精神的感召，這種精神后來對包括周氏兄弟、錢玄同在內的五四新文化運動的幾個主要倡導者也有或多或少的啓發。

梁啓超率先提出的文學是國民精神的表現的命題被周氏兄弟再次重複。這是他們民族主義思想的共同特色。中國的民族主義者強調改造民族心性、意識的文化革命。在戊戌變法之前，康有爲、梁啓超就注意到了進行啓蒙、培養人才的重要性；之後梁啓超從建立一個強大的民族國家的角度提出了對國民的新要求，並要改造落後的國民性。他們對國民應該具有什麼樣的新的心性和意識認識並不明確，更沒有把建立在個性解放基礎上的人的覺醒視爲根本。梁啓超的民族主義不是以個人爲本位的，他說得明白：「自由云者，團體之自由，非個人之自由也。」〔註 66〕周氏兄弟則進一步找到了作爲西方近代思想的精髓——個性與自由意志，這在當時是具有革命性的。魯迅在《文化偏至論》中說：「個人一語，入中國未三四年，號稱識時之士，多引以爲大詬，苟被其諡，與民賊同。」個性解放、自由意志正是啓蒙主義與民族主義聯姻的基礎。啓蒙主義的民族主義的出現具有重大的理論和實踐的意義，它有效地解除了緣於民族主義的對西方思想的戒備和牴觸心理，意味著中國人在思想觀念上開始眞正走向了符合世界潮流的現代。

「二周」與梁啓超之間在文學功用觀上也是有繼承關係的。我已經在前一節中談到了魯迅留日前期的文學觀念與梁啓超的關係。周作人後來把話說得更明白：「《清議報》與《新民叢報》的確都讀過也很受影響，但是《新小說》的影響總是只有更大不會更小。梁任公的《論小說與群治之關係》當初讀了的確很有影響，雖然對於小說的性質與種類後來意思稍稍改變，大抵由科學或政治的小說漸轉到更純粹的文藝作品上去了。不過這只是不側重文學之直接的教訓作用，本意還沒有什麼變更，即仍主張以文學來感化社會，振興民族精神，用後來的熟語來說，可以說是屬於爲人生的藝術這一派的。」〔註67〕周氏兄弟用非功利的文學觀念修正了梁啓超的觀念，表現出了更徹底、更全面的現代性，儘管他們也在很大的程度上誇大了文學的作用。

〔註66〕梁啓超：《新民説・論自由》，《飲冰室文集・專集》第 3 冊，上海：中華書局 1936 年。
〔註67〕周作人：《瓜豆集・關於魯迅之二》。關於周氏兄弟與梁啓超的關係，還可參閱周作人的另一篇文章《魯迅的青年時代・魯迅與清末文壇》。

　　周作人曾經談到王國維：「王君是國學家，但他也研究過西洋學問，知道文學哲學的意義，並不是專做古人的徒弟的，所以在二十年前我們對於他是很有尊敬與希望」〔註 68〕。「二十年前」正是周氏兄弟留日時期，「研究過西洋學問，知道文學哲學的意義」，應指王氏那些當時堪稱空谷足音的哲學、美學論文。周作人在《論文章之意義暨其使命因及中國近時論文之失》中抨擊中國傳統的功利主義文學觀念：「文章之士，非以是為致君堯舜之方，即以為弋譽求榮之道，孜孜者唯實利之是圖，至不惜折其天賦之性靈以自就樊鞅。」「吾國論文，久相沿附，非以文章為猥瑣之藝，則或比之經緯區宇、彌綸憲彝，天下至文必歸名教，說之不衷，姑不具論。」我們很容易由此想到王國維在《論哲學家與美術家之天職》、《文學小言》中對傳統功利主義的抨擊。

　　從表面上看，「二周」的「不用之用」與王國維的「無用之用」〔註 69〕差不多，但二者的側重點不同：王國維強調的是「無用」，而「二周」更強調「用」。儘管兩者都深受現代知識制度上的純文學觀念和非功利美學思想的影響，對文學的理解有相通之處，但我認為相比較而言，周氏兄弟更多的是梁啟超文學觀念的繼承者。他們與王國維對文學有著根本不同的訴求，這種不同來自於他們迥然有別的人生觀和民族國家觀。可以說，周氏兄弟的文學功用觀是對梁啟超和王國維的雙重超越，對梁啟超的超越使他們的文學觀念擺脫了中國傳統功利主義的思維方式和價值觀念的掣肘，對文學作用的理解更貼近了文學自身，為文學深刻地表現現代社會生活開闢了廣闊的空間；對王國維的超越是他們重視文學的社會價值，回應了文學與救亡圖存和建立現代民族國家的時代要求，把文學現代性與啟蒙現代性結合起來。沒有這兩點，中國現代性的文學觀念都無法真正確立。在周氏兄弟那裏，繼梁啟超之後，我們更清晰地聽到了五四新文化運動的先聲。

〔註 68〕周作人：《談虎集‧偶感四則》。

〔註 69〕王國維：《奏定經學科大學文學科大學章程書後》，《國學叢刊序》，收入周錫山編校《王國維文學美學論著集》，太原：北嶽文藝出版社，1987 年 4 月。

五、周作人的文學觀與功利主義

晚清以降，國勢陵夷，內憂外患頻仍，中國現代文學從一開始就承擔著建立現代民族國家的沉重的道義責任，功利主義文化傳統又根深蒂固，這兩個方面在很大程度上決定了現代文學觀念的功利主義性質。同時，又由於受到西方現代知識制度上的純文學觀念和「非功利」美學思想的影響，文學自身的獨立性也受到了重視。「功利」與「非功利」之間的張力關係構成了現代文學觀念遷衍的一條基本的線索。周作人的文學觀無疑是矗立在功利主義對面的一個重鎮。周作人文學思想發展的幾個階段都與功利主義存在著對立、依存和對話的複雜關係。從這個角度著眼，我們可以看到周作人文學思想的主要品格，並映照出主流的功利主義文學的功過得失。

（一）傳統功利主義批判

功利主義一直是中國文化的主要傳統。強調政治教化作用成為延續兩千多年的主流文學觀念的主調，對歷代作家和文類都有廣泛而深刻的影響。餘波一直延續到晚清民初的桐城派等文學流派，可謂經久不衰。在晚清，由於救亡圖存的時代需要，在傳統注重政治教化作用的文學精神的制約下，文學又被要求成為開通民智的工具。

梁啟超把文學視為「新民」之道，在晚清大力倡導「文界革命」、「小說界革命」、「詩界革命」和戲劇改良。他的文學觀是晚清民初改良主義文學的綱領性意見，特別是他的小說觀對當時的小說觀念產生了強烈的衝擊，並且這種衝擊大大超出了小說的領域，對以後的文學觀念和思維方式產生了深遠的影響。

不過，梁啓超對向來受鄙視的小說、戲曲等地位的肯定，只是對文類內部排名順序的變動，其基本的文學思維方式依舊是傳統的，因爲強調文學的政治教化作用一直是中國文學的主要傳統。在晚清，梁氏所代表的以強調文學社會功用爲首要特徵的文學觀也受到了質疑和挑戰，中國文學觀念出現更深刻的革新萌動。這些革新者以下面幾個人爲代表：王國維，後來成爲南社成員的《小說林》的作者黃人、徐念慈，留日時期的魯迅、周作人兄弟。他們共同的特點是：更系統地接受了西方近代美學思想，更全面地瞭解了西方文學史，對文學的談論也由印象走向學理。

王國維的「非功利」的文學功用觀具有強烈的批判性，直接針對的是中國傳統中以儒家爲代表的功利主義的文學價值觀及晚清改良主義文壇以文學爲新民之道的主流文學觀念。《論哲學家與美術家之天職》〔註1〕以主要的篇幅批判了中國「哲學家美術家自忘其神聖之位置與獨立之價值」，以哲學、藝術爲「道德政治之手段」——

> 披我中國之哲學史，凡哲學家無不欲兼爲政治家者，斯可異已！……豈獨哲學家而已，詩人亦然。「自謂頗騰達，立登要路津。致君堯舜上，再使風俗醇。」非杜子美之抱負乎？「胡不上書自薦達，坐令四海如虞唐。」非韓退之之忠告乎？「寂寞已甘千古笑，馳驅猶望兩河平。」非陸務觀之悲憤乎？如此者，世謂之大詩人矣！至詩人無此抱負者，與夫小說、戲曲、圖畫、音樂諸家，皆以侏儒娼優自處，世亦以侏儒娼優蓄之。所謂「詩外尚有事在」，「一命爲文人，便無足觀」，我國人之金科玉律也。嗚呼！美術之無獨立價值也久矣。此無怪歷代詩人，多託于忠君愛國勸善懲惡之意，以自解免，而純粹美術上之著述，往往受世之迫害而無人爲之昭雪也。此亦我國哲學美術不發達之一原因也。
>
> 夫然，故我國無純粹之哲學，其最完備者，唯道德哲學，與政治哲學耳。……更轉而觀詩歌之方面，則咏史、懷古、感事、贈人之題目彌滿充塞於詩界，而抒情敘事之作什佰不能得一。其有美術上之價值者，僅其寫自然之美之一方面耳。甚至戲曲小說這純文學亦往往以懲勸爲旨，其有純粹美術上之目的者，世非惟不知貴，且加貶焉。

〔註 1〕 收入周錫山編校《王國維文學美學論著集》，太原：北嶽文藝出版社 1987 年 4 月。下文所引王氏文章未注明出處的均見該書。

他把是否以文學爲工具看作文學盛衰的原因，在《文學小言》中，他說：「詩至唐中葉以後，殆爲羔雁之具矣。故五季北宋之詩，（除一二大家外。）無可觀者，而詞則獨爲其全盛時代。……以其寫之於詩者，不若寫之於詞者之眞也。至南宋以後，詞亦爲羔雁之具，而詞亦替矣。（除稼軒一人外。）觀此足以知文學盛衰之故矣。」〔註2〕其《論近年之學術界》攻擊晚清文化中普遍存在的工具論傾向，並指斥把文學視爲政治、教育的手段：「觀近數年之文學，亦不重文學自己之價值，而唯視爲政治教育之手段，與哲學無異。」王國維堅決反對功利主義，在中國率先旗幟鮮明地倡導建立現代知識制度上的與科學、道德等分治的「純文學」觀念。

摩西（黃人）在《〈小說林〉發刊詞》（1907）中批評「昔之視小說也太輕，而今之視小說又太重」的現象，提出：「小說者，文學之傾向於美的方面之一種也。」還指出小說與哲學、科學、法律、經訓等不同。他說：「名相推崇，而實取厭薄，是吾國文明，僅於小說界稍有影響，而中道爲之安障也。」「名相推崇，而實取厭薄」一語道出晚清以功用爲出發點和歸宿的小說觀的弊端。覺我（徐念慈）的《〈小說林〉緣起》（1907）以黑格爾的美學命題爲中心論點：「藝術之圓滿者，其第一義，爲醇化於自然。」對此，作者解釋道：「簡言之，即滿足吾人美的欲望，而使無遺憾也。」在具體論述中，涉及到「具象理想」、「形象性」、「理想化」等西方近代美學的關鍵概念。他在《余之小說觀》（1908）中指出：「小說者，文學中之以娛樂的，促社會之發展，深性情之刺戟者也。昔多烘頭腦，恒以鴆毒莓菌視小說，而不許讀書子弟，一嘗其鼎，是不免失之過嚴；近今譯籍稗販，所謂風俗改良，國民教化，又不免譽之失當。余爲平心論之，則小說固不足生社會，而惟有社會始成小說者也。」儘管黃人、徐念慈注重小說的藝術價值，反對把文學簡單地視爲政治的工具，「可由於載道思想根深蒂固，這些引進的文學觀念連論述者也無法長久堅持。在黃著《中國文學史》和《小說小話》中，徐著《余之小說觀》和爲《第一百十三案》、《電冠》寫的《覺我贅語》中隨處可見的仍然是關於小說與社會、小說與政治的論述，而極少談及小說的美感因素或者藝術特徵。」〔註3〕

〔註2〕《文學小言》。
〔註3〕陳平原：《二十世紀中國小說史》1卷，北京：北京大學出版社1989年12月，144頁。

　　周作人從自己接受的純文學概念和「不用之用」的文學功用觀出發，對傳統功利主義的文學觀念進行批判。對此，我已在上一章中已經詳細論述。他雖然在通過文學來改造國民精神的基本思路上深受梁啓超的影響，但又把《論小說與群治之關係》列爲批判的靶子，指其與傳統觀念一樣強調治化而導致文學評價標準的失衡。周作人接受漢特的觀點，闡明文學的使命：「一、文章使命在裁鑄高義鴻思，匯合闡發之也。淺言之，所謂言中有物。」「二、文章使命在闡釋時代精神，的然無誤也。」「三、文章使命在闡釋人情，以示世也。」「四、文章使命在發揚神思，趣人生以進於高尚也。」〔註 4〕文學的「用」如此之大，難免與「不用」之間產生不適感。不適感源於「啓蒙主義的民族主義」的動機與「非功利」美學觀念之間的齟齬。這種齟齬後來在周氏五四時期「人的文學」思想中表現得更爲突出。

（二）人生派與藝術派

　　五四新文化的倡導者們看到晚清以來一系列救亡圖存運動並沒有帶來一個眞正的現代意義上的民族國家，意識到更有必要通過思想啓蒙來改造社會意識和民族心性，建設全新的意識形態，從而完成建立獨立、統一、富強、文明的現代民族國家的歷史使命。而文學被認爲是進行思想啓蒙的最好的工具，蔡元培在《中國新文學大系》的《總序》中說，初期新文化運動的路徑是由思想革命而進於文學革命的，「爲怎麼改革思想，一定要牽涉到文學上？這因爲文學是傳導思想的工具。」〔註 5〕

　　胡適即從思想啓蒙的立場來倡導文學。他在作於 1922 年 5、6 月的《我的歧路》中，敘述過自己在文學革命最初兩三年時間裏集中精力提倡思想、文藝的原因：「一九一七年七月我回國時，船到橫濱，便聽見張勛復辟的消息；到了上海，看了出版界的孤陋，教育界的沉寂，我才知道張勛的復辟乃是極自然的現象，我方才打定二十年不談政治的決心，要想在思想文藝上替中國政治建築一個革新的基礎。」〔註 6〕1919 年 7 月，他有感於國內一些新潮的知識分子高談無政府主義與馬克思主義，而不談面臨的具體的政治問題，便忍

〔註 4〕　周作人：《論文章之意義暨其使命因及中國近時論文之失》，《周作人文類編‧本色》，載 1908 年 5、6 月《河南》4、5 期。

〔註 5〕　蔡元培：《中國的新文學運動》，《中國新文學大系導論集》，上海：上海良友圖書印刷公司 1940 年 10 月。

〔註 6〕　胡適：《我的歧路》，《胡適文存二集》，上海：亞東圖書館 1924 年 11 月。

不住開始發表談政治的論文《多研究些問題，少談些「主義」》；可他仍然堅持啓蒙主義的文學主張——

> 我們至今認定思想文藝的重要。現在國中最大的病根，並不是軍閥與惡官僚，乃是懶惰的心理，淺薄的思想，靠天吃飯的迷信，隔岸觀火的態度。這些東西是我們的眞仇敵！他們是政治的祖宗父母。
>
> 我們現在因爲他們的小孫子——惡政治——太壞了，忍不住先打擊他。但我們決不可忘記這二千年思想文藝造成的惡果。
>
> 打倒今日之惡政治，固然要大家努力；然而打倒惡政治的祖宗父母——二千年思想文藝裏的「群鬼」更要大家努力！〔註7〕

陳獨秀更是從政治革命的立場來倡導文學革命的。面對晚清以來幾次大的政治變革的失敗，陳獨秀認爲：「吾國年來政象，惟有黨派運動，而無國民運動也。……凡一黨一派人之所主張，而不出於多數國民之運動，其事每不易成就，即成就矣，而亦無與於國民根本之進步。」〔註8〕倫理思想深刻地影響於政治，如儒家的三綱之說，爲中國封建倫理、政治的基礎，而自由、平等、獨立的學說爲西方倫理、政治的基礎；因此他斷言：「倫理的覺悟，爲吾人最後覺悟之最後覺悟。」〔註9〕他正是著眼於精神的革新，來從事新文化運動，倡導文學革命的。他在《文學革命論》中說得十分明白——

> 吾苟偷庸懦之國民，畏革命如蛇蝎，故政治界雖經三次革命，而黑暗未嘗稍減。其原因之小部分，則爲三次革命，皆虎頭蛇尾，未能充分以鮮血洗淨舊污。其大部分，則爲盤踞吾人精神界根深柢固之倫理道德文學藝術諸端，莫不黑幕層張，垢污深積，並此虎頭蛇尾之革命而未有焉。此單獨政治革命所以於吾之社會，不生若何變化，不收若何效果也。〔註10〕

進行文學革命就是要改造國民性，啓發國民的自覺，爲政治革命準備基礎。

周作人同樣從思想革命的視野提出他的文學革命主張。1918 年 12 月，他發表論文《人的文學》，揭櫫「人的文學」大旗，倡導人道主義的文學。接著，他又提醒道：「我想文學這事物本合文字與思想兩者而成，表現思想的文字不

〔註 7〕 《我的歧路》。
〔註 8〕 陳獨秀：《一九一六年》，1916 年 1 月《青年雜誌》1 卷 5 號。
〔註 9〕 陳獨秀：《吾人最後之覺悟》，1916 年 2 月《青年雜誌》1 卷 6 號。
〔註 10〕 陳獨秀：《文學革命論》，1917 年 2 月《新青年》2 卷 6 號。

良，固然足以阻礙文學的發達，若思想本質不良，徒有文字，也有什麼用處呢？」所以他說，「文學革命上，文字改革是第一步，思想改革是第二步，卻比第一步更爲重要。我們不可對於文字一方面過於樂觀了，閒卻了這一方面的重大問題。」〔註11〕他又站在啓蒙的立場，從內容方面著眼，提倡「普遍」、「眞摯」的「平民文學」。〔註12〕在這些文章中，周作人明確地把思想革命的要求與文學革命的要求結合了起來，對文學革命的思想基礎進行了更高、更具理論涵括蓋力的理論概括，把文學現代性與啓蒙現代性緊密地結合起來，使新文學明確了與舊文學在基本的思想原則上的歧異。

文學革命初期的文學觀念表現出了功利主義傾向，似乎只是以梁啓超爲代表的維新派文學觀念的發展，實際上兩者之間有了質的區別。首先，在思想基礎上，梁啓超倡導文學改良的目的是「新一國之民」，沒有把建立在個性解放基礎上的人的覺醒視爲根本；相對而言，五四文學革命的文學觀念是以人爲本，其思想基礎是周作人所說的以個人主義爲本位的人道主義。其次，五四文學革命的倡導者們受到了建立在知、情、意三分的現代知識制度上的純文學觀念的影響，注意到了文學的獨立性的問題。劉半農的《我之文學改良觀》就是文學革命中第一篇論述純文學與雜文學不同的專門論文。他區別了「文字」與「文學」，把純文學與雜文學區別開來，同時也是把文學從雜文學擔負的各種職能中解脫出來，這本身就是對文學獨立性的強調。〔註13〕

由於「文以載道」妨礙了文學的獨立性，貶低、壓抑了作家的自我，是中國文學觀念現代化的最大阻力，故在文學革命中受到廣泛的批判。陳獨秀在《文學革命論》中批評韓愈「誤於『文以載道』之謬見。文學本非爲載道而設，而自昌黎以迄曾國藩所謂載道之文，不過鈔襲孔孟以來極膚淺極空泛之門面語而已。余嘗謂唐宋八家之文之所謂『文以載道』，直與八股家之所謂『代聖賢立言』，同一鼻孔出氣。」劉半農在《我之文學改良觀》中指出，「文以載道」之說，「不知道是道，文是文。二者萬難並作一談。若必如八股家之奉《四書》《五經》爲文學寶庫，而生吞活剝孔孟之言，盡舉一切『先王後世禹湯文武』種種可厭之名詞，而堆砌之於紙上，始可稱之爲文。則『文』之一字，何妨付諸消滅。」儘管如此，從思想革命的要求出發，把文學當作傳

〔註11〕仲密（周作人）：《思想革命》，1919 年 3 月 2 日《每周評論》11 期。
〔註12〕仲密（周作人）：《平民的文學》，1919 年 1 月 19 日《每周評論》5 期。
〔註13〕劉半農：《我之文學改良觀》，1917 年 5 月《新青年》3 卷 3 號。

播新思想的工具，這種文學觀念仍然是功利主義的；並給新文學創作帶來了一些弊病，五四時期的「問題小說」中存在的觀念化傾向就是一個突出的例子。「文以載道」這一命題包括兩個方面的內涵，一是要求載封建之道，二是把文學看作一種工具。由此我們可以看到，新文學倡導者們反對的主要是載封建之道，並沒有真正反對這一觀念中的把文學當作解決思想文化問題工具的文學精神，雖然他們由於受現代西方文學觀念的影響也不無幾分猶豫。甚至可以說，他們把文學視為思想啓蒙工具的本身仍體現著傳統觀念的深刻影響。不過，他們的文學觀與傳統的功利主義有一個本質的不同，就是其要求傳載的新思想不像「文以載道」的「道」那樣是超驗的，而是一定要經過個人的體認。這個不同來自他們普遍接受的個人主義觀念。劉半農說得明白：「嘗謂吾輩做事，當處處不忘有一個我，作文亦然。如不顧自己只是學著古人，便是古人的子孫。如學今人，便是今人的奴隸。」〔註14〕

周作人畢竟是從思想革命的角度提出對文學革命的要求的，也很容易導致忽視文學自身的獨立性和特點。不過，在文學革命的主要倡導者中，他是唯一的一個始終注意維護文學自身獨立性的批評家。在與《人的文學》同作於1918年的《平民的文學》〔註15〕一文中，他把自己稱為「人生藝術派」，「以真為主，美即在其中，這便是人生的藝術派的主張，與以美為主的純藝術派，所以有別。」其目的，「是在研究全體的人的生活，如何能夠改進，到正當的方向」。「人生藝術派」與「人的文學」相比，便明顯地多了「藝術」的標識，表明他注意到了「人的文學」這一概念存在的局限。在稍早發表於1918年5月的《日本近三十年小說之發達》〔註16〕中，他稱二葉亭四迷為「人生的藝術派」，硯友社為「藝術的藝術派」。由此可見，他提出「人生藝術派」的主張受到了日本文學的啓示。

1920年1月，周作人在北平少年學會發表題為《新文學的要求》〔註17〕的演講，正式對「人生派」的功利主義傾向提出警告，並作出了自己的選擇——

　　從來對於藝術的主張，大概可以分作兩派：一是藝術派，一是人生

〔註14〕《我之文學改良觀》。
〔註15〕收入《藝術與生活》。
〔註16〕收入《藝術與生活》。
〔註17〕同上。

派。藝術派的主張，是說藝術有獨立的價值，不必與實用有關，可
以超越一切功利而存在。藝術家的全心只在製作純粹的藝術品上，
不必顧及人世的種種問題：譬如做景泰藍或雕玉的工人，能夠做出
最美麗精巧的美術品，他的職務便已盡了，於別人有什麼用處，他
可以不問了。這「爲什麼而什麼」的態度，固然是許多學問進步的
大原因；但在文藝上，重技工而輕情思，妨礙自己表現的目的，甚
至於以人生爲藝術而存在，所以覺得不甚妥當。人生派說藝術要與
人生相關，不承認有與人生脫離關係的藝術。這派的流弊，是容易
講到功利裏邊去，以文藝爲倫理的工具，變成一種壇上的說教正當
的解說，是仍以文藝爲究極的目的；但這文藝應當通過了著者的情
思，與人生有接觸。換一句話說，便是著者應當用藝術的方法，表
現他對於人生的情思，使讀者能得藝術的享樂與人生的解釋。這樣
說來，我們所要求的當然是人生的藝術派的文學。

表面上看起來，他對「人生派」和「藝術派」都打了板子，其實他的話主要
是針對「人生派」的。因爲「人生派」是當時新文學的主流，他說這樣的話
是出於對「人生派」功利主義傾向的警覺的。在文學革命的最初幾年中，由
於過分強調「爲人生」，初期的新文學創作——如「問題小說」——中，已經
出現了忽視情思和藝術表現的傾向。周作人開始與新文學主流的功利主義傾
向分道揚鑣。

（三）言志與載道

以《新文學的要求》爲標誌，周作人開始由功利主義色彩濃厚的「人的
文學」走向「個性的文學」。「個性的文學」是我借用他的一篇同名的隨筆的
名字，指稱其從二十年代到三十年代的文學觀。《個性的文學》〔註18〕發表於
1921 年 1 月，他認定文學首先應該表現作家自己的個性，他的結論是：「（1）
創作不宜完全抹煞自己去模仿別人，（2）個性的表現是自然的，（3）個性是
個人唯一的所有，而又與人類有根本上的共通點。（4）個性就是在可以保存
範圍內的國粹，有個性的新文學便是這國民所有的眞的國粹的文學。」從本
體論上來說，「個性的文學」是一種自我表現的文學觀。把文學看作作家內心
眞實而自然的流露，那麼在文學功用觀上自然就會強調「非功利」，至少也會

〔註18〕收入《談龍集》。

大大淡化功利性的要求。周作人試圖通過堅守「個性」，反對「工具論」來抵制功利主義文學。

　　1920 年代周氏的文藝思想主要反映在《自己的園地》和《談龍集》兩個集子裏，他在《文藝上的寬容》〔註19〕（1922 年）一文中正式提出：「文藝以自我表現爲主體，以感染他人爲作用，是個人的而亦爲人類的，所以文藝的條件是自己的表現，其餘思想與技術上的派別都在其次。」他繼續對新文學中日見擡頭的功利主義傾向表示不滿，在《〈自己的園地〉序》〔註20〕中他說：「我們太要求不朽，想於社會有益，就太抹殺了自己；其實不朽決不是著作的目的，有益社會也非著者的義務，只因他是這樣想，要這樣說，這才是一切文藝存在的根據。我們的思想無論如何淺陋，文章如何平凡，但自己覺得要說時便可以大膽的說出來，因爲文藝只是自己的表現，所以凡庸的文章正是凡庸的人的眞表現，比講高雅而虛僞的話要誠實的多了。」他的文藝觀的理論原型，是藹理斯（Havelock Ellis）自我表現的文藝本體論與托爾斯泰「情緒感染說」的文藝功用觀的聯合〔註21〕，不過它們都在一定程度上淡化了各自在主導傾向上的意義。這樣既實現了「自己表現」，又給文藝的社會功用留下了一定的位置。他強調，「我們自己的園地是文藝」，在「自己的園地」裏，「依了自己的心的傾向，去種薔薇地丁，這是尊重個性的正當辦法，即使如別人所說各人果眞應報社會的恩，我也相信已經報答了，因爲社會不但需要果蔬藥材，卻也一樣迫切的需要薔薇與地丁」。他否定「爲人生的文藝思想」：「『爲藝術的藝術』將藝術與人生分離，並且將人生附屬於藝術，至於王爾德的提倡人生之藝術化，固然不很妥當；『爲人生的藝術』以藝術附屬於人生，將藝術當作改造生活的工具而非終極，也何嘗不把藝術與人生分離呢？」認爲文藝以「個人爲主義，表現情思而成爲藝術」，而讀者「接觸這藝術，得到一種共鳴與感興，使其精神生活充實而豐富，又即以爲實生活的基本；這是人生的藝術的要點，有獨立的藝術美與無形的功利」。〔註22〕他把自我表現作爲建設文藝「理想國」的準則。正是因爲個性各異，他要求「文藝上的寬容」，說「因爲文藝的生命是自由不是平等，是分離不是合併，所以寬容是文藝發

〔註19〕收入《自己的園地》。
〔註20〕《〈自己的園地〉序》，收入《自己的園地》。
〔註21〕參閱羅鋼：《歷史匯流中的抉擇——中國現代文藝思想家與西方文學理論》，中國社會科學出版社 1993 年 6 月，29～31 頁。
〔註22〕《自己的園地‧自己的園地》。

達的必要條件」。反對主張自己的判斷而忽視他人的「自我」的不寬容態度。由此，他進一步主張文藝批評是「主觀的欣賞」、「抒情的論文」，要「寫出著者對於某一作品的印象與鑒賞，決不是偏於理智的論斷」。〔註23〕在他看來，人們憑著共同的情感，可以理解一切作品，但是後天養成的趣味千差萬別，無可奈何，故他說文藝作品的「絕對的眞價我們是不能估定的」。〔註24〕

從1920年代後期到1930年代，周作人的文學觀與革命文學的政治功利主義發生了尖銳的衝突。爲了密切文學與社會變革的關係，使文學成爲無產階級解放事業的一部分，從而把五四新文學推向一個新的歷史階段，後期創造社、太陽社成員發動了文化批判，倡導無產階級文學，把文藝視爲政治革命的工具，爲此高度強調世界觀的作用，甚至要求作家放棄自己的個性去表現既定的政治觀念，大大強化了文學的功利主義色彩。連魯迅在革命文學論爭中都被譏爲「無聊賴地跟他弟弟說幾句人道主義的美麗的說話」〔註25〕的落伍者，那麼作爲弟弟本人的周作人更是落伍的活標本了。栖身於藝術之塔，寫一些以趣味爲主的小品文，似乎更是玩物喪志的證明。進入1930年代以後，他受到了幾次來自左翼文壇的直接攻擊。周作人則通過建立系統化、有序化的文藝思想來爲自己辯護，同時以直接或間接的方式給左翼的革命文學以回擊。

《中國新文學的源流》（1932）是周作人表明自己文學觀和文學史觀的最有系統的一部著作，集中體現了他自我表現的文學觀，──此時他已經改用「言志」來指稱這種文學觀。他宣稱：「文學是無用的東西。因爲我們所說的文學，只是以達出作者的思想感情爲滿足的，此外再無目的之可言。裏面，沒有多大的鼓動力量，也沒有教訓，只能令人聊以快意。」〔註26〕任何一種文學觀都要接受文學史的檢驗。那麼，如何解釋文學史上那些具有鼓動作用的文學作品呢？他解釋道：「欲使文學有用也可以，但那樣已是變相的文學了。椅子原是爲寫字用的，然而，以前的議員們豈不是曾在打架時作爲武器用過麼？在打架的時候，椅子墨盒可以打人，然而打人卻終非椅子和墨盒的眞正用處。文學亦然。」〔註27〕他區分了文學上的「言志」派和「載道」派

〔註23〕《文藝上的寬容》。
〔註24〕《談龍集・文藝批評雜話》。
〔註25〕馮乃超：《藝術與社會生活》，1928年1月《文化批判》創刊號。
〔註26〕《中國新文學的源流・第一講》。
〔註27〕同上。

的對立，並以此來評判新文學。那麼，自我表現的文學自然是「言志」派的文學，是文學的正宗。他把左翼革命文學看作是八股文和試帖詩之類在現代的翻版。他努力溝通古代文學和新文學之間的聯繫，把新文學的發達歸功於對公安派、竟陵派「言志」傳統的繼承，把公安派的文學主張「獨抒性靈，不拘格套」、「信腕信口，皆成律度」視爲自我表現文學的標誌。他在《〈中國新文學大系·散文一集〉導言》中抄錄了他一系列文章的要義，諷刺了那些現代「載道的老少同志」。周作人特別喜歡罵韓愈，批評韓文的紕繆和八股腔，諷刺韓文爲濫調古文的楷模，原因就在於韓愈喜歡在文章裏講道統，把自己當作「正宗的教長，努力於統制思想」，他的勢力影響深遠，至今彌漫於全國上下。〔註28〕他在《中國新文學的源流》中云：「自從韓愈好在文章裏面講道統而後，講道統的風氣遂成爲載道派永遠去不掉的老毛病。文以載道的口號，雖則是到宋人才提出的，但他只是承接著韓愈的系統而已。」〔註29〕周作人在《瓜豆集》的《題記》中明確指出自己罵韓愈是因爲覺得當時「讀經衛道的朋友差不多就是韓文公的夥計也」〔註30〕。他引用《草木蟲魚·小引》中的話：「我覺得文學好像是一個香爐，他的兩邊還有一對蠟燭，左派和右派。……文學無用，而這左右兩位是有用有能力的。」〔註31〕他用「接著吻的嘴不再要唱歌」的格言，說明文學是不革命的，能革命的就不必需要文藝或宗教。〔註32〕他旁敲側擊地把左翼文藝界對自由主義文學的批判，譏之爲古已有之的「文字獄」、「官罵文章」之新的發展。〔註33〕

　　革命文學與文學革命之間是有著直接的繼承關係的，它們都把文學看作解決社會問題的工具。如果像革命宣傳所說的，革命和政治能夠更好地爲人生，那麼自然就有權力來要求文學爲革命和政治服務了。然而，文學革命的倡導者們受到了現代知識制度上的純文學觀念的影響，注意到文學的獨立性問題；更重要的是，他們時刻不忘自己的個性，載的是自己之道。而很多革命文學論者急近功利，把文學看作是特定的集體事業的一部分，高度強調世

〔註28〕《秉燭談·談韓文》。

〔註29〕《中國新文學的源流·第二講》。

〔註30〕《瓜豆集·題記》。

〔註31〕《看雲集·草木蟲魚小引》。

〔註32〕《永日集·〈燕知草〉跋》。

〔註33〕周作人：《論罵人文章》，1936年12月《論語》第102期，另可參閱他的《看雲集·罵人論》、《夜讀抄·論伊川說詩》。

界觀的作用，淡化作家的個性。因此，從 20 年代末期以降，公式化、概念化一直是革命文學難以祛除的頑疾。

周作人這時的文論大都帶有和左翼作家論爭的色彩，他不免擡高自己的嗓門，並語含譏諷，把文學的「非功利」說得有些過火。其實，他並不是要排斥功利，他曾修正其對「言志」與「載道」的分別：「言他人之志即是載道，載自己的道亦是言志。」﹝註 34﹞「載自己的道」的重要意義在於超越了「功利」與「非功利」的簡單對立，把「功利」與「功利主義」區別開來。從留日時期以來，他一直堅持「不用之用」的文學功用觀。儘管 1928 年以後更多地退回書齋，他依然堅持了啓蒙主義的創作道路。

由於固守「五四」啓蒙主義的價值觀，周作人的思想越來越缺少現實意識的內涵，與民族危機、階級矛盾以及人們的現實生活感受暌離，其社會意義就大大縮減。他的「言志」論作爲一種表現論的文學觀，過於注重作家的自我和一己的趣味，把功利主義的文藝擯於眞正的藝術之外，自然不能回應時代的需要。然而，「言志」充分地注意到了創作過程中作家個性的表現和情感的抒發，強調經過作家感情和心智的澆灌創造出獨特的藝術風格。這也是對中國現代文學發展過程中忽視個性，片面強調文藝社會作用的功利主義傾向的一種反撥。

功利主義的文學觀給 20 世紀的中國文學帶來了眾所周知的問題，在上個世紀 80 年代受到過省思；然而是雨打地皮濕，功利主義的意識依然根深蒂固，問題並沒有眞正解決。1990 年代以來中國文學在社會生活中的邊緣化傾向，引起了文學研究者們的關注。文學研究界引進文化研究作爲思想和學術資源，檢討 1980 年代的所謂「文學審美論」，把它視爲造成文學與社會現實脫節的原因。殊不知，1990 年代以來的文學邊緣化雖說有著多重的社會、歷史因緣，但與主流文學中的功利主義傳統也關係甚大。一些作家是帶著對狹隘的功利主義的不滿而疏遠現實的。有些作家具有參與現實的熱情，但難以通過自己的方式參與，並且面臨著把自己的精神勞動產品成果化和成果化以後帶來的種種麻煩，於是也就變得冷漠了。這本身即是功利主義造成的後果。不是不能借助於諸如文化研究等新的理論來診斷當下中國文學存在的問題，而是說應該以更複雜的態度來對待。注重文學政治、教化作用的功利主義依

────────────────

﹝註34﹞周作人：《〈中國新文學大系・散文一集〉導言》，上海：上海良友圖書印刷公司 1935 年 8 月。

然散佈在我們的文化空氣中，成爲建設面向新世紀的中國文化、中國文學甚至是社會進步所必須正視的深層次的問題。這種功利主義不僅表現爲意識形態國家機器的過多干涉，體制化的出版社、報刊的嚴格的選擇和過濾，還常常表現爲公眾貌似合理的指責。文學應該參與現實，促進社會的進步，這沒有問題，但應該在承認多元合理性的前提下，重建文學參與現實的方式。

文學積極參與社會現實的必要條件是自由和寬容，而我認爲這恰恰是我們的社會、文化所缺少的一個美德。其病根就在於作爲社會、倫理總原則的功利主義，這是功利主義文學觀念產生的土壤。美國哲學家羅爾斯指出：「通過合成所有欲望體系，功利主義把適合於個人的選擇原則應用於社會。……它是這樣的一種合成，依據這種合成的原則使正義所保障的權利受制於社會利益的計算。」所以，從這個意義上講，功利主義並不是個人主義的。他認爲：「如果我們承認調節任何事物的正確原則都依賴於那一事物的性質，承認存在著目標互異的眾多個人是人類社會的一個基本特徵，我們就不會期望社會選擇的原則會是功利主義的。」〔註 35〕也就是說，追求最大社會利益原則的功利主義往往導致對個人自由的干涉，帶來社會、文化的不寬容。中國現代的功利主義因爲有著傳統集體意識的因緣，又有內憂外患的境遇，所以比西方的功利主義表現出了更突出的強調集體、輕視個體的品性。如果不對功利主義的原則進行審視和制約，那麼功利主義就會以社會的更大利益的藉口橫加干涉，使得自主的積極參與變得不可能。

功利主義是一個在 1980 年代未來得及充分省思，而今又被種種新的理論話語所遮蔽的問題。這是中國自己的問題，與任何的時髦理論無關。

回顧周作人的文學觀與功利主義的關係，不僅有助於深入地把握現代文學觀念的特點，而且還能夠對我們思考中國文學的現狀和未來有所啓示。周作人的文學觀爲我們省思中國現代功利主義文學觀念提供了一個十分重要的參照糸。在中國文學因爲功利主義吃了大虧以後，再來重溫周作人的有關論述，是令人深醒的。另外，他的「言志」論雖不免消極，但如果稍加調整，是可以成爲一種貼近文學而又富於進取精神的文學觀的。

〔註35〕〔美〕約翰·羅爾斯著、何懷宏等譯：《正義論》，中國社會科學出版社 1988 年 3 月，26～27 頁。

六、周作人與晚明小品熱

　　周作人的言志文學理論對 1930 年代前半期的中國文壇產生過深刻的影響，直接引導產生了一個與左翼、京派等文學思潮並立的言志文學思潮，代表著一種與以魯迅為旗幟的功利主義文學迥乎不同的新文學傳統。至此，兩種主要的新文學傳統雙峰對峙，二水分流。

　　言志文學思潮的代表人物是周作人和林語堂，他們一北一南，桴鼓相應，攪動了整個文壇。曹聚仁在其學術隨筆《言志派的興起》中，曾把他們稱為「言志派」，不過並沒有加以明確的界說。〔註 1〕迄今為止，這個名稱在學術界還沒有得到廣泛的接受，也自然缺乏深入細緻的研究與進一步的整合。然而，這個文學思潮的存在是顯而易見的。周、林二氏有完整的言志文學理論，有《論語》、《人間世》、《宇宙風》等陣地，在他們的麾下還各自集合了一個散文流派：以林語堂為代表的論語派散文，以周作人為代表的苦雨齋派，——主要人物除了周氏本人外，還有俞平伯、廢名、沈啓無等〔註2〕。言志派與左翼相對立，與京派也存在著互動關係。言志派藉重評晚明小品來倡導言志文學，引發了一個聲勢浩大的晚明小品熱，對現代文學、現代文學學術特別是現代散文有著重要而深刻的影響。在這場熱潮中，有一個晚明小品選集不能不提，這就是沈啓無（1902～1969）在周作人影響下編選的《近代散文抄》。

〔註 1〕　曹聚仁：《言志派的興起》，《文壇五十年》，上海：東方出版中心 1997 年 6 月。
〔註 2〕　阿英曾說：「周作人的小品文，在中國新文學運動中，是成了一個很有權威的流派。」「這一流派的小品文，周作人而外，首先應該被憶起的，那是俞平伯」。（阿英：《俞平伯小品序》，《現代十六家小品》，天津：天津市古籍出版社 1990 年 8 月，37 頁。）

《近代散文抄》與周氏的《中國新文學的源流》，一理論一作品，相互配合，直接推動了熱潮的形成。本章即由考察這個選本的產生、特點、所體現的觀念、影響出發，剖析這次文學思潮，並試圖對晚明小品熱作出歷史的評價；從中可以看到周作人所起的核心作用，清晰地辨認新文學中周作人所代表的言志傳統的存在。

（一）一個晚明小品選本

1932 年北平人文書店出版沈啓無當時在大學講課用的晚明小品選本《近代散文抄》。選本共分上、下兩冊，分別出版於該年的 9 月和 12 月。此書大致以公安、竟陵兩派為中心，收錄十七個人的一百七十二篇作品，其中上冊一百一十五篇，下冊五十七篇。從《後記》中我們可以知道，所收作家上起公安三袁，編選者把他們看作晚明小品的發端者；下迄張岱、金聖歎、李漁，在沈啓無看來，張岱是能夠兼公安、竟陵二派之長的集大成者，金聖歎、李漁是晚明小品的「末流」。選文最多的是袁宏道和張岱，分別有二十三篇和二十八篇。這後幾個人的下半世雖在清初，而實際上是明季的遺民，文章所表現出的還是明朝人的氣味。書後附有各家的傳記材料和採輯的書目。據編選者在《後記》中介紹，書名原叫《冰雪小品》，曾交給一個書店，結果被退回。後得到周作人的鼓勵，沈氏於是重理舊編，交北平人文書店出版。書前有兩篇周作人的序言，是為《冰雪小品》和《近代散文抄》兩個不同階段寫的。俞平伯題簽，書後還有他作的跋。

《近代散文抄》所收作品的內容主要有以下幾個方面：其一是表明言志的文學觀。晚明作家強調時代的變化，反對空洞的模擬。袁宗道在《論文上》、《論文下》〔註3〕中說：「有一派學問，則醱出一種意見，有一種意見，則創出一般言語，無意見則虛浮，虛浮則雷同矣。」又說：「時有古今，今人所詫謂奇字奧句，安知非古之街談巷語耶。」袁宏道云：「夫代有升降，而法不相沿，各極其變，各窮其趣」。〔註4〕袁中道也明確指出：「天下無百年不變之文章。有作始，自有末流；有末流，還有作始。」〔註5〕他們極力主張言志的性靈文學。人們通常把分別出自於袁宏道《小修詩敘》、《雪濤閣集序》

〔註 3〕收入《近代散文抄》，以下所引明清之際小品文未注明出處的均見該書。
〔註 4〕袁宏道：《小修詩敘》。
〔註 5〕袁中道：《花雪賦引》。

中的「獨抒性靈，不拘格套」和「信腕信口，皆成律度」作為公安派的口號。
一直到金聖歎，他仍然聲稱：「詩非異物，只是一句真話」。其二，《近代散
文抄》所收文章最多的是遊記，共六十四篇，占全書篇幅四分之一強。這一
派作家努力擺脫世網，走向自然，怡情丘壑，在山水中覓知音。筆下是一種
有我之境，山水性情渾然相融，偶爾借議論隨意地傳達出自我對社會、人生
的觀感和慨歎，而不是刻意地寄寓大道理。其三，表現對世俗生活的關注，
喜談生活的藝術。品茶飲酒，聽雨賞花，是他們樂此不疲的題材。張岱《閔
老子茶》記與人鬥茶的樂趣。李漁的文章談睡、坐、行、立、飲、說話、沐
浴，談聽琴觀棋、看花聽鳥、畜養禽魚、澆灌竹木，反映出精緻的生活藝術，
充滿了閒適的精神。而這些閒適的題材向來是被正統派視為玩物喪志，甚至
是亡國之音的。另外，張岱的筆下還有幾篇記敘「畸人」的文章。他記家族
中的「異人」，畫畫的姚簡叔，說書的柳敬亭，唱戲的彭天錫，酒徒張東谷，
家優阮圓海等。這些人都不涉世務，各有疵癖，然而有真性情，並身懷絕技，
不同凡響。《五異人傳》開篇即說：「人無癖不可與交，以其無深情也；人無
疵不可與交，以其無真氣也。」作者通過上述人物，張揚了一種不同流俗的
人生理想。晚明小品的作者們恃才傲物，表現出六朝人的名士風流。關於名
士風流，哲學家馮友蘭在《論風流》〔註6〕中有過精彩的解釋：一是玄心，
即玄遠之心，心放得開，想得遠，免去了那些世俗的苦惱，獲得一種超越感；
二是洞見，所謂洞見，是指不借推理，專憑直覺，而得來的真知灼見。只需
幾句話或幾個字，即成名言雋語；三是妙賞，指對美的深切感覺；四是深情，
對於世間萬物都有一種深厚的同情，有情而無我。晚明文人與六朝人一樣，
身處王綱解紐的時代，思想解放，故能擺脫綱常名教的束縛，盡顯名士風流。
《近代散文抄》大抵能選出晚明小品家最有特色的文體的文章，同一文體
中，又能選出其代表作。所以，能夠反映長期為人所詬病的晚明小品的總體
特色與在文學史上的貢獻。

　　《近代散文抄》的出版為沈啟無贏得了文名。林語堂重刊《袁中郎全集》
時曾經請他作過序，只是他答應了並沒有交卷。〔註7〕在《駱駝草》、《人間世》、
《文飯小品》、《水星》和《世界日報‧明珠》等報刊上，開始頻繁地出現他
的讀書小品和詩歌。他的散文，30 年代中期有《閒步庵隨筆‧媚幽閣文娛》、

〔註6〕收入馮友蘭：《三松堂學術文集》，北京：北京大學出版社，1984 年 3 月。
〔註7〕沈啟無：《珂雪齋外集遊居柿錄》，1935 年 7 月 5 日《人間世》31 期。

《閒步庵隨筆》、《帝京景物略》、《刻印小記》、《閒步偶記》、《珂雪齋外集遊居柿錄》、《記王謔庵》、《談古文》、《再談古文》、《三談古文》，30 年代末、40 年代初發表《無意庵談文・山水小記》、《〈大學國文〉序》、《閒步庵書簡》、《六朝文章》、《南來隨筆》等文章。大部分屬於周作人路子的讀書小品，追求古樸自然，抄書的成分重。少數幾篇抒情言志，也簡勁可觀。施蟄存稱讚《記王謔庵》一文「大是精妙」〔註 8〕。

這些文章和《近代散文抄》的後記一樣，中心思想是標舉自六朝文到明清小品這一條非正統的言志派文脉。在後記中，他與周作人、俞平伯的序跋相呼應，稱集子中文章的總體特色在於，「這是一種言志的散文」，「換言之，明朝人明白一個道理，這就是說，他們明白他們自己。」正因為如此，「明朝人雖沒有六朝的那樣情致風韵，卻自有一種活氣，即是所謂狂，亦復有趣，譬如一切詩文集子公然以小品題名者，似乎也是從明朝人才開頭的。」〔註 9〕他特別推崇晚明小品中的遊記，「他們率性任眞的態度，頗有點近於六朝」，「對於文章的寫法乃是自由不拘格套，於是方言土語通俗故事都能夠利用到文章裏面來，因此在他們筆下的遊記乃有各式各樣的姿態。」〔註 10〕由此可知他把《近代散文抄》中最多的篇幅讓給遊記的原因。與標舉文學史上言志派文脉同時，他總不忘對正統的載道派進行批判。他說：「大抵正宗派的毛病，止在食古不化，死守家法」〔註 11〕。與周作人一樣，他菲薄韓愈的古文，說韓愈文章的特點只是在於「載道」，拿他的文章和上下一比，「不但他不及六朝人的華贍，甚而也不及明朝人的澀麗。」〔註 12〕他還通過親身經歷，談自己學習古文的體會：「古文不過是一種形式，一種腔調，要學他，只能隨他這種腔調形式寫下去，不能任意自己的筆性寫文章，我恍然古文之泪沒性靈與八股文是一鼻孔裏出氣」〔註 13〕。正是上述觀念，支撐了沈啓無在《近代散文抄》中的選擇。

要眞正理解沈啓無的文藝觀與其《近代散文抄》的編選標準，還需要把他的文學活動放在與周作人的關係及周氏文藝思想的系統中去理解。讀者可

〔註 8〕 施蟄存：《無相庵斷殘錄》，1935 年 4 月《文飯小品》第 3 期。
〔註 9〕 沈啓無：《閒步庵隨筆・媚幽閣文娛》，1934 年 4 月 20 日《人間世》第 2 期。
〔註 10〕 沈啓無：《無意庵談文・山水小記》，1939 年 3 月《朔風》第 5 期。
〔註 11〕 沈啓無：《閒步偶記》，1934 年 10 月 5 日《人間世》第 13 期。
〔註 12〕 啓無：《談古文》，1936 年 10 月 9 日《世界日報・明珠》。
〔註 13〕 啓無：《我與古文》，1936 年 12 月 8 日《世界日報・明珠》。

以從《近代散文抄》文本的自身輕而易舉地建立起這種聯繫。因為書前有言志派最大的權威和精神導師周作人的兩篇序言,書後有周門大弟子俞平伯的跋。幾篇序跋系統闡述了他們的文藝主張,相比之下,沈啓無的後記倒顯得稀鬆平常,他只是依傍周作人的門戶。值得注意的是,同在 1932 年 9 月,同一家書店又出版了周作人的講演錄《中國新文學的源流》,《近代散文抄》上、下兩冊的書後都印有一頁《源流》的廣告。周著後面附有《沈啓無選輯近代散文鈔目錄》。目錄後有署名「平白」(尤炳圻)一則簡短的附記,講明了這樣的用意:「周先生講演集,提示吾人以精澈之理論,而沈先生《散文抄》,則供給吾人可貴之材料,不可不兼讀也。因附錄沈書篇目於此。」平白明確地把《近代散文抄》看作支持周作人文藝理論的作品選,顯然一般讀者也是這樣看的。

那麼,沈啓無與周作人的關係究竟是怎樣的呢?沈啓無,生於江蘇淮陰。原名沈鍚,字伯龍。上大學時改名沈揚,字啓無。1925 年,沈啓無從南京的金陵大學轉學到北京的燕京大學,讀國文系。也就是在這一年,他上了周作人主講的新文學課程,於是認識了這個他非常崇拜的老師。1928 年燕大畢業後,沈啓無到天津南開中學教國文。一年後又調回燕大國文系,在國文系專修科教書,並在北京女師大國文系兼任講師。1930 年至 1932 年,任天津河北省立女子師範學院國文系教授、系主任。30 年代,沈啓無與周作人過從甚密。在 1933 年 7 月出版的《周作人書信》中,收入周氏致他的書信二十五封,數量之多僅次於致俞平伯的三十五封。他與俞平伯、廢名和民俗學家江紹原並稱為周作人的四大弟子。1944 年 3 月,因認定沈啓無向日方檢舉他的所謂思想反動,周作人公開發表《破門聲明》,斷絕與這個追隨他多年的弟子的一切關係。

《近代散文抄》是以周作人的手眼來編選明清之際小品的。其編選過程肯定也有周作人或多或少的參與。周在其 1932 年 3 月 24 日致沈氏的信〔註 14〕中,曾提到借給他祁彪佳的《寓山注》。沈啓無在文章中每每提及自己在讀書作文方面所受周作人的影響,也經常引用周作人的話。

《周序》高度肯定小品文的文學史意義:「小品文則在個人的文學之尖端,是言志的散文,它集合敘事說理抒情的分子,都浸在自己的性情裏,用了適宜的手法調理起來。所以是近代文學的一個潮頭,它站在前頭,假如碰

了壁時自然也首先碰壁。」這篇序言已經顯示了他在《中國新文學的源流》的基本理論框架：「載道」與「言志」的對立。《周新序》又說：「正宗派論文高則秦漢，低則唐宋，滔滔者天下皆是，以我旁門外道的目光來看，倒還是上有六朝下有明朝吧。我很奇怪學校裏為什麼有唐宋文而沒有明清文──或稱近代文，因為公安竟陵一路的文是新文學的文章，現今的新散文實在還沿著這個統系，一方面又是韓退之以來的唐宋文中所不易找出的好文章。」這裏，他強調了公安、竟陵是當時的「一種新文學運動」，他們的文章是「近代文」。他這兩段話所表明的觀點不斷地在俞平伯、廢名特別是沈啓無的文章中得到回響。

　　周作人的文藝思想有一個形成的過程。早在 1926 年 11 月所作的《陶庵夢憶序》〔註15〕中，他就點出了晚明小品的現代意義：「現代的散文在新文學中受外國的影響最少，這與其說是文學革命的還不如說是文藝復興的產物……我們讀明清有些名士派的文章，覺得與現代文的情趣幾乎一致」。1928 年 5 月，他又在《雜拌兒跋》〔註16〕中這樣稱讚公安派：「明代的文藝美術比較地稍有活氣，文學上頗有革新的氣象，公安派的人能夠無視古文的正統，以抒情的態度作一切的文章，雖然後代批評家貶斥為淺率空疏，實際上卻是真實的個性的表現」。他進一步提出：「現代的散文好像是一條湮沒在沙土下的河水，多少年後又在下流被掘了出來；這是一條古河，卻又是新的。」以後，他的《燕知草跋》、《棗和橋的序》等序跋繼續申明其新文學源流觀，到了《近代散文抄》的序言，便出現了「文以載道」與「詩言志」二元對立的理論構架。其理論一開始就帶有反對主流的功利主義文學的意思，隨著革命文學的興起，他在「言志」與「載道」的歷史敘述中也漸漸增添了新的含義。到了 1932 年的春夏間在輔仁大學所作題為《中國新文學的源流》的講演，他便把一系列序跋中的觀點連貫起來，成立了系統的言志文學理論和文學史觀。在《〈中國新文學大系·散文一集〉導言》（1935）一文中他又自報家門，抄錄序跋中的內容，展示了其思想產生和形成的過程。

　　1945 年 7 月，周氏寫了《關於近代散文》〔註17〕，對自己的新文學源流觀形成的背景和過程作了更為清楚的陳述。這時他已與沈啓無斷絕關係，一年

〔註15〕收入《澤瀉集》。
〔註16〕收入《永日集》。
〔註17〕收入《知堂乙酉文編》。

以前的 1944 年 3 月發生了「破門事件」。周寫這樣的文章，大約是揭老底的意思。1922 年夏，周由胡適介紹到燕京大學，擔任中國文學系的新文學組的課。教師只有他一人，助教是許地山，第二年俞平伯來做講師。他大概是第一個在大學課堂上講授新文學的人。最初的教案是從現代起手，先講胡適《建設的文學革命論》，其次是俞平伯《西湖六月十八夜》，——1928、1929 年還曾選過冰心、廢名、徐志摩等人的文章，這之後加進一點話譯的《舊約聖書》，接著是《儒林外史》楔子，下接金多心《畫竹題記》等，鄭板橋的題記和家書，李笠翁《閒情偶記抄》，金聖歎《水滸傳序》。明朝的有張岱、王思任、劉侗以至李贄，不久加入了三袁、倪元璐、譚元春、李開先、屠隆、祁彪佳、陳繼儒諸人。「大概在這三數年內，資料逐漸收集，意見亦由假定而漸確實，後來因沈兼士先生招赴輔仁大學講演，便約略說一過，也別無什麼新鮮意思，只是看出所謂新文學在中國的土裏原有他的根，只要著力培養，自然會長出新芽來，大家的努力決不白費，這是民國二十一年的事。至於資料，又漸由積聚而歸刪汰，除重要的幾個人以外，有些文章都不收入，又集中於明代，起於李卓吾，以李笠翁為殿，這一回再三斟酌，共留存了十人，文章長短七十餘篇，重複看了一遍，看出其中可以分作兩路，一是敘景兼事的紀遊文，一是說理的序文，大抵關於思想問題的」。在這種理論觀念的支配下，他在 1926 年 5 月 5 日致俞平伯的信中〔註18〕談了一個編書的設想：「由板橋多心溯而上之這班明朝文人再上連東坡山谷等，似可編出一本文選，也即為散文小品的源流材料，此件事似大可以做，於教課者亦有便利。」沈啓無正是聽過周作人這門課程的學生，以後又交往頻繁。他應該是熟悉乃師的思路和手眼的。其基本觀點與周作人出於一轍，後者所列明末清初小品文家的作品構成了《近代散文抄》的主體，在內容上遊記和說理的序文也是《近代散文抄》裏的大宗。學生代老師完成了自己的夙願，也奠定了他自己學術事業的基礎。

顯然，《近代散文抄》編選意圖並不僅僅是提供一個晚明小品的普通讀本，而是要來張揚一種文學觀念，並且具有強烈的論戰性。周作人的序和俞平伯的跋、沈啓無的後記一樣，儘管沒有指名道姓，但都是有針對的論敵的。俞平伯自稱「新近被宣告『沒落』的」，「被宣告」的主語不言而喻。這樣，有理論，有材料（作品選），師徒幾個披掛整齊，回擊左翼文學，又有林語堂等人的理論和作品以為策應，於是形成了一個聲勢浩大的言志派思潮。

〔註18〕收入《周作人書信》。

（二）晚明小品熱

1930 年代上海出版界的跟風似乎一點也不比當下的出版界遜色。由於《近代散文抄》收到歡迎，人們好像突然找到了一個叫「晚明小品」的富礦，一時洛陽紙貴。出版明清之際小品集和小品作家詩文集最多的是上海雜誌公司和中央書店，這兩家書店分別推出了施蟄存主編的「中國文學珍本叢書」和襟霞閣主人（中央書店老闆平襟亞）主編的「國學珍本文庫」。前者出版的品種有（按版權頁標明的次序）：《袁小修日記》（袁中道），《尺牘新抄》（周亮工纂），《譚友夏合集》（譚元春），《琅嬛文集》（張岱），《白石樵眞稿》（陳繼儒），《白蘇齋類集》（袁宗道），《梅花草堂筆談》（張大復），《閒情偶記》（李漁），《西湖夢尋》（張岱），《陶庵夢憶》（張岱），《媚幽閣文娛》（鄭元勳選），《晚香堂小品》（陳繼儒），《王季重十種》（王思任），《鍾伯敬合集》（鍾惺），《藏棄集（尺牘新抄二集）》（周亮工纂），《珂雪齋集》（袁中道），《結鄰集（尺牘新抄三集）》（周亮工），《徐文長逸稿》（徐渭），《古文品外錄》（陳繼儒輯），《明三百家尺牘》（周亮工纂）等。其中《白蘇齋類集》、《陶庵夢憶》是由沈啓無題簽的。後者印有（按版權頁標明的次序）：《小窗幽記》（陳繼儒），《寫心集》（晚明百家尺牘，陳枚編），《冰雪携（晚明百家小品）》（衛泳），《雪濤小書》（江進之），《珂雪齋近集》（袁中道），《紫桃軒雜綴》（李日華），《寫心二集》（晚明百家尺牘，陳枚編），《竹懶畫賸》（李日華），《天下名山遊記》（吳秋士選編）等。此外，還有上海國學研究社版的「國學珍本叢書」等，其中包括《白石樵眞稿》、《閒情偶記》、《袁小修日記》、《梅花草堂筆談》等。〔註 19〕時代圖書公司出版林語堂主編「有不爲齋叢書」，推出鉛印線裝的《袁中郎全集》，由劉大杰校編，林語堂審閱（共四卷，其中第一卷由林語堂與阿英共同審閱），卷首有林語堂作《有不爲齋叢書序》，另有周作人、郁達夫、阿英、劉大傑作的序言。此外，大道書局、中國圖書館出版部、國學整理社、廣益書局、商務印書館、傚古書店、中國文化服務社等多家出版社加盟其中。有的書一再重複出版，像《袁中郎全集》至少有六個不同的版本。其中中央書店出版的顧紅梵校、注明「襟霞閣精校本」的《袁中郎全集》1935 年 1 月出版，到 1936 年 4 月竟出了五版。連林語堂也不無自嘲地說：「中郎先生骨已朽矣，偷他版稅，養我妻孥，有何不可。」〔註20〕

〔註 19〕 參閱上海圖書館編：《中國近代現代叢書目錄》，1980 年 9 月第 2 次印刷，223
～224，676～677 頁。

〔註 20〕 林語堂：《答周劭論語錄體寫法》，《我的話·下冊──披荊集》，石家莊：河
北教育出版社 1994 年 5 月。

還有人提醒偷古人版稅者：當心別人再偷你辛苦而來的標點，再養他們的妻孥！〔註21〕有人把 1935 年稱爲「古書翻印年」〔註22〕，可見一時之盛。在這個出版晚明小品的熱潮中，處處可見現代作家的身影，他們或編或校，或著文介紹。

除了重刊舊版本外，《近代散文抄》以外幾本新編的選集因爲適合了普通讀者的需求，也風行一時。其中有劉大杰編《明人小品集》（北新書局 1934 年 9 月），施蟄存編《晚明二十家小品》（光明書局 1935 年 4 月），阿英編《晚明小品文總集選》（署名「王英」，南強書局 1935 年 1 月）、《明人日記隨筆選》（署名「王英」，南強書局 1935 年 3 月）、《晚明小品文庫》（4 冊，大江書店 1936 年 7 月），薛時進選注《三袁文精選》（「青年國學叢書」，中國文化服務社 1936 年 6 月），朱劍心選注《晚明小品選注》（「學生國學叢書」，商務印書館 1936 年 9 月），笑我編《晚明小品》（倣古書店 1936 年 10 月）等。下面，我把其中影響較大的《明人小品集》、《晚明二十家小品》、《晚明小品文庫》與《近代散文抄》進行一番對比，來看看它們各自的特色。這幾個選本的編者都是現代作家，劉大杰和施蟄存的選本都由周作人題簽。

從所收作品的題材內容上看，如果以《近代散文抄》爲基準，更偏於閒適一邊的是《明人小品集》，《晚明二十家小品》與《近代散文抄》相近，而《晚明小品文庫》更強調了晚明小品正經的一面。

《明人小品集》的內容不過品茗清賞、遊山玩水之類，不涉世道，可謂風流閒適。開篇即是衛泳編輯《枕中秘》中的香艷小品十二則。所選序跋中也不見主張自己的文學見解者。與《近代散文抄》不同的是，此書選自前人《冰雪携》（衛泳輯）、《枕中秘》（衛泳輯）、《鍾伯敬秘籍十五種》（鍾惺輯）等選集的多，選自專集的少，屬於名家的作品和名篇也少。從中難以見出明人小品的風采。誠如是，明人小品也不過是天地間的閒花野草，就無足稱道了。此書不同於《近代散文抄》的體例，按文體分爲四卷。

施蟄存在《晚明二十家小品》的序中說明，本書是應書坊之請，「爲稻梁謀」而編的。「除了盡量以風趣爲標準，把雋永有味的各家的小品文選錄外，同時還注意到各家對於文學的意見，以及一些足以表見各家的人格的文字。這最後一點，雖有點『載道』氣味，但我以爲在目下卻是重要的。因爲近來有人提倡了明人小品，自然而然也有人來反對明人小品，提倡明人小品的說

〔註21〕周劭：《談翻印古書》，1935 年 11 月 7 日《世界日報‧明珠》。
〔註22〕同上。

這些『明人』的文章好，反對的便說這些『明人』的人格要不得。提倡者原未必要天下人皆來讀明人小品，而反對者也不免厚誣了古人。因此我在編選此集的時候，隨時也把一些足以看到這些明人的風骨的文字收綴進去。」他舉了湯顯祖的例子。我們看書中湯顯祖的《答王宇泰》、《答岳石帆》，作者表示不願屈己逢迎、隨波逐流，這種傲骨和自信在晚明不少文人的作品中都容易見到，在湯氏那裏也無特別之處。本書的體例與沈啓無的書相同，書後也附有諸家小傳和採輯的書目。

　　左翼作家阿英的選本則大大強化了晚明小品作家反抗性的一面。所選作者徐渭、李贄、屠隆都不見於《近代散文抄》，他們都是晚明文學的先行者，對晚明作家的思想、人格和文章產生過直接的影響，從他們身上可以清楚地看到那個時代文學風氣的形成。施蟄存已選了徐渭和屠隆的作品，而阿英進一步凸顯了他們的存在。除了徐、屠二人外，又醒目地加入了李贄文三十三篇。這些作家都極其張揚個性，狂放不羈，是綱常名教的叛徒。阿英的本子還選入了與三袁志同道合的人物，同是公安派文學運動干將的陶望齡和江進之的作品。在我們討論的這幾個選本中，《晚明二十家小品》是收入江氏文章唯一的一本。江進之的雜論，借古諷今，昌興禮樂，政論性強，表現出較強的社會批判意識。錢鍾書曾爲《近代散文抄》和《中國新文學的源流》沒有張大復的位置鳴不平，阿英的選本也彌補了錢氏的遺憾。〔註 23〕阿英的選本在內容和作家的選擇上，顯然是經過慎重考慮的，這個選本有利於在更長的時間範圍內，從更多的方面全面把握晚明小品的風貌，其意義要大於劉大杰和施蟄存的本子。《晚明小品文庫》也是按照作家來編排的。錢鍾書曾批評《近代散文抄》所選書信這一類文字還嫌太少，其實書信是最能符合「小品」條件的東西。〔註 24〕這個本子與《明人小品集》、《晚明二十家小品》都選了很多尺牘，大大彌補了《近代散文抄》在這方面的不足。

　　《近代散文抄》的出版收到熱烈的反響，態度最積極的要數林語堂。在 1930 年代的晚明小品熱中，林氏是個重要人物，甚至可以說是晚明小品的最有力的宣傳家。他當時的文論和小品文創作都深深地打上了公安派和晚明小

〔註23〕 對此，周作人在《梅花草堂筆談等》中有過回應（文見周氏散文集《風雨談》），並堅持自己的觀點。

〔註24〕 中書君（錢鍾書）：《近代散文抄》，1933 年 6 月《新月》第 4 卷第 7 期。

品的烙印。他是由《近代散文抄》結識袁中郎和晚明小品的。他自己介紹：
「近日買到沈啓無編近代散文抄下卷（北平人文書店出版），連同數月前購
得的上卷，一氣讀完，對於公安竟陵派的文，稍微知其涯略了。」「這派成
就雖有限，卻已抓住近代文的命脉，足以啓近代文的源流，而稱爲近代散文
的正宗，沈君以是書名爲近代散文抄，確係高見。因爲我們在這集中，於清
新可喜的遊記外，發現了最豐富、最精彩的文學理論、最能見到文學創作的
中心問題。又證之以西方表現派文評，眞如異曲同工，不覺驚喜。大凡此派
主性靈，就是西方歌德以下近代文學普通立場，性靈派之排斥學古，正也如
西方浪漫文學之反對新古典主義，性靈派以個人性靈爲立場，也如一切近代
文學之個人主義。其中如三袁弟兄之排斥倣古文辭，與胡適之文學革命所
言，正如出一轍。」〔註25〕《近代散文抄》首兩篇是袁宗道的《論文下》、《論
文下》，林語堂也作《論文（上篇）》、《論文（下篇）》，從《近代散文抄》中
摭取大量材料，借袁宗道、袁中道、譚元春、金聖歎等的話，與西方表現派
文論相參證，重新表述自己的文論。在主編《論語》、《人間世》的同時，林
語堂撰寫的談及三袁的文章頗多，除兩篇《論文》外，還有《說浪漫》、《狂
論》、《說瀟灑》、《言志文學》、《答周劻論語錄體寫法》等。他從這些古代作
家那裏找到一個性情與自己相近，文學觀念相通，話語方式可供學習的人。
林氏由《近代散文抄》進一步登堂入室，校閱和出版《袁中郎全集》。《袁中
郎全集》成了他 1934 年最愛讀的書之一。〔註26〕在《四十自敘》一詩中，
他表達自己接觸袁中郎後情不自禁的喜悅心情：「近來識得袁宏道，喜從中
來亂狂呼，宛似山中遇高士，把其袂兮携其裾，又似吉茨讀荷馬，五老峰上
見鄱湖。從此境界又一新，行文把筆更自如。」〔註27〕他在談到自己生活理
想時說：「我要一套好藏書，幾本明人小品，壁上一幀李香君像讓我供奉，
案頭一盒雪茄。」〔註28〕

　　胡適在回顧他在五四文學革命初期所提出得「歷史進化的文學觀」時說，「中
國文人也曾有很明白的主張文學隨時代變遷的。最早倡此說的是明朝晚期公安
袁氏三兄弟。（看袁宗道的《論文上下》；袁宏道的《雪濤閣集序》，《小修詩序》；

〔註25〕林語堂：《論文》（上篇），《我的話・下冊——披荊集》。

〔註26〕各家：《一九三四年我所愛讀的書籍》，1935 年 1 月 5 日《人間世》第 19 期。

〔註27〕林語堂：《四十自敘》，1934 年 9 月《論語》49 期。

〔註28〕林語堂：《言志篇》，《我的話・上冊——行素集》，石家莊：河北教育出版社
　　　　1994 年 5 月。

袁中道的《花雪賦引》,《宋元詩序》。諸篇均見沈啓無編的《近代散文抄》,北平人文書店出版。)」他說:「我當時不曾讀袁中郎弟兄的集子」。〔註29〕

時為清華外文系學生的錢鍾書評論道:「對於沈先生搜輯的功夫,讓我們讀到許多不易見的文章,有良心的人都得感謝」。他對書名所含「近代」一詞提出質疑,認為這是「招惹是非的名詞」,因為它含有時代的意思(Chronologically Modern)。〔註30〕不過,儘管漢語裏的「近代」和「現代」在英文裏對應的詞都是 Modern,其實在漢語裏他們的意思是有區別的。「近代」含有從古代到現代過渡的意思。一個證據是在周作人的《關於近代散文》中,「近代散文」之「近代」一詞與「現代新文學」之「現代」一詞是並用的,既寓示了二者之間緊密、直接的承繼關係,又顯示了區別。

晚明小品對中國現代小品文產生了重大的影響,直接推動形成了席卷整個文壇的小品熱。從晚明開始,「小品」正式成為文類的概念,文人們以此來顯示與正統古文的分道揚鑣。晚明出現了一大批以「小品」命名的文集,如朱國禎的《涌幢小品》、陳繼儒的《晚香堂小品》、王思任的《文飯小品》,選本如陸雲龍的《皇明十六家小品》等。30 年代如同晚明一樣,「小品」一詞頗為流行,此時出現了大量以「小品」命名的散文集、選本、理論批評著作,由康嗣群任編輯、施蟄存任發行人的雜誌《文飯小品》乾脆就襲用了王思任同名文集的名字。其他帶有顯示「小品」文體特點的「閒話」、「隨筆」、「雜記」、「散記」等,更是不勝枚舉。

晚明小品為論語派小品提供了豐富的藝術借鑒。當晚明小品熱蔚然成風時,周作人和他的弟子們不滿晚明文章過於清新流麗,轉而推崇六朝文章。他在《中國新文學的源流》和《〈近代散文抄〉新序》中已經肯定六朝文章的價值,追慕顏推之、陶淵明等六朝文人的通達、閒適和文采風流。沈啓無、廢名、俞平伯等與他彼此唱和。正如陳平原所言:「真正談得上承繼三袁衣鉢的,不是周作人,而是林語堂。」〔註31〕林語堂主編的《人間世》等刊物上也多發表介紹明人小品的文章,還選登了一些明清小品。

林語堂在《人間世》發刊詞中聲稱要「以自我為中心,以閒適為格調」,

〔註29〕 胡適:《〈中國新文學大系・建設理論集〉導言》,《中國新文學大系・建設理論集》,上海:上海良友圖書印刷公司 1935 年 10 月。

〔註30〕 中書君(錢鍾書):《近代散文抄》。

〔註31〕 陳平原:《中國現代學術之建立》,北京:北京大學出版社 1998 年 2 月,345 頁。

他所說的「閒適」主要是指文章的語體，並非題材內容；然而閒適的題材當然更適合用這種語體說話。明清之際的名士派文章多閒適的題材，尤其是像袁中郎的《瓶史》與《觴政》、李笠翁的《閒情偶記》，直接談論飲食起居、清賞等生活的藝術。論語派作家也更多地將關注的目光從社會現實移向自身，以審美的態度諦視日常生活，追求生活的藝術化。論語派作家也喜談花談鳥談睡眠，《論語》半月刊還分別推出「中國幽默專號」、「鬼故事專號」、「癖好專號」、「吃的專號」、「睡的專號」等。周作人、林語堂的本意並不是不關心自身以外的世道人心，而是堅持從個性出發，既可寫蒼蠅之微，又可見宇宙之大，追求「言志」與「載道」相統一的一元的態度。〔註32〕不過，這一派的末流是有只見蒼蠅、不見宇宙之弊的。

明人文章對以林語堂為代表論語派的影響並不僅僅限於觀念、題材，林氏還試圖用晚明小品來改造現代散文和他自己文章的文體。他曾提倡「簡練可如文言，質樸可如白話」的「語錄體」，並舉出袁中郎的尺牘作為「語錄體」的範文。〔註33〕他提倡並身體力行地實踐，只是沒有成功，阿英曾批評林氏的「語錄體」云：古今語言不同，沒有必要刻意去模仿那種說話的腔調，這也違背了「信腕信口」的原則〔註34〕；然而，林語堂意識到了白話小品文在文體上過於平滑和浮泛之病，力圖矯正此弊。他文章的境界因此有了新的變化，更為凝練、切實，多了一種古色古香的韻味。

新的文學觀念導致了一些邊緣性的散文文體向中心位移，如遊記、日記與書信。阿英曾說：「伴著小品文的產生，一九三四年，遊記文學也是很發展，幾乎每一種雜誌上，報紙上，都時時刊載著這一種的文字。」〔註35〕這一時期，遊記文學走向繁榮，涌現出大批山水遊記和海外遊記。關於晚明小品與現代遊記的深層聯繫，可以從現代遊記大家郁達夫的作品中見出一斑。郁達夫的遊記多寫名山古剎，多寫空明澄寂的境界，與晚明遊記小品是一致的。他們在心態上相通：充分領略了世味荼苦，在自然山水中尋求解脫和自由。

〔註32〕 參閱周作人：《雜拌兒跋》。

〔註33〕 林語堂：《論語錄體之用》，《我的話·下冊——披荊集》。

〔註34〕 阿英：《明末的反山人文學》，《阿英全集》第4卷，合肥：安徽教育出版社2003年7月。

〔註35〕 阿英：《小記二章》，《阿英書話》，北京：北京出版社1996年10月。施蟄存：《〈現代作家書簡〉二集序》，《施蟄存七十年文選》，上海：上海文藝出版社1996年4月。

他的長處是在風景描寫中滲入熱情，善於捕捉自然的神韵，並用多種筆墨加以烘托。這些也是晚明作家的拿手好戲。他在談到自然美的欣賞時，強調要做一個有準備的欣賞者，〔註36〕換一句話說，要有一幅能夠欣賞自然美的眼光。無疑，他的眼光是受過晚明遊記薰陶的。郁達夫筆下的山水遊記清新灑脫，除去由於時代不同產生的一些變化，其情調與明清易代之際文人的作品是那麼的相似。他熟悉並喜好明清名士派文章，並表示過對周作人新文學源流觀的贊同。〔註37〕施蟄存告訴我們：「在一九三０年代中期，由於時行小品文的影響，日記、書信文學成爲出版商樂於接受的文稿。」〔註38〕書信直抒胸臆，自然隨意，顯然比別的文體更利於表現作者的性靈，所以在晚明頗爲興盛。很多小品名家也是寫尺牘的高手，如李贄、徐渭、湯顯祖、袁宏道、張岱等，大大提高了這一實用文體的藝術品位。這一文體得到過周作人、魯迅等人的肯定，頗受現代作家的青睞，他們紛紛推出自己的書信集。

施蟄存後來指出：「林語堂的提倡『閒適筆調』，也有他自己的針對性。他的『閒適』文筆裏，常常出現『左派、左派』，反映出他的提倡明人小品，矛頭是對準魯迅式的雜文的。」〔註39〕林語堂在《有不爲齋叢書序》中開頭就以大段文字對「東家是個普羅，西家是個法西」不滿，在作者看來，這兩派最大的毛病是不近人情，不眞誠。這樣以來，救治之藥只有一味晚明小品式的「性靈」了。〔註40〕從周作人到林語堂，他們提倡晚明小品，心目中都有左翼文學這個論敵，視之爲與「言志派」對立「載道派」。左翼作家則對他們自然興起攻擊之師。爭論的核心問題是，如何對待個人與現實的關係，用周作人、林語堂等人的話就是「言志」與「載道」的關係問題。

以魯迅、阿英等爲代表的左翼作家採取的策略是，把晚明小品作家和他們的現代追隨者區別開來，凸現前者身上的反抗成分，從而爭奪對晚明小品的闡釋權。同樣在《袁中郎全集》的序言中，阿英與劉大杰的觀點就迥乎不同。在劉大杰的眼裏，「中郎對於現實社會的態度，是逃避的，是消極的。」

〔註36〕郁達夫：《山水及自然景物的欣賞》，《郁達夫全集》第6卷，杭州：浙江文藝出版社1992年12月。

〔註37〕參閱郁達夫《重印〈袁中郎全集〉序》等文章。

〔註38〕施蟄存：《〈現代作家書簡〉二集序》，《施蟄存七十年文選》。

〔註39〕施蟄存：《說散文》，《施蟄存七十年文選》。

〔註40〕林語堂：《有不爲齋叢書序》，《袁中郎全集》卷一，上海：時代圖書公司1934年9月。

「因爲中郎逃避了政治的路，所以他在文學上，得到了大大的成功。」〔註41〕阿英則針鋒相對，他的《〈袁中郎全集〉序》通過袁中郎自己的詩文，說明他從不問時事，到關切時事，和不滿當時的政治，到親身與惡劣的政治環境作戰的發展變化。並指出正是他作戰的勇敢精神，才是「袁中郎一切事業的成功之源」。他的結論是：「中郎是可學的，在政治上，應該學他大無畏的反抗黑暗，反抗暴力，反對官僚主義的精神。在文學上，應該學他反對因襲，反對模擬，主張創造的力量，以及基於這力量而產生的新的文體。」〔註42〕他明確地宣稱：「我歡喜李卓吾，是遠超過袁宏道。」〔註43〕魯迅在《罵殺與捧殺》、《「招貼即扯」》等文中，指責袁中郎被他的自以爲的「徒子徒孫們」畫歪了臉孔，「中郎正是一個關心世道，佩服『方巾氣』人物的，贊《金瓶梅》，作小品文，並不是他的全部。」〔註44〕他在《小品文的危機》中指出：「明末的小品雖然比較的頹放，卻並非全是吟風弄月，其中有不平，有諷刺，有攻擊，有破壞。」他提出警告：「對於文學上的『小擺設』──『小品文』的要求，卻正在越加旺盛起來，要求者以爲可以靠著低訴或微吟，將粗獷的人心，磨得漸漸的平滑。」他要求：「生存的小品文，必須是匕首，是投槍，能和讀者一同殺出一條生存的血路的東西；但自然，它也能給人愉快和休息，然而這並不是『小擺設』，更不是撫慰和麻痹，它給人的愉快和休息是修養，是勞作和戰鬥之前的準備。」〔註45〕這篇雜文可以說是一篇宣言，集中地代表了左翼作家對散文的態度和意見。周作人是熟悉乃兄的槍法的，他在《關於寫文章》〔註46〕一文中反唇相譏：「那一種不積極而無益於社會者都是『小擺設』，其有用的呢，沒有名字不好叫，我想或者稱作『祭器』罷。祭器放在祭壇上，在與祭者看去實在是頗莊嚴的，不過其祝或詛的功效是別一問題外，祭器這東西到底還是一種擺設，只是大一點罷了。」又說：「我不想寫祭器的文學，因爲不相信文章是有用的，但是總有憤慨，做文章說話知道不是畫符

〔註41〕劉大杰：《袁中郎的詩文觀》，《袁中郎全集》卷二，上海：時代圖書公司 1934年 10 月。
〔註42〕阿英：《〈袁中郎全集〉序》，《袁中郎全集》卷四，上海：時代圖書公司 1934年 12 月。
〔註43〕阿英：《李龍湖尺牘小引》，《阿英全集》第 4 卷，132 頁。
〔註44〕《且介亭雜文二集‧「招貼即扯」》。
〔註45〕《南腔北調集‧小品文的危機》。
〔註46〕收入《苦茶隨筆》。

念咒，會有一個霹靂打死妖怪的結果，不過說說也好，聊以出口悶氣。」雙方形成了鮮明的對壘之勢，在他們的身後是兩個傾向截然不同的文學陣營。

林語堂、周作人指責左翼文人不真誠，左翼作家也同樣批評對方裝腔作勢以回敬，還有人指公安派、竟陵派矯揉造作。魯迅在致鄭振鐸的信中表明了自己的態度：「小品文本身本無功過，今被人詬病，實因過事張揚，本不能詩者爭作打油詩；凡袁宏道李日華文，則譽為字字佳妙，於是反感隨起。總之，裝腔作勢，是這回的大病根。」〔註 47〕因為周作人說五四新文學運動是繼承公安、竟陵的文學運動而來的，陳子展就說他，「好像是有『方巾氣』的『傖夫俗子』出來爭道統，想在現代文壇上建立一個什麼言志派的文統。」他列舉並承認公安派文論的革新意義，但又說「他們的作品並不能和他們自己的理論相適合。」於是對這兩派和張岱的小品作了簡單的否定性評價。「公安竟陵兩派都主張一個『真』字，這是他們的共通之點。又因為想要擺出真面目，不免故意矯揉造作，自附風雅，結果傖俗，這也是他們的一個共通之點。」〔註 48〕他另在《申報·自由談》、《新語林》、《人間世》等報刊上發表十來篇論及明代文學的短文。

儘管論爭的言辭鋒利，其實雙方的陣營並不涇渭分明。阿英是晚明小品熱的重要參加者，除了編晚明小品選集外，還校點《白蘇齋類集》、《遊居柿錄》（改名《袁小修日記》）、《白石樵真稿》、《王季重十種》、《鍾伯敬合集》等，與林語堂共同校閱《袁中郎全集》第一卷，發表相關學術小品二十餘篇，用功甚勤，也難免有編書也為稻粱謀之嫌。他自己提出的理由是：「在一部分借明文為『擋箭牌』，以自掩其避開現實的傾向，並號召青年以與之同化的時候，是應該有一些人『深入腹地』，從明文的本身，給予他們以一個答覆，來拆穿他們『掛羊頭賣狗肉』的西洋鏡。」〔註 49〕他是晚明小品熱的重要助推者，不少文章寫得中正平實，也不乏創見，使人難以竟信他僅是一個「深入腹地」的攻擊者。

雙方的意見也有很多相同之處。周作人是晚明小品熱的作始者，但當這股熱潮興起之後，他並沒有十分熱心參與，而是保持了一定的距離。他肯定

〔註47〕魯迅：《致鄭振鐸》（1934 年 6 月 2 日），《魯迅全集》第 12 卷，北京：人民文學出版社 1981 年，443 頁。

〔註48〕陳子展：《公安竟陵與小品文》，《晚明文學思潮研究》，吳承學、李光摩編，武漢：湖北教育出版社 2002 年 10 月。

〔註49〕阿英：《論明文的可談與不可談》，《阿英全集》第 4 卷。

翻印晚明小品的意義，但也不客氣地批評了其流弊：讀者對晚明小品缺乏鑒別，「出版者又誇多爭勝，不加別擇」，這樣勢必會「出現一新鴛鴦蝴蝶派的局面，雖然無關於世道人心，但也流於無聊。〔註50〕在《雜拌兒跋》、《燕知草跋》等文章中，他即明確指出，明朝的名士派文學誠然是多有隱遁色彩，但根本卻是反抗的；稱讚他們消遣與「載道」相統一的一元的著作態度。他和魯迅都各自從自己的現實態度和文學觀出發，各取所需，強調了不同的方面。

（三）晚明小品與言志派

在因心學而起的文學解放思潮中，晚明作家反對以前、後「七子」為代表的古文運動的思想僵化、形式因襲，近承宋人小品，遠接六朝文章，又融合了眾多的藝術成分，別立新宗，大大煥發出了中國散文的活力。然而，這一派作品在中國文學史上卻命運多舛。清朝的統治穩定以後，由王綱解紐時代而帶來的思想和創作的自由空間已經不復存在，於是名士派散文小品受到了毫不留情的否定和扼制。《四庫書目提要》罵人常說「明朝小品惡習」、「山人習氣」。這些作家的著作大多被禁燬，流傳下來的可謂秦火之餘。這種命運一直到 1930 年代前半期尚未得到根本的改觀。正是在這樣的歷史語境下，周作人在《〈近代散文抄〉新序》中表揚了這本散文選的兩點貢獻：其一，中國人論文向來輕視或者簡直抹殺明季公安、竟陵兩派的文章，而沈的選本昭示了那時的「一種新文學運動」；其二，明人文章在當時極不易得，而此書薈萃了各家的菁華。這話從阿英 1935 年的文章中可以得到進一步的印證。據他介紹，當時新近出版的錢基博《明代文學》和宋佩韋《明文學史》存在著兩個突出的問題：一是對對象陌生。公安、竟陵兩派的作品，他們大都沒有讀過，沿誤失當處甚多。在宋著中，李贄、王思任、張岱、陳繼儒等名家壓根兒未提，錢著論明曲而居然不談湯顯祖的「四夢」。其二，沿襲《四庫書目提要》的罵評。「自謝（謝旡量——引者）著大文學史而下，無論是中文學史，小文學史，抑是斷代文學史，除周作人《中國新文學的源流》而外，幾乎沒有一本不在《提要》的領導下，來痛罵作為晚明文學的主流的『公安』『竟陵』兩派。周作人敘劉本《袁中郎全集》云：『公安派在明季是一種新文學運動，反抗當時復古贗古的文學潮流，這是確實無疑的事實，我們只須看後來古文家

對於這派如何的深惡痛絕，歷明清兩朝至於民國現在，還是咒罵不止，可以知道他們對於正統派文學的打擊，是如何的深而且大了』，於最後出版的這兩部明文學史中，是更可以得到證明。」〔註51〕在晚明小品熱的論爭雙方中，儘管觀點和價值取向不一，但基本上都是肯定晚明小品在文學史上的地位的。

1930年代的前半期，是中國小品文（familiar essay）發展過程中關鍵的民族化時期。在晚明小品熱的鼓蕩下，小品文作家有意識地進行了民族化的嘗試。明清之際的作者們在擺脫「文以載道」束縛以後，開始自信地以自己的眼睛來看社會和人生，大膽地表現性靈。他們筆下的序跋、題記、評點、尺牘等形式，文體特色頗似西方的家常體隨筆，說明這一文體在中國傳統中是有的，只是被正統觀念和古文遮蔽了光芒。周作人指出明清名士派的文章與現代文在思想、情趣上的一致，說明「新文學在中國的土裏原有他的根」，明末的文學是新文學運動和新散文的來源。在文學革命初期，傳統與現代處於一種尖銳的二元對立之中，而今通過找出傳統中的異質因素，拆除了這種對立，正爲現代散文汲取傳統的營養創造了心理條件。這種被錢鍾書稱之爲「野孩子認父母，暴發戶造家譜，或封建皇朝的大官僚誥贈三代祖宗」〔註52〕的情況，有效地幫助中國現代小品文作家克服了外來影響的焦慮。從這時開始，傳統小品文的質素開始更多地融入現代散文，受英、法隨筆影響、注重說理的現代小品文更多地融入了晚明小品和六朝文章等的抒情等成分。這帶來了小品文的繁榮，出現了周作人、林語堂這樣的大家，爲新文學下一個十年小品文在梁實秋、錢鍾書、張愛玲、王了一（力）等人手中走向成熟打下了基礎，也遙啓了1990年代的小品熱的產生。這些小品文作者均可視爲廣義的言志派。並且，晚明小品的影響並不僅僅局限在某幾人身上，或一些個別的方面，而是具有遠爲普遍的意義。

自然，小品文熱存在不少問題。最爲人詬病的是在那個國事阽危的情況下提倡閒適的小品文，脫離現實。魯迅曾在《小品文的危機》一文中指出「在風沙撲面，狼虎成群的時候」提倡「小品文」的危害性。只是有的論者往往誇大了文學對世道人心的消極影響，道義上的正當性並不等於批評上的正確性。再者，任何文學一經模仿，不免成爲一種濫調。晚明小品熱也不例外。

〔註51〕阿英：《評明文學史兩種》，1935年11月《書報展望》創刊號。
〔註52〕錢鍾書：《中國詩與中國畫》，《七綴集》，上海：上海古籍出版社1994年8月2版。

作為京派批評家的朱光潛針對晚明小品熱的泛濫，批評道：「我並不敢菲薄晚明小品文，但是平心而論，我實在不覺得它有什麼特別勝過別朝的小品文的地方……我並不反對少數人特別嗜好晚明小品文，這是他們的自由，但是我反對這少數人把個人的特殊趣味加以鼓吹宣傳，使它成為彌漫一世的風氣。無論是個人的性格或是全民族的文化，最健全的理想是多方面的自由的發展。晚明式的小品聊備一格未嘗不可，但是如果以為『文章正軌』在此，恐怕要誤盡天下蒼生。」雖然言志派作家未必有心讓天下人同嗜晚明小品，但過分張揚是容易造成弊端的。朱氏還擔心濫調的小品文和低級的幽默合在一起，「缺乏偉大藝術所應有的『堅持的努力』」。〔註53〕另外，沈啟無、林語堂、劉大杰等對晚明小品與其代表的文學傾向的敘述都整齊劃一，忽視了這一文學思潮內部的矛盾性和複雜性。

不過，如果我們不是以一方的是非為絕對的是非，不把文學的發展看作是一方絕對地壓倒另一方的過程，那麼就可以看到，1930 年代的言志派和左派、京派等的主張和創作對立、競爭、互補，既回應了時代的要求，又在一定的程度上糾正了功利主義文學的偏失，保證了文學的多樣性，共同促進了中國文學的健康自由的發展。

〔註53〕朱光潛：《論小品文（一封公開信）——給〈天地人〉編輯徐先生》，《朱光潛全集》第 3 卷，合肥：安徽教育出版社 1987 年 8 月。

七、周作人小品文的文體

　　大致說來，周作人的散文包括雜文、尺牘和小品文三種體式。在這三個方面，周作人都做出了重大的貢獻，尤以小品文的成就爲最大，其小品文的存在構成了中國現代文學史上的一個奇迹，他本人也被稱爲「小品文之王」。不過，在他的雜文和小品文之間是有一條中間地帶的，不少本來可以用來寫作雜文的題目，由於作者追求平淡自然的閒話風，所以少了幾分尖銳、峻急，多了從容紆緩，變得與小品文難以區分了。它們之間又彼此相通，下文中對知堂小品文的探討，也離不開與其雜文的相互參照。周作人是一個具有高度文體自覺的散文家，然而研究他的散文文體又很困難。因爲他的散文自然本色，不是辭章派，難以找出文體的標誌。張中行說，要談他的散文有什麼特點，「這比談《滕王閣序》之類的文章要難，因爲那是濃，這是淡；那是有法，這是無法」。他進一步說知堂散文是「寓繁於簡，寓濃於淡，寓嚴整於鬆散，寓有法於無法」。〔註1〕可謂知言。周作人是個通人，學貫中西，他的文章融會了東西方文化的眾多的營養，而本人的學力有限，這又格外增加了研究工作的難度。

（一）語體及其流變

　　「文體」這一概念有不同的用法，它有時指體裁，有時又被視爲作家的風格。其實，體裁和作家的風格之間有著內在的聯繫，前者規定著後者。它們之間還有著「語體」這樣一個層面，語體是介於體裁和風格之間的概念。〔註

〔註 1〕 張中行：《再談苦雨齋》，收入《負暄續話》，哈爾濱：黑龍江人民出版社 1990年 7 月。
〔註 2〕 參見童慶炳：《文體與文體的創造》，昆明：雲南人民出版社 1994 年 5 月，30頁。

2）它是作家對體裁的使用，體現著體裁的規定性，又連接著風格特徵。如果把風格特徵比作一個人的精神氣質的話，那麼語體就是他的外貌，外貌已經足以把自己與別人區別開來，並表現著精神氣質。

　　周作人的小品文創作的時間跨度最大，其語體在前後不同的創作時期有不同的表現形態。余光中曾指出，若以客觀與主觀、理念與情感為兩級，散文則每有知性與感性之分。〔註3〕據此，散文家的文體自然也就有了兩種基本傾向。對周作人來說，不同創作階段作品的知性與感性的比重就大不一樣。以知性與感性的表現程度和文體其他外顯的主要標誌為依據，我認為，1945年以前的知堂小品文的語體有情志體、抄書體和筆記體三種典型的形態。

　　情志體主要是指周作人 1928 年以前小品文的語體。這裏需要申明一下，情志體這個名稱有點問題，好像作者 1928 年以後的散文就不表現情志了似的，事實上有些散文和 1928 年以前的作品並無什麼大的差別，像《風雨談》中的《北平的春天》、《藥味集》中的《上墳船》等也都可以歸入情志體一類中，所以「情志體」只是一個就總體而言的方便之稱。娓娓而談，自然隨便，抒自我之情，載自己之道，是情志體的特點。周作人在《山中雜信》中袒露了「五四」退潮以後的苦悶、徬徨，《苦雨》寫出了他苦中作樂的心境，流淌在《故鄉的野菜》中的是似淡實濃的思鄉之情，表現在《若子的病》裏的是親子之愛，於《死亡默想》中可見出他對死亡的態度和對人生的感慨，等等，無不鮮明地表現出作者的自我。個人的情志表現得如此突出，以至於趙景深在讀了《西山小品》和《山中雜記》等文後說：「我以為周先生究竟是情勝於理的人。」〔註4〕就是那些看起來瑣碎的自己以外的題材，如北京的茶食、喝茶、飲酒、烏篷船、蒼蠅，都寫出了情趣，無不顯示出作者自己的一部分。從質地上來說，情志體更多地體現出英法隨筆的影響，注重充滿個性色彩的議論，同時融入了中國古代小品的抒情成分。敘事、說理、抒情結合在一起，浸透著作家的性情。

　　1928 年以後周作人的思想、文章都發生了重要的變化。國民黨的所謂「清黨」殘虐地殺人，導致了他對現實以至國民性的深深的失望。隨著政治勢力

〔註3〕余光中：《散文的知性與感性》，1994 年 7 月 24 日《羊城晚報》。
〔註4〕趙景深：《周作人的〈西山小品〉》，載 1925 年 5 月 23 日《京報副刊・文學周刊》第 21 期，原題《周作人的〈西山小品〉》。收入陶明志（趙景深）編《周作人論》，上海：北新書局 1934 年 12 月。

的急劇分化，作爲自由主義者的周作人又被擠在左右兩派之間的夾縫中。他拉遠與現實的距離，讀書成了他最重要的生活方式。他曾不無自嘲地說：「總覺得消遣世慮大概以讀書爲最適宜」，〔註5〕又說以讀閒書當作吸紙烟，聊以遣時日。〔註6〕1938 年端午前三天，正是周作人參加《大阪每日新聞》社召開的「更生中國文化建設座談會」，在文藝界引起軒然大波後不久，他仍從書估處購書，並在《題〈阮盦筆記〉》〔註7〕中寫道：「在此時尚買閒書，奇矣，但不看書又將如何。」語雖平常，卻極悲涼。美國語言學家布龍菲爾德指出：「言語行爲的發生（以及怎樣措辭，這一點我們將要談到），和行爲發生以前和以後的全部實際事項的過程，都決定於說話人和聽話人的全部生活史。」〔註8〕我們可以把作家的作品看成是他的「言語行爲」，那麼他當時的生活方式和心境自然對他的話語有決定性的作用，尤其是小品文這種以表現自我見長的體裁更是如此。在《看雲集》裏，抄書的成分明顯增多。《夜讀抄》是他的生活方式帶來文體變化的顯著標誌——這個集子的名稱已經提示了文體的變化，其中的大部分文章均以一種與現實無甚直接關係的書爲依託。他自己在《後記》裏也說：「我所說的話常常是關於一種書的。」從《夜讀抄》，一直到寫於 1945 年的《過去的工作》、《知堂乙酉文編》，他成就了一種抄書體的文章，這種抄書體的文章占據了他這一時期小品文創作的主體地位。在藝術表現上，從《看雲集》開始，用廢名當時形容周作人的話來說已「漸近自然」，〔註9〕然而這個集子裏的情感還顯得有些「浮躁」，技巧因素也比較突出。到了《夜讀抄》中的抄書之作，周作人所追求的自然風度才真正做到了爐火純青。

　　人們長期以來認爲這些抄書之作不過是專抄古書的「掉書袋」式的文章，極少加以注意。周作人自己對這類文章卻很得意，解放後他在致香港友人的信中說，他一直喜愛如《賦得貓》、《關於活埋》、《無生老母的信息》等篇。〔註10〕我以爲，這些文章有代表性的還可以加入《姑惡詩畫》、《鬼的生長》、《劉

〔註5〕　《苦口甘口·燈下讀書記》。

〔註6〕　見《藥堂語錄·後記》、《書房一角·原序》等。

〔註7〕　收入《書房一角》。

〔註8〕　〔美〕布龍菲爾德著，袁家驊、趙世開、甘世福譯：《語言論》，北京：商務印書館 1980 年 4 月，25 頁。

〔註9〕　廢名：《知堂先生》，1934 年 10 月《人間世》第 13 期。

〔註10〕　1965 年 4 月 21 日致鮑耀明信，收入《知堂晚年手札一百封》，香港：太平洋圖書公司 1972 年 5 月。

香女》等。與早期情志體的文章不一樣，它們抒情表意的線索更加內在化，更多的是抄錄古今中外的書籍，只用簡單的語句把材料聯綴、調和起來，但表達的都是自己的意思。情志體散文注重情趣，這些文章則追求理趣。它的基本的敘述方式仍是夾敘夾議的隨筆式的，只是盡量迴避直接的議論和抒情，把自己的意見和情感浸入學問之中，寓於所引用的材料之中，更講究暗示和含蓄。我認為，抄書體散文代表著知堂小品文文體創造的最高成就。因為後文還要對這類文章進行專門的探討，這裏從略。

筆記體是他在抗戰時期嘗試的一種文體，包括收在《藥堂語錄》和《書房一角》裏的二百餘則讀書隨感。談論的對象絕大多數是舊書，寫法「近於前人所作的筆記」，〔註11〕作者在《書房一角》裏的《〈桑下叢談〉小引》中，也自稱那些專談越人著作的小文為「筆記小品」。內容頗雜，或介紹、概評，或闡發對書中某一問題的看法，或記錄隽語趣事，或辨識風俗名物，等等。很多篇中都有對版本情況的介紹。篇幅短小，短的只有六、七十字，長的也不到千字。除了《書房一角》中的七、八篇外，一般首行前面也不如普通文章那樣空二字，在形式上努力取得逼肖線裝舊書中筆記的效果。這個新的體式像是一個個根據不同材料製成的盆景，寫法上不尚技巧，文風樸拙。語言多間以文言，不少篇目通篇為淺近的文言。

周作人在《書房一角·新序》中介紹了這些文章的寫作和編選情況：「《藥堂語錄》後記所云讀書消遣，讀過之後或有感想，常取片紙記其大概，久之積一二百則，便是這些東西，其五十則編為《語錄》，已於年前付刊，如將這些合算起來，那麼這二百餘篇已差不多完全了。其中也還有些比較太枯燥，或是寫得太率直的，留下了不曾編入。」這些文章作者自己也很看重：「以前所寫較長一點，內容乃是點滴零碎的，現在文章更瑣屑了，往往寫不到五六百字，但我想或者有時說得更簡要亦未可知，因為這裏所說都是中國事情，自己覺得別無所知，對於本國的思想與文章總想知道，或者也還能知道少許，假如這少許又能多少借了雜覽之力，有點他自己的根本，那麼這就是最大的幸運了。」〔註12〕謙遜中透露出對這些文章的自信。他還在這裏交待了與以前文章的不同特點，即「有時說得更簡要」，確實，這些文章有點像那些抄書體文章體制的縮小。

〔註11〕《藥味集·序》。
〔註12〕《書房一角·原序》。

下面，從《書房一角》裏抄出一篇較短的《〈寒燈小話〉》來看看筆記體作品的特點——

> 曩讀李氏《焚書》，喜其心直口快，思想明達，最所敬仰，而文章煞
> 辣，亦有可畏之處，但見卷四《寒燈小話》四則所記，則其人又是
> 藹然富於人情者也。如第一段云：「九月十三夜，大人患氣急，獨坐
> 更深，向某輩言曰：丘坦之此去不來矣，言未竟泪如雨下。某謂大
> 人莫太感傷，因爲鄙俚之語以勸大人，語曰：這世界眞可哀，乾坤
> 如許大，好人難容載，我勸大人莫太傷懷，古來盡如此，今日安足
> 怪，我量彼走盡天下無知己，必然有時還來。亂曰：此說不然，此
> 人有大才，到處逢人多相愛，只恨一去太無情，不念老人日夜難待。」
> 讀此節大有悲涼之氣，竊意是卓吾生活的極重要資料，只怕識者不
> 易多得耳。我們看《日知錄》中論李贄處，便可知顧寧人毫無感覺，
> 只是人云亦云，有如隔巷聽人家呼捉賊，便爾跟著大嚷，發揮其優
> 越感而已。一代學者如顧氏尚如此，他更何望哉。

這是一篇意思和文章都很完備的佳作。如果用直白的白話文來寫，不免一覽
無餘，傷於顯露，此外用文言更顯得雅致。不僅如此，他還化明說爲暗示。
爲什麼讀此節大有悲涼之氣，爲什麼這是李贄生活的極重要資料，作者沒有
明說，——也許不便明說，給讀者留下了一個思考的空間，文章也更含蓄。
如果要把這篇筆記體的文章抻長成一篇抄書體的文章似乎也並不難：多抄引
《寒燈小話》中的例子，引述顧炎武對李贄的評論，還可以像作者慣常所做
的那樣拉扯上其它資料。但那品味也就大不一樣了。

知堂筆記體文章的營養主要是古人的筆記、題跋、尺牘、地理雜記等，
當然也經過現代 essay 的潤澤。說有舊書史部地理類中雜記的影響，指的是《書
房一角》中那四十三則記其故鄉紹興風物的篇什，其中的聯繫只需要把它們
與人們所熟悉的《帝京景物略》、《燕京歲時記》和《陶庵夢憶》等書稍加比
較即可見出。

情志體、抄書體和筆記體也有共同的語體特點。周作人於寫作小品文之初
就有明確的語體追求，他在《自己的園地·舊序》中指出：「簡單的說，這只是
我的寫在紙上的談話，雖然有許多地方更爲生硬，但還能說出我想說的話；我
平常喜歡尋求友人談話，現在也就尋求想像的友人，請他們聽我的無聊賴的閒
談。」40 年代，他在《書房一角·原序》中仍然說：「我們寫文章，只是以筆

代舌，一篇寫在紙上的尋常說話而已，不可有作用，卻不可無意思。」既然是朋友式的閒談，那就首先要求態度的親切、自然。確實，在他的文章裏，沒有高聲大語，沒有盛氣凌人，更無一本正經的教訓。只是他的淵博的學識和嚴謹的態度讓你感到一種長者的風範。周作人的一些名篇如《山中雜信》、《苦雨》、《烏篷船》等都是書牘文──書信體的散文，對書信體的選擇的意義在於他找到了適當的語域，讀者可以坐在第二人稱──作者「朋友」的位置上聽他娓娓道來。這種態度也相應地決定了話語的格調──語感、語調、語勢，他的文風紆徐自在，得閒話自然的節奏。閒話風還帶來了其小品文的自由、散漫的結構。他曾戲言：「我寫序跋是以不切題為宗旨的」，〔註13〕又說：「我寫文章是以不切題為宗旨的」，〔註14〕指的就是這種結構上的特點。有的文章所談內容並無一個統一的中心，各個部分之間只有鬆散的聯繫，文章題目不過是信手拈來，寫上這個標題好比每個人都需要一個名字一樣，文章也需要一個題目，哪怕你把它叫作《無題》。像《廠甸之二》只是談到在廠甸買的兩三本書，除本文的首句提一下，後無一字關於廠甸。不過這樣的例子也不是很多。

　　以上所談沒有包括知堂新中國成立後的散文。1949 年以後，為了生計，他不得不寫，不過時代環境變了，他在文章裏盡量消弭自我的能見度。他配合形勢寫了一些宣傳文字，或多或少把自我投入到了流行的時尚之中，雖然其中也不乏真誠。他缺少了一個散文大家最重要的東西──心靈的自由；同時，由於經歷了人生的大失敗，他顯得意興闌珊。在其 1949 年後的散文裏固然可以看到一代散文大家的吉光片羽，但那獨特的見解和雋永的深味都不見了，文體上沒有新的探索。受通俗化的時代風尚的影響，文字也素淨直白。他在《知堂回想錄》中隻字未提這些文章，顯然他自己也是不滿意的。

（二）在平淡與不能平淡之間

　　很多人習慣用「平淡」或同義的「沖淡」、「閒適」、「和平沖淡」、「平和恬淡」等來概括周作人小品文的風格特徵，我以為除非加以界定，籠統地這樣說是不甚準確的，容易造成一些誤解。「沖淡」是古代文論的重要概念，司空圖在《詩品》中以「猶之惠風，荏苒在衣」來形容其美感特徵，在知堂的小品文中我們讀不出這樣的感覺來。

〔註13〕《苦茶隨筆・〈長之文學論文集〉跋》。
〔註14〕《秉燭談・賦得貓》。

　　周作人最早表示他追求平淡的審美理想的話出自《雨天的書・自序二》：「我近來作文又極慕平淡自然的境地」，但同時又說：「像我這樣褊急的脾氣的人，生在中國這個時代，實在難望能夠從容鎮靜地做出平和沖淡的文章來。」而且，通篇文字都強調了他不能平淡。《澤瀉集・序》說得更明確：「戈爾特堡（Issaar Goldberg）批評藹理斯（Havelock Ellis）說，在他裏面有一個叛徒與一個隱士，這句話說得最妙：並不是我想援藹理斯以自重，我希望在我的趣味之文裏也還有叛徒活著。」當別人誤讀他的散文，風格越來越被認爲是平淡的時候，他乾脆聲明自己根本不能平淡：「平淡，這是我所最缺乏的，雖然也原是我的理想，而事實上絕沒有能夠做到一分毫，蓋凡理想本來即其最缺乏而不能做到者也。」〔註15〕又說：「拙文貌似閒適，往往誤人，唯一二舊友知其苦味。」〔註16〕苦味是一種與平淡或閒適對立的味道。此外，他還在《夜讀抄・後記》和《苦口甘口・序》等文中申明自己的文章不肯消極，不免積極。他把幾部文集叫作《苦茶隨筆》、《苦竹雜記》、《藥堂語錄》、《藥味集》、《苦口甘口》、《藥堂雜文》，把書齋稱爲苦雨齋、苦茶庵、煆藥廬、苦住庵、藥堂，很明顯他自己也是以「苦味」自重的。

　　平淡最重要的是要求內容和情感的閒適，從整體上來看，知堂散文絕大部分是不能平淡的。貫穿周作人解放前散文創作的是啓蒙主義的思想內容，其基本的思想是科學主義、個人主義與人道主義。他只是不願意接受流行的思想觀念，並把它們寫入自己的文章罷了。他說：「看自己的文章，假如這裏邊有一點好處，我想只可以說在於未能平淡閒適處，即其文字多是道德的。」「我的道德觀恐怕還當說是儒家的，但左右的道與法兩家也都摻和在內，外面又加了些現代科學常識，如生物學人類學及性的心理，而這末一點在我較爲重要。」〔註17〕正是因爲在政治鬥爭日趨激烈的情況下，他堅持走一條自由主義的啓蒙主義的道路，故不被理解。其次表現出對人生的憂患，周作人對人生的思索超越了思想啓蒙，帶有某種悲涼的現代意義，這種對人生的憂患不僅表現在對人生局限和苦痛的直接談論上，還表現爲滲透在文章中的人生意緒。像《結緣豆》〔註18〕談的對象是四月初八結緣的風俗，爲什麼要結緣呢？這是因爲有一種無

〔註15〕　《瓜豆集・自己的文章》。
〔註16〕　《藥味集・序》。
〔註17〕　《瓜豆集・自己的文章》。
〔註18〕　收入《瓜豆集》。

法解除的苦痛──人生的孤寂。作者的態度溫和極了，但從字裏行間可以見出由於認識到人生的局限而產生的悲憫。周作人的不能平淡處還表現爲對現實的憂患，以及對所感到的來自現實迫壓的反抗。他寫道：「中國是我的本國，是我歌於斯哭於斯的地方，可是眼見得那麼不成樣子，大事且莫談，只一出去就看見女人的紮縛的小脚，又如此刻在寫字耳邊就滿是後面人家所收廣播的怪聲的報告與舊戲，眞不禁令人怒從心上起也。在這種情形裏平淡的文情那裏會出來，手底下永遠是沒有，只在心目中尚存在耳。」〔註19〕在《草木蟲魚小引》中，作者直言了因自己的思想和文字夾在左右之間所產生的苦悶。他總忘不了對他所感到的迫壓進行反擊，在像《結緣豆》這樣的文章裏，最後還旁敲側擊地諷刺了以文藝爲工具的人。自我的孤獨和苦寂也是使他不能平淡的重要原因。他早在《自己的園地‧舊序》中就說過：「我因寂寞，在文學上尋求慰安。」在《〈燕知草〉跋》中自嘲：「手拿不動竹竿的文人只好避難到藝術世界裏去。」《風雨談‧小引》則把這種心情上升爲一種藝術境界。「風雨談」典出《詩經‧鄭風‧風雨》，作者把這個集子與《雨天的書》作了對比，「《雨天的書》恐怕有點兒憂鬱，現在固然未必不憂鬱，但我想應該稍有不同，如復育之化爲知了也。風雨凄凄以至如晦，這個意境我都喜歡，論理這自然是無聊苦寂，或積憂成病，可是也『云胡不喜』呢？不佞故人不多，又各忙碌，相見的時候頗少，但是書冊上的故人則又殊不少，此隨時可晤對也。」這說明從《雨天的書》到《風雨談》其中的苦味是一脉相承的，不過憂鬱化爲了苦寂。因爲苦寂，所以才靠讀書來求得安慰。憂鬱或苦寂構成了知堂基本的心境，他的文章自然不能不反映出這種心境。正是以上幾種原因，共同形成了知堂小品文整體上的陰天似的氣氛。如果用幾個字來概括其文體特徵的話，或許可以稱之爲「雨天的閒話」。

不少文章貌似平淡，但其實不能平淡。《北京的茶食》〔註20〕、《莧菜梗》〔註21〕從題目上看算得上閒適、平淡極了，在前者中，作者的態度也似乎頗悠閒、飄逸：「我似於日用必須的東西以外，必須還有一點無用的遊樂與享樂，生活才覺得有意思。我們看夕陽，看秋河，看花，聽雨，聞香，喝不求解渴的酒，吃不求飽的點心，都是生活上必需的──雖然是無用的裝點，而且是

〔註19〕《瓜豆集‧自己的文章》。
〔註20〕收入《雨天的書》。
〔註21〕收入《看雲集》。

愈精鍊愈好。」可緊接著，結尾的幾句話筆鋒陡轉：「可憐現在的中國生活，卻是極端的乾燥粗鄙，別的不說，我在北京徬徨了十年，終未曾吃到好點心。」由茶食談到了中國生活，「乾燥粗鄙」兩個形容詞表示的情感已經夠強烈的了，前面又加了「極端的」這個修飾語。「別的不說」輕輕一抹，再過渡到北京的茶食問題，可那評價中國生活的句子因為與前面部分的強烈反差而給讀者極深的印象，使前面表達的平淡、閒適的內容有了厚重的苦味。《莧菜梗》的大部分內容都很閒適，最後一段由「咬得菜根則百事可做」的格言，引起對中國青年缺乏吃苦精神的感歎，已不閒適。接著寫道：「其實我也並不激烈地想禁止跳舞或抽白麵，我知道在亂世的生活法中耽溺亦是其一，不滿於現世社會制度而又無從反抗，往往沉浸於醇酒婦人以解憂悶，與山中餓夫殊途而同歸，後之人略迹原心，也不敢加以菲薄，不過這也只是近於豪傑之徒才可以，絕不是我們凡人所得以援引的而已。——喔，似乎離本題太遠了，還是就此打住，有話改天換了題目再談罷。」其味甚苦，差不多等於告訴讀者他自己也是在黃連樹下彈琴——苦中作樂。在這樣的文章裏，平淡或閒適的內容位居文本的中心，不平淡的內容處於邊緣，可它像潛伏著的一團濃重的陰雲，一經瞥見，就會迅速在整個文本中漫延。

還有少數篇章從表到裏可以說做到了真正的平淡，如《雨天的書》中的《鳥聲》、《故鄉的野菜》、《喝茶》，《藥味集》中的《野草的俗名》等，寫得平淡而又腴潤。腴潤是「平淡」題中應有之意，正如蘇軾在《評韓柳詩》〔註22〕中所言：「所貴乎枯淡者，謂其外枯而中膏，似淡而實美，淵明、子厚之流是也。若中邊皆枯淡，亦何足道。」《雨天的書》大部分文章是不平淡的，其中有的曲折地表露「五四」以後苦悶的心迹和思想矛盾，有的是對人生憂患的思考，更多的是進行文化批評的文章，表明他仍然在堅持啟蒙主義的道路。《鳥聲》等篇單獨看似平淡，但放在《雨天的書》中就籠罩著一種雨天似的清苦氣氛。如果把它們置於周作人整個文章的系統中，其地位並不突出。只是因為這幾篇小品寫得十分出色，同時與同時代的那些充滿抗爭與血淚的文字相比又反差很大，所以特別為人們所注意。後來周作人與現實逐漸疏離，躲進書齋，這更強化了人們的印象。誤讀似乎從朱光潛的評論文章《〈雨天的書〉》〔註23〕就開始了，他儘管注意到了其中的「師爺氣」，——這周作人在

〔註22〕《蘇軾文集》卷六十七。
〔註23〕原載 1926 年 11 月《一般》第 1 卷第 3 號，收入《周作人論》。

自序中已經承認過的，但仍然說：「作者的心情很清淡閒散。」《野草的俗名》寫於 1937 年七七事變爆發後一個月，裏面一塵不染，其平靜與當時的時代背景與作者的生活環境極不相稱，反而難以使人相信它的平淡。我們很容易記起他曾說過的話：「世事愈惡，愈寫不進文中去，（或反而走往閒適一路，）於今頗覺得舊詩人作中少見亂離之迹亦是難怪也。」〔註24〕

那麼，在知堂小品文裏，平淡與不能平淡之間的關係到底是怎樣的呢？其實，從前面引述的周作人申明不能平淡的話裏已經可見端倪。1945 年他自我總結道：「我的確寫了些閒適文章，但同時也寫正經文章，而這正經文章裏更多的含有我的思想和意見，在自己更覺得有意義。」「至於閒適的小品我未嘗不寫，卻不是我主要的工作，如上文說過，只是爲消遣或調劑之用，偶爾涉筆而已。」〔註25〕這裏說得也許還不夠準確、明白。他的《兩個鬼》〔註26〕和《瓜豆集·題記》說得很清楚。前者說：「在我們的心頭住著 Du Daimone，可以說是兩個——鬼。」「其一是紳士鬼，其二是流氓鬼。」「這是一種雙頭政治，而兩個執政還是意見不甚協和的，我卻像一個鐘擺在這中間搖著。有時候流氓佔了優勢，我便跟了他去徬徨，什麼大街小巷的一切隱秘無不知悉，酗酒，鬥毆，辱罵，都不是做不來的，我簡直可以成爲一個精神上的『破脚骨』，但是在我將眞正撒野，如流氓之『開天堂』等的時候，紳士大抵出來高叫『帶住，著即帶住！』」「我希望這兩個鬼能夠立憲，不，希望他們能夠結婚，倘若一個是女流氓，那麼中間可以生下理想的王子來，給我們作任何種的元首。」後者寫道：「這三十篇小文重閱一過，自己不禁歎息道，太積極了！聖像破壞（eikonodasm）與中庸（sophrosune）夾在一起，不知是怎麼一回事。……總是不夠消極，在風吹月照之中還是要呵佛罵祖，這正是我的毛病，我也無可如何。或者懷疑我罵韓愈是考古，說鬼是消閒，這也未始不是一種看法，但不瞞老兄說，這實在只是一點師爺筆法紳士態度，原來是與對了和尚罵禿驢沒有多大的不同，蓋我覺得現代新人物裏不免有易卜生的『群鬼』，而讀經衛道的朋友差不多就是韓文公的夥計也。」「流氓鬼」與「紳士鬼」，「聖像破壞」與「中庸」，「呵佛罵祖」與「風吹月照」，「師爺筆法」與「紳士態度」，周作人正是想在這樣的二元對立中求得統一。再對照他的散文創作，完全可

〔註24〕1933 年 2 月 25 日致俞平伯信，收入《周作人書信》。
〔註25〕《過去的工作·兩個鬼的文章》。
〔註26〕收入《談虎集》。

以說他的審美理想和藝術風格是在平淡和不能平淡，——或者說在正經和閒
適之間，保持藝術的張力，其它種種變化都是圍繞著這個中心派生出來的，
其根本的審美法則就是節制。周作人所作絕大多數的文章是正經文章，只是
偶爾涉筆閒適的小品。然而，他的很多正經文章裏都有閒適的筆調，閒適的
小品裏也往往寄寓了正經的意思。當「流氓鬼」、「聖像破壞」、「呵佛罵祖」、
「師爺筆法」占上風時，平淡或閒適就不會突出，反之則會顯著。知堂文章
在內容上和情感上常常是不平淡的，而他又著力追求平淡的藝術表現，化濃
烈為平淡，寓尖銳於婉曲，於是就產生了知堂文章特有的苦味。舒蕪曾談及
包含在「平淡」中的複雜性：縱觀周作人的生平文章，可以分為正經的與閒
適的兩大類；主要是正經文章，其次是閒適文章；兩類文章的審美追求都是
平和沖淡；閒適文章更多地體現他的審美追求，正經文章更多地表現他的思
想；不少閒適文章裏面寄寓著正經的思想，並非一味閒適；不少正經文章，
內容嚴肅、尖銳，而文章風格仍力求平和沖淡。〔註 27〕平淡與不能平淡在他
散文創作的不同時期的表現也是不平衡的。

　　但是周作人散文中也有一種極端的傾向。他在 1947 年所作的《修禊》〔註
28〕一詩中，述及南宋山東義民吃人臘投奔臨安，其中有兩句云：「猶幸刺熏臘，
咀嚼化正氣。」他自認為「可以算是打油詩中之最高境界」，「神來之筆」，又解
說道：「我從前曾說過，平常喜歡和淡的文章思想，但有時亦嗜極辛辣的，有搯
臂見血的痛感，此即為我喜歡那『英國狂生』斯威夫德之一理由。」〔註 29〕周
的散文中偶爾流露出和平淡截然相反的辛辣、陰鬱、尖酸刻薄的傾向，在雜文
《碰傷》、《關於三一八的死者》〔註 30〕中，使用反諷的手法，一本正經地說反
話，內容與表達態度的衝突導致了辛辣。《關於活埋》表現出作者的鬱憤，《吃
人肉的方法》〔註 31〕以極平淡的態度道出極殘忍的事實，顯得極其陰鬱。雜文
《偶感》〔註 32〕針對國民黨所謂的「清黨」，又正面掊擊：「吳君（指吳稚輝——
——引者）在南方不但鼓吹殺人，還要搖鼓他的毒舌，侮辱死者，此種殘忍行為

〔註 27〕舒蕪：《周作人的散文藝術》，《文藝研究》1988 年第 4 期、第 5 期，收入作者
　　　　《周作人的是非功過》一書（北京：人民文學出版社 1993 年 6 月）。
〔註 28〕《丙戌丁亥雜詩》，收入《知堂雜事詩》，嶽麓書社 1987 年 1 月。
〔註 29〕《知堂回想錄·一三五》。
〔註 30〕均收入《澤瀉集》。
〔註 31〕收入陳子善編《知堂集外文·四九年以後》，嶽麓書社 1988 年 8 月。
〔註 32〕收入《談虎集》。

蓋與漆髑髏爲飲器無甚差異。有文化的民族，即有仇殺，亦至死而止，若戮辱
尸骨，加以後身之惡名，則非極墮落野蠻之人不願爲也。吳君是十足老中國人，
我們在他身上可以看出永樂乾隆的鬼來，於此足見遺傳之可怕，而中國與文明
之距離也還不知有若干萬里。」這是我所看到的中國現代文學中最怨毒的話，
大有刀筆遺風。他在《〈大黑狼的故事〉序》〔註33〕中諷刺、丑化左翼革命文學
作家，又顯得尖酸刻薄。不過，這又是一種特殊情況。

　　就主體而言，從一開始，小品文對周作人就是有進與退、濟世與爲我、
拔草尋蛇與消遣世慮的雙重意義。1921 年 5 月，他以新文學開拓者的責任感
寫作了《美文》。周對「美文」的提倡與創作是同步的，這一年他寫下了《山
中雜信》（一至六）、《西山小品》等現代散文史上的名篇。他的小品文的出現，
在中國現代散文由《新青年》時期的論文、雜感而成爲文學中一個獨立門類
的過程中起了關鍵的作用，所以胡適在《五十年來中國之文學》（1922）中給
予了高度的評價。1921 年是周作人思想上一個重要的轉變期，五四時期的理
想主義、樂觀主義在黑暗現實的壓迫下開始褪色，作於是年的新詩《夢想者
的悲哀》、《歧路》等頗能表現出他感到的夢醒以後的悲哀和面對歧路的苦悶、
徬徨。作者說：「民國十年以前我還很是幼稚，頗多理想的、樂觀的話，但是
後來逐漸明白，卻也用了不少的代價，《尋路的人》一篇便是我的表白。」〔註
34〕《尋路的人》〔註35〕作於 1923 年 7 月，表明了他的選擇：在人生的旅途
上，他「只想緩緩地走著，看沿路的景色，聽人家的談論，盡量地享受這些
應得的苦和樂。」1924 年，周作人即形成了較穩定的思想態度，這從《一年
的長進》、《生活之藝術》、《死之默想》、《元旦試筆》幾篇文章中可以見出。
其中至少有兩點顯著的變化，一是宣布自己「無知」，稱引蒙田的格言「我知
道什麼」，「這一年裏我的唯一的長進，是知道自己之無所知。」〔註 36〕他的
「夢想家與傳道者的氣味」〔註 37〕淡薄了下去；二是養成了在《尋路的人》
裏已初步成形的「生活之藝術」的人生態度。這個變化特別適合於寫小品文，
缺乏「夢想家與傳道者的氣味」的懷疑論者，不大會有興趣去構製長篇大論，
這有利於小品文的生長；寫一些包含著人生感觸的小品文，也即是對生活的

〔註33〕收入《永日集》。
〔註34〕《談虎集・後記》。
〔註35〕收入《過去的生命》。
〔註36〕《雨天的書・一年的長進》。
〔註37〕《藝術與生活・自序》。

品賞、把玩，哪怕是苦中作樂。人們常常攻擊小品文的閒適，其實閒適正是這種體裁本身具有的一個特性。如果是嚴肅專門的題目，可寫學術論文。如果關乎迫切的時事，可寫雜文，或作演講。1924 年，周作人迎來了第一個小品文的豐收年，他的不少名篇都在這一年裏問世。然而，周作人並不是要一味地消極下去，《雨天的書·自序二》婉轉地表明了他的積極態度：「一，我原來乃是道德家……我平素最討厭的是道德家，（或照新式稱爲法利賽人，）豈知這正因爲自己是個道德家的緣故；我想破壞他們的僞道德不道德的道德，其實卻同時非意識地想建設起自己所信的新的道德來。我看自己一篇篇的文章，裏面都含著道德的色彩與光芒，雖然外面是說著流氓似的土匪似的話。」「二、我的浙東人的氣質終於沒有脫去。」他所說的「浙東人的氣質」是指「法家的苛刻的態度」。錢理群曾把周作人的散文藝術與他獨特的精神個性聯繫在一起。他提到，周作人以「生活之藝術」爲中心的生活方式、情趣和哲理與小品散文的「體性」取得了高度的和諧，這就是周氏成爲中國小品散文主要代表作家的最基本原因。〔註38〕確實，寫作小品文正是周作人找到的一個對世界的發言方式，一種存在方式，小品文的文體特點與其人生哲學的契合，導致了一代散文大家的產生。

形成周作人的審美理想和藝術風格的還有更深層的思想上的原因，這就是中庸主義和懷疑論對他的影響。中庸主義是周作人的倫理觀，也制約了他的審美理想，它的精義就在於節制。他的「中庸」思想形成於「五四」退潮後。自從南京求學時期以來，他的思想中一直存在著新與舊、進取與保守的衝突與交替。寫於 1921 年的《山中雜信》坦白道：「我近來的思想動搖與混亂，可謂已至其極了，托爾斯泰的無我愛與尼采的超人，共產主義與善種學，耶佛孔老的教訓與科學的例證，我都一樣的喜歡尊重，卻又不能調和統一起來，造成一條可以行的大路。我只將這各種思想，凌亂的堆在頭裏，眞是鄉間的雜貨一料店了。」「中庸」可以爲他熨帖內心的衝突，使他相信新與舊、進取與保守都自有其存在的合理性，並爲他提供了一個面對現實的立足點。他說過：「我自己是一個中庸主義者，雖然我所根據的不是孔子三世孫所做的那一部書。」〔註39〕從思想來源上來說，儒家的「中庸」爲他提供了基本

〔註38〕 錢理群：《關於周作人散文藝術的斷想》，《江海學刊》1988 年第 3 期。此文收入錢氏《周作人論》一書（上海：上海人民出版社 1991 年 8 月）。
〔註39〕 《談虎集·後記》。

的思想成分，古希臘的思想、西方近代思想，特別是藹理斯的「生活之藝術」
的思想對他進行了洗禮。周作人在《我的雜學》〔註 40〕中寫道：「我也知道
偏愛儒家中庸是由於癖好，這裏又缺少一點熱與動，也承認是美中不足。」
「缺少一點熱與動」自然會帶來藝術表現上的平淡。這頗符合儒家的中庸之
道，「中庸」要求情感表現上的「中和」，即節制。《中庸》云：「喜怒哀樂之
未發謂之中，發而皆中節謂之和。中也者，天下之大本也；和也者，天下之
達道也。」

　　懷疑論也是制約其審美理想，影響其散文風格的重要因素。他的懷疑論
思想大致有以下幾個方面的內容：其一，人的認識是有局限的，沒有絕對的
真理和一成不變的確定性。因此，他主張寬容，反對借真理、宗教、科學、
群眾等的名義干涉別人的自由。他多次自稱自己是少信的人，喜愛「我知道
什麼」這條格言。其二，他批判傳統的以迷信和狂熱作為基礎的偶像崇拜意
識，並且對在新的思想文化運動中重新擡頭的各種偶像崇拜意識（如唯群眾
意志是從、一切假群眾名義以行的對群眾的尊崇）有著高度的警覺。他歎息
中國社會上的「重來」（僵尸）之多，但說「凡有偶像破壞的精神者都不是『重
來』」。〔註41〕其三，甚至懷疑人類理性本身。「文化也並不一定都是向上的，
人會惡用他的理智去幹禽獸所不為的事，如暗殺、買淫、文字思想獄，為文
明或王道的侵略……文過飾非。」〔註 42〕這裏所說的懷疑論主要是從認識論
的意義上來說的，廣義的懷疑論還應包括我在本書第一章中所論述的悲觀主
義思想。「五四」以後，他告別了烏托邦式的人道主義信仰，唯理主義的懷疑
論的傾向便萌生了出來，作於 1924、1925 年的《一年的長進》、《元旦試筆》
〔註43〕已經報告了這個變化，1930 年他又說：「我本來是無信仰的，不過以前
還憑了少年的客氣，有時候要高談闊論地講話，亦無非是自騙自罷了，近幾
年卻有了進步，知道自己的真相，由信仰而歸於懷疑。」〔註 44〕然而，懷疑
論並沒有導致他的厭世或棄世，他又注意隨時克服自身的懷疑傾向。應當說，
一定程度上的懷疑論是一個現代文化人應該具有的成熟的、健全的文化性
格，我們容易過於誇大了它的消極影響。懷疑論是中國現代文化中缺少的品

〔註 40〕收入《苦口甘口》。
〔註41〕《談虎集‧重來》。
〔註 42〕《風雨談‧〈逸語〉與〈論語〉》。
〔註43〕均收入《雨天的書》。
〔註44〕《藝術與生活‧自序二》。

格，由於缺乏它的平衡、協調、檢查，獨斷論得以專行，從而導致了種種的社會的和文化的悲劇。懷疑論促使周作人力圖採取一個智者的態度，他自號「知堂」已表明了這樣的態度，當他心頭的「流氓鬼」將要眞正撒野時，懷疑論就會慫恿「紳士鬼」出面干涉。他習慣於在文章裏平常地說話，不喜歡浮躁和誇飾。不過，懷疑論對他還有另外一方面的意義，那就是它也是「聖像破壞」的工具。他的懷疑論是隨著其對現實失望的加深而逐步加深的。於是對他的散文創作的影響也就愈大。《談虎集・後記》：「我對於學藝方面，完全是一個『三腳貓』，隨便捏捏放放，說不了時代的浪漫性，但我到底不是情熱的人，有許多事實我不能不看見而且承認，所以我的意見總是傾向著平凡這一面，在近來愈益顯著。」

周作人小品文風格形成的原因，當然還會與他的個性、氣質有關，探討這個問題需要足夠的心理學的知識，這裏存而不論。

（三）趣味・語言・氣象

「趣味」是周作人論文時頻繁使用的一個詞，我覺得它在周作人那裏帶有「準理論」的性質。他對「趣味」最詳細的說明見於《苦竹雜記》中的《笠翁與隨園》一文：「我很看重趣味，以爲這是美也是善，而沒趣味乃是一件大壞事。這所謂趣味裏包含著好些東西，如雅，拙，樸，澀，重厚，清朗，通達，中庸，有別擇等，反是者都是沒趣味。」在周作人的文論中，「趣味」的使用頻率和重要性與「常識」差不多，「趣味」更多的是對文章藝術性的要求，「常識」則是對思想性的要求，基本內容是人情物理。

「趣味」也是古代文論中的一個重要概念。嚴羽詩論的中心是「興趣」，「興趣」從「興」（賦、比、興）的涵義引申而來，指的是意象所包含的審美情趣，它是詩的生命所在。到明代湯顯祖，強調與「情」緊密相關的「趣」，這裏的「趣」就是審美趣味。「趣」也特別爲公安派所強調，袁宏道說：「詩以趣爲主」〔註45〕，又說：「世人所難得者唯趣。趣如山上之色，水中之味，花中之光，女中之態，雖善說者不能下一語，唯會心者知之。」〔註46〕袁中道也有這樣的話：「凡慧則流，流極而趣生焉。天下之趣，未有不自慧生也。山之玲瓏而多态，水之漣漪而多姿，花之生動而多致，此皆天地間一種慧黠

〔註45〕 《西京稿序》，《袁宏道集箋校》卷十。
〔註46〕 《敍陳正甫會心集》，《袁宏道集箋校》卷五十一。

之氣所成，故倍爲人所珍玩。」〔註47〕袁氏兄弟所強調的「性靈」不離一個「慧」字，「慧」發揮到別致便生「趣」。由此看來，「趣」就是審美趣味，就是一個事物給人的美感。

　　周作人提倡的「趣味」看不出直接的理論來源，他也無意去構製理論體系。《笠翁與隨園》中的那段話裏沒有對「趣味」內涵的概括，只是舉例說明它的外延。不過，周作人所言帶有夫子自道的意思，所舉因素在他自己的散文裏都有存在，因此可以說爲我們進一步辨識知堂文章的滋味提供了一些重要的入處。關於「雅」，周作人有過解釋：「我說雅，這只是說自然、大方的風度，並不要禁忌什麼字句，或者裝出鄉紳的架子。」〔註48〕他認爲人身現象、日常生活都屬於人生的基本內容，沒有高下貴賤之分，所以他取材不避凡俗〔註49〕，能以自然大方的態度來「論泄氣」、談「入廁讀書」。〔註50〕「樸」即是樸素，樸素到了極點就成了「拙」，所以它們通常是合在一起使用的。「重厚」和「清朗」可以從反面來理解，它們的反義詞分別是「淺薄」和「陰暗」。「通達」要求明白人情物理，人情物理兼備而成智慧。他對「中庸」說過這樣的話：「我終於是一個中庸主義的人：我很喜歡閒話，但不喜歡上海氣的閒話，因爲那多是過了度的，也就是俗惡的了。上海灘本來是洋人的殖民地；那裏的（姑且說）文化是買辦流氓與妓女的文化，壓根兒沒有一點理性與風致。這個上海精神便成爲一種上海氣，流佈到各處去，造出許多可厭的上海氣的東西，文章也是其一。」〔註51〕從中不難得出，「中庸」就是要講求節制，反對過度，要有「理性與風致」。「別擇」呢？即區別、選擇，它往往體現在選材和表現的分寸上。儘管這裏沒有被提到，幽默也是知堂小品中的重要的「趣味」，有豐富、獨特的表現，往往出諸反語，因而淡薄了諷刺的嚴重性、尖銳性，它引導讀者去認知，而不是行動。他追求的藝術效果是溫和地會心一笑，不想引起過多的情感反應。有時所談的嚴重的內容與其幽默的態度反差過大，透露出冷色，並不能使人發笑，屬於冷幽默。

　　對於小品文文體的澀味，他有過詳細的說明：「我也看見有些純粹口語體

〔註47〕《劉玄度集句詩序》，《珂雪齋集》卷三十。
〔註48〕《永日集‧〈燕知草〉跋》。
〔註49〕參閱李景彬《周作人評析》，西安：陝西人民出版社1986年4月，242頁、253頁。
〔註50〕《論泄氣》，收入《夜讀抄》；《入廁讀書》，收入《苦竹雜記》。
〔註51〕《談龍集‧上海氣》。

的文章，在受過新式中學教育的學生手裏寫得很是細膩流麗，覺得有造成新
文化的可能，使小說戲劇有一種新發展，但是在論文——不，或者說小品文，
不專說理敘事而以抒情分子爲主的，有人稱它爲『絮語』過的那種散文上，
我想必須有澀味與簡單味，這才耐讀，所以他的文詞還得變化一點。以口語
爲基本，再加上歐化語，古文，方言等分子，雜糅調和，適宜地或岔蓄地安
排起來，有知識與趣味的兩重的統制，才可以造出有雅致的俗語文來。」〔註
52〕這是周作人關於小品文的文體建設問題的集中闡述。小品文篇幅短小，容
易一覽無餘，所以要有澀味，給人以玩味的餘地。對此他自己深有體會：「有
時候感到一種意思，想把它寫下去，可是用散文不相宜，因爲事情太簡單，
或者情意太顯露，寫在文章裏便一覽無餘、直截少味。」〔註53〕顯然，周作
人是把與簡單味對立統一的澀味放在小品文文體建設的中心地位的。簡單味
指的是文體的平易，容易爲讀者所接受。

在《中國新文學的源流》第二講中，他直言不諱地批評胡適、冰心、徐
志摩的文體的明白：「很像公安派的，清新透明而味道不夠深厚。好像一個水
晶球樣，雖是晶瑩好看，但仔細地看時就覺得沒有多少意思了。」早在 1926
年寫的《〈揚鞭集〉序》〔註54〕中，就對這樣「沒有一點兒朦朧」，「缺少了一
種餘香和回味」的文章表示了不滿。他稱徐志摩、冰心的散文流麗清脆「彷
彿是鴨兒梨的樣子」，俞平伯、廢名的文字「澀如青果」。〔註55〕他從現代文
學文體發展的高度表揚廢名文章的澀味：「現代的文學悉本於『詩言志』的主
張，所謂『信腕信口皆成律度』的標準原是一樣，但庸俗之極不能不趨於變，
簡潔生辣的文章之興起，正是當然的事。」〔註56〕這雖然直接說的是廢名的
文章，但俞平伯和他本人的作品都是可以包括在內的。

廢名文章的澀味如周作人說來自他文體的「簡潔生辣」，俞平伯文章的澀
味我想是來自他的好談玄理、突如其來的離題的議論。周作人小品文的澀味
的造成則主要有三方面的原因：一是他注重暗示，講究含蓄。他說：「我平常
寫文章喜簡略或隱約其辭」〔註 57〕，從他的簡潔、含蓄裏可以感到日本詩歌

〔註52〕《永日集·〈燕知草〉跋》。
〔註53〕《知堂雜詩抄·雜詩題記》。
〔註54〕收入《談龍集》。
〔註55〕《看雲集·志摩紀念》。
〔註56〕《看雲集·〈棗〉和〈橋〉的序》。
〔註57〕《瓜豆集·題記》。

如和歌的餘韻。二是他喜歡抄引別人的文字，使得行文不是直流而下，而是曲曲折折地迂迴而流。三是吸收文言的長處。他有意借澀味來彌補口語的不足，豐富白話文的表現能力。知堂的小品文如明前的龍井，顏色幾乎近無，啜之微澀，過後卻餘香回味綿長。欣賞時不能如喝北京的大碗茶，咕咚咕咚往下灌，而需要細品。

文言色彩是周作人文體的重要特點，也構成了他與許多現代散文作家的差異，我想著重來探討一下這個問題。文言色彩在他不同階段的散文中的表現程度不一樣。

他第一個散文集《自己的園地》在文體上帶有向小品文過渡的特色，語言質樸、直白，爲了反抗當時古文的壓迫而採用純粹的口語體。到了第二個集子《雨天的書》，情況就不一樣了，像名篇《故鄉的野菜》，語言樸素、雅潔，既汲取了口語的風神，又學習了文言的凝練，間以文言分子的微澀的語言出色地傳達出江南初春的感覺。全文有著一種淒清的美。再看兩個例子——

> 我從小就知道「病從口入禍從口出」的古訓，後來又想混迹於紳士淑女之林，更努力學爲周愼，無如舊性難移，燕尾之服終不能掩羊腳，檢閱舊作，滿口柴胡，殊少溫和敦厚之氣；嗚呼，我其終爲「師爺派」矣乎？雖然，此亦屬沒有法子，我不必因自以爲是越人而故意如此，亦不必因其爲學士大夫所不喜而故意不如此：我有志爲京兆人，而自然乃不容我不爲浙人，則我亦隨便而已耳。〔註58〕

> 喝茶當於瓦屋紙窗之下，清泉綠茶，用素雅的陶瓷茶具，同二三人共飲，得半日之閒，可抵十年的塵夢。〔註59〕

朱光潛在《〈雨天的書〉》〔註60〕中引用過這兩個例子，正如他所說：「稍讀舊書的人大約都覺得這種筆調，似舊相識。」又說前一例「雖以擬古開玩笑，然亦自有其特殊風味」。後一例我以爲是借文言表達一種與茶道相通的遊戲意味。

在語言運作方面，現代文學總的傾向趨於通俗化、口語化，周作人則逆向而行。這主要是因爲他在相當長一段時期內越來越退回書齋，文章也越來

〔註58〕《雨天的書·自序二》。
〔註59〕《雨天的書·喝茶》。
〔註60〕1926 年 11 月《一般》第 1 卷第 3 號，署名「明石」。

越多地抄引古書。不能說這是復古，因為口語體的白話從 20 年代中期以後已經取得了不可動搖的統治地位，文言色彩的濃厚不致於影響文學的現代化；同時，周作人的思想雖然悖時，但又是相當現代的。

文言色彩最厚的還要數他抗戰時期的文章，——主要是 1943 年以前的文章。1943 年以後，他進行了系統的自我總結，文章也寫得明白易懂，很少文言。1943 年以前的文章多間以文言，《藥堂語錄》、《書房一角》中不少篇章通篇為清淺的文言，文體更簡約、枯淡。然而，那些筆記體的文字已經不是純然的文言文了，像在本章第一節中全文引錄的《〈寒燈小話〉》，基本句式、詞彙和語氣都是文言的，但也融入了白話文的成分：如「思想」、「感覺」、「優越感」等復音詞，在文言文中通常可以承前省略的主語「我們」（這個詞的本身也是過去文言文中所沒有的）和係動詞「是」，結構動詞「的」等。周作人在《藥堂雜文・序》中進行過說明，「寫的文章似乎有點改變，彷彿文言的分子比較多了些。」「這些文章雖然寫得不好，都是經過考慮的，即使形式上有近似古文處，其內容卻不是普通古文中所有。」

確實，周作人採取文言入文是有多重藝術考慮的，不僅抗戰期間的文章如此。他 1928 年以後的散文多文言色彩與其多抄引古書關係很大，如果引文是文言，而自己的文字是俗白的白話，那在文體上也不協調。《藥堂語錄》與《書房一角》所談多古書不說，且篇製短小，如多用白話，則會一覽無餘，傷於顯露。他的名文《知堂說》和《夜讀抄》中的一組《苦茶庵小文》均用文言，也是如此。文言分子的多少還考慮到了所談對象和所表現情感的需要。《書房一角》中的「舊書回想錄」一輯，談外國書用少有文言成分的白話，談中國古書的文言色彩重，很多乾脆就用文言。「桑下叢談」記越人著作，作者在《〈桑下叢談〉序》〔註 61〕中說「故鄉猶國然」，他寫此類文章是有感情寄託的，用文言猶見典雅莊重，也更含蓄深折。文言對周作人來說還具有表現手法的意義，如《閉戶讀書論》一文頗有古文的調子，作者正以擬古來進行諷刺。擬古用來諷刺，在知堂文章裏比比皆是，又如《「破腳骨」》：「在現時人心不古的時代，破腳骨也墮落了，變成商埠碼頭的那些拆梢的流氓，回想昔日鄉間的破腳骨，已經如書中的列仙高士，流風斷絕，邈乎其不可復追矣。」〔註62〕

〔註61〕收入《秉燭後談》。
〔註62〕收入《雨天的書》。

周作人更多的文章以口語體白話為基本，調以文言，形成一種非常獨特而又富有表現力的文體，請看——

> 顧鐵卿《清嘉錄》卷三上墳條下關於墓祭的事略略有考證，茲不贅。
> 紹興墓祭在一年中共有三次，一在正月日拜墳，實即是拜歲，一在十月日送寒衣，別無所謂衣，亦只是平常拜奠而已。這兩回都很簡單，只有男子參與，亦無鼓吹，至三月則曰上墳，差不多全家出發，舊時女人外出時頗少，如今既是祭禮，并作春遊，當然十分踴躍，兒歌有云，正月燈，二月鷂，三月上墳船裏看姣姣，即指此。姣姣蓋是昔時俗語，紹興戲說白中多有之，彈詞中常曰美多姣，今尚存夜姣姣之俗名，謂夜開的一種紫茉莉也。〔註63〕

這一段文字有知識與趣味的雙重統制，平淡蘊藉。敘述的是他所熟悉的故鄉習俗，自己有親身的經驗，毋需再抄書；不然的話，如果再有一兩則引文，那就是更典型的知堂後期散文的文體了。顯然，這段文字的韵味是非文言或單純的口語體白話所能傳達出來的。

我們已經進入到對知堂文體中語言問題的討論。語言是文體存在的最基本的層面，文體研究自然離不開對語言的分析和探討。

文學作品的風格最終要通過語言的方式體現出來。陳望道曾把風格分為兩相對立的四組八種：簡約和繁豐，剛健和柔婉，平淡和絢爛，謹嚴和疏放。其中，「平淡和絢爛的區別，是由話裏所用辭藻的多少而來。少用辭藻，務求清真的，便是平淡體；盡用辭藻，力求富麗的，便是絢爛體。」並說：「平淡和絢爛的區分，同修辭的手法最有關係。」〔註64〕周作人在藝術表現上是力求平淡的，從這個意義上來說可以把他的文體稱為「平淡體」。這種「平淡」，其實就是簡單。周作人曾說過，「寫文章沒有別的訣竅，只有一字曰簡單。」〔註65〕他的散文讓人想到八大山人的水墨畫，後者僅用一兩筆簡單的線條就能表現複雜的造型，達到了水墨畫簡單的極致，屬於中國文人水墨的最高境界。在中國現代散文史上，周作人的本色與徐志摩的穠麗分別為平淡與絢爛兩派的代表。不過，在周作人早期的作品中也不是找不到辭藻的——

> 我對於這些詩的印象，彷彿是散在太空裏的宇宙之愛的霞彩，被靜

〔註63〕《藥味集·上墳船》。
〔註64〕《修辭學發凡》，上海：上海教育出版社1997年12月新2版，263頁、270頁。
〔註65〕《風雨談·本色》。

之用了捉胡蝶的網兜住了不少，在放射微細的電光。〔註66〕

又如——

> 紫雲英……花紫紅色，數十畝接連不斷，一片錦繡，如鋪著華美的地
> 毯，非常好看，而且花朵狀若胡蝶，又如鷄雛，尤爲小孩所喜。〔註67〕

這些都可謂清麗詞句，它們給人的印象是薄施粉黛，不同於徐志摩用辭藻的
濃妝艷抹。不過，即使在周作人早期散文裏，這樣的例子也是極少見的。

周作人大概是同時代散文作家中較少使用積極修辭的一個，當然也不是
一味地排斥。他運用最多的是比喻和比擬。他的比喻很少如上文所引的例子
那樣用以描寫和抒情，而是多用來說理和諷刺。說理的如——

> 其實藝術裏未嘗不可寓意，不過須得如做果汁冰酪一樣，要把果子
> 味混透在酪裏，決不可只把一塊果子皮放在上面就算了事。〔註68〕

> 中國散文中現有幾派，適之仲甫一派的文章清新明白，長於說理講
> 學，好像西瓜之有口皆甜，平伯廢名一派澀如青果，志摩可以與冰
> 心女士歸在一派，彷彿是鴨兒梨的樣子，流麗清脆……〔註69〕

> 我們說看國史有如查閱先人的形狀和病時的脉案，那麼動植物也夠
> 到上說是遠年的老親，總之不是全沒有什麼關係，只有礦物恐怕有
> 點拉不上罷了。〔註70〕

作者態度平實，用比喻把一些大道理說得很清楚，並且富有情趣。諷刺的如
——

> 我每見金魚一團肥紅的身體，突出兩隻眼睛，轉動不靈地在水中游
> 泳，總會聯想到中國的新嫁娘，身穿紅布襖褲，繫著褲腿，拐著一
> 對小脚伶俜地走路。〔註71〕

> ……到了「大元帥」治下好像是疔瘡已經腫透離出毒不遠了，所以
> 減少沉悶而發生期待，覺得黑暗還是壓不死人的。〔註72〕

〔註66〕《自己的園地·情詩》。
〔註67〕《雨天的書·故鄉的野菜》。
〔註68〕《自己的園地·兒童的書》。
〔註69〕《看雲集·志摩紀念》。
〔註70〕《立春以前·十堂筆談》。
〔註71〕《看雲集·金魚》。
〔註72〕《苦茶隨筆·隅卿紀念》。

> 後人或者要哭伏波將軍何其膽怯也，可是他的態度總是很老實近人
> 情，不像後世宣傳家自己猴子似的安坐在洞中只叫貓兒去抓爐火裏
> 的栗子。〔註73〕

普通的詞語準確地傳達出諷刺的感情色彩，作者顯示出爐火純青的語言技巧。《金魚》一文的比喻與比擬相伴而用，本體和喻體之間跳躍較大，顯得有些機巧。在修辭格中，比喻同辭采最有關係，不過只有當比喻用來抒情或抒情式的描寫時才能帶來辭采，而周作人的比喻多用於說理和諷刺，顯然沒有這樣的效果。他的比喻與徐志摩的比喻迥乎不同，後者更為密集，在濃烈的情感和豐富的想像的鼓蕩下，辭采繽紛。也不同於錢鍾書所用比喻的機智和奇警，錢的散文集《寫在人生邊上》中這樣的比喻處處閃眼。在知堂談草木蟲魚的文章中，又多有比擬的手法。使用最頻繁的要數《蒼蠅》一文了，這裏顯然有著文中談到的法勃耳《昆蟲記》和小林一茶俳句的描寫手法的影響。他的比擬有時用來諷刺，也別具風采——

> 注疏家向來都說螺蠃是個老鰥夫，他硬去把桑蟲的兒子抱來繼承，
> 給他接香烟。〔註74〕

幽默風趣，讓人忍俊不禁。

在句式的選擇上，周作人也有顯著的特點。一、用與閒話風的語體相適應的散句，基本不用整句。少數的整句出現在他早期的雜文中，如《古書可讀否的問題》〔註75〕運用了對偶和結構上大體對稱的對比，《與友人論國民文學書》〔註76〕仿照別人的說法構成了由四個字數、結構相同句子構成的排比句。二、長句與短句相配合。長句結構複雜，能承載較大的信息量，表達嚴密，短處是易給人呆板、沉悶的感覺。周作人常常以短句相配合，使表達縝密又不失於自然、平易。不妨看一個例子——

> 我倒還是愛北平的冬天。春天總是故鄉的有意思，雖然這是三四十
> 年前的事，現在怎麼樣我不知道。至於冬天，就是三四十年前的故
> 鄉的冬天我也不喜歡：那些手腳生凍瘃，半夜裏醒過來像是懸空掛
> 著似的上下四旁都是冷氣的感覺，很不好受，在北平的紙糊過的屋

〔註73〕《風雨談·關於家訓》。
〔註74〕《風雨談·螟蛉與螢火》。
〔註75〕收入《談虎集》。
〔註76〕收入《雨天的書》。

　　子裏就不會有的。在屋裏不苦寒，冬天便有一種好處，可以讓人家
　　作事：手不僵凍，不必炙硯呵筆，於我們寫文章的人大有利益。北
　　平雖幾乎沒有春天，我並無什麼不滿意，蓋吾以冬讀代春遊之樂久
　　矣。〔註77〕

這是文章的最後一段，裏面有兩個長句子，句子成分較複雜，作者用逗號把
它們分割開來，這樣看來舒服，讀來不累。文字自然順勢而下，卷舒自如。
還需要說一句的是，長句和短句在知堂不同文章中的分佈是不一樣的。三、
從上面的引文中還可以看到，周作人喜用轉折、因果、強調等句式，使平滑
的文體增加一些波折，並藉以調慢語速，從而造成紆徐自然的節奏。四、少
用感歎句。周作人不喜歡強烈的感情表示，他說過：「人的臉上固然不可沒有
表情，但我想只要淡淡地表示就行，譬如微微一笑，或者在眼光中露出一種
感情。」〔註78〕感歎句相比較而言多出現在他早期的雜文中，《談虎集》總共
只有十來個，但極少是直接抒發作者情感的。也有感情強烈的感歎句——

　　若子……常以兩腕力抱母頸低語曰：「姆媽，我不要死。」然而終於
　　死了。吁！可傷已。〔註79〕

這樣極度的感情流露在周作人的文章中是絕無僅有的，非如此不足以表達愛
女夭折之痛。周作人通常不在感歎句後面加感歎符號，淡化其中的情感——

　　九頭的鳥，一足的牛，實在是荒唐無稽的話，但又是怎樣的愉快呵。

　　〔註80〕

　　《禮運》云，飲食男女，人之大欲存焉。這是一句有常識的名言，

　　多麼誠實，平常，卻又是多麼大膽呀。〔註81〕

郁達夫說周作人的文章「句句含有分量，一篇之中少一句就不對，一句之中，
易一字就不可」，〔註82〕這個說法顯得空泛，並沒有道出知堂散文的語言帶給
人的獨特享受。他的語言自然隨便，好多句子似乎說不下去他偏要往下說。
看似笨拙，卻新鮮有味。司馬長風說：「周作人自己也強調散文要『耐讀』，
要有『餘香回味』。但是依筆者看來，其散文的色彩在見解的高明，學識的淵

〔註77〕《風雨談‧北平的春天》。
〔註78〕《看雲集‧金魚》。
〔註79〕《雨天的書‧若子的死》。
〔註80〕《自己的園地‧〈鏡花緣〉》。
〔註81〕《藥堂雜文‧讀〈初潭集〉》。
〔註82〕郁達夫：《中國新文學大系‧〈散文二集〉導言》。

博以及情意的雍容，絕不在文字。他的文字既不夠洗煉，也不夠暢達。郁達夫所說『易一字也不可』顯然是溢美之詞。反之，其文章之大病端在可易文字相當多。」〔註83〕司馬氏對知堂文章恐怕並沒有讀進去，「可易之字相當多」係誇大之詞。說一個散文大家的成功在於思想內容，絕不在文體或文字，這是講不通的。不信，可以設想把知堂小品譯成外文，見解、學識等內容性因素是易於通過譯筆而傳達的，但如果不在文辭上細心揣摩，那麼不難預料譯出來的東西要如跑了氣的陳年老窖了。周作人的散文對漢字和漢文化傳統的依賴很深，而這些是難以譯成別種語文的。日本學者譯了不少知堂散文，我不懂日文，沒有讀過，但應該說譯好是非常難的事情。周作人曾說過這樣的話：「在寫文章的時候，我常常感到兩種困難，其一是說什麼，其二是怎麼說。……內容問題已經夠煩難了，而表現問題也並不比它更為簡易。」〔註84〕同時，我們也要避免走向另外一個極端，認為知堂文章之美只在於文體。他又說過：「文藝之美，據我想形式與內容要各占一半。」〔註85〕

然而，兩者在作品中並不是分離的，它們結合而成帶有作家個性印記的氣象，超越了詞、詞組、句子、語段所直接呈現的意義，來自於思想、情意與文體的表現功能的共同作用，是一種可供品賞而又難以言傳的境界。周作人在《賀貽孫論〈詩〉》〔註86〕中稱讚賀子翼對《詩經》的解說：「這裏所說道理似極平常，卻說得多麼好，顯得氣象平易闊寬，我們如不想聽深奧的文藝批評，只要找個有經驗人略給指點，待我自己去領解，則此類解說當最為有益了。」借用一下，我們可以說知堂小品文總體上呈現出平易寬闊的氣象。

（四）抄書與抄書體

抄書是周作人小品文文體最突出的標誌之一，引起的誤解也最多，它關係到對知堂文體的創造和散文創作成就的認識和評價，因此值得予以專門論述。

顯然一篇文章裏有幾則簡單的引文不能視為抄書，雖然說不好引文多到什麼程度才能這麼叫。抄書不僅出現在那些抄書體文章裏，他 1928 年以前早

〔註83〕 司馬長風：《中國新文學史》上卷，香港：昭明出版有限公司 1980 年 4 月 3 版，181 頁。
〔註84〕 《看雲集·草木蟲魚小引》。
〔註85〕 《永日集·〈桃園〉跋》。
〔註86〕 收入《秉燭後談》。

期的作品裏就有兩種抄書的情況。一種是以知識性、思想性見長的文章的抄
書。在《自己的園地》一集中，《猥褻論》以四分之三的篇幅抄錄藹理斯一篇
論文藝上的猥褻的文章，其餘的篇幅是介紹藹理斯，只有寥寥幾句評價的話。
《文藝與道德》以比《猥褻論》更多的篇幅抄引藹理斯關於文藝與道德的意
見，《歌咏兒童的文學》主要抄引清少納言《枕之草紙》中歌咏兒童的文字和
《大日本史》中關於清少納言的傳記，《〈俺的春天〉》抄小林一茶的俳文。《〈結
婚的愛〉》、《〈愛的創作〉》、《〈夢〉》抄書的部分在篇幅上不占多數，但文章的
中心是抄錄的幾本書的主要觀點。《雨天的書》中《科學小說》的主體是抄錄
藹理斯和法蘭西論童話的觀點。《談虎集》中的《薩滿教的禮教思想》、《鄉村
與道教思想》、《王與術士》抄錄英國文化人類學家莢萊則的文章，其方式與
《猥褻論》、《文藝與道德》相近。在上述文章中，《〈俺的春天〉》的抄書看重
的是所抄之書的趣味，其餘是作者認爲那些書中的思想對國人具有啓蒙的意
義。另外有幾篇文章介紹某一方面的文學知識，如《談龍集》中的《希臘的
小詩》、《希臘的小詩二》介紹古希臘的小詩，《日本的諷刺詩》介紹日本文學
中的川柳。這些文章傳達的是別人的思想和趣味，也談不上什麼文章的藝術。
另一種情況是情志體文章中的抄書，如《蒼蠅》、《菱角》等。這種文章的材
料既來自抄書，同時個人的生活經驗也佔了相當大的比重。抄的材料突破了
作家生活經驗的局限，豐富了文章的知識和趣味，其藝術效果有點類似於園
林上的「借景」。園外有景妙在借，如頤和園就巧妙地運用了「借景」的手法，
使西山群峰、玉泉寶塔與園內之景組成了一幅自然美麗的畫面；又如蘇州留
園的冠雲樓也遠借了虎丘山景。西山、玉泉塔和虎丘都非園內之景，而巧妙
的「借景」則使園林大爲增色。也許周作人不同的抄書之作都帶有某種「借
景」性質。

　　知堂抄書還有一個特殊的抄法——把譯文全篇收入自己的文集，不別列
爲附錄。這樣的文章《談龍集》中有《〈希臘神話〉引言》和《〈初夜權〉序
言》，《藝術與生活》中有《論左拉》、《陀思妥也夫斯奇之小說》、《俄國革命
之哲學的基礎》，《永日集》中有《論山母》、《在希臘諸島》、《平安之接吻》、
《訪問》、《藹理斯〈感想錄〉抄》等五篇。這些篇中，除了《平安之接吻》
外，後面均有譯者附記，介紹有關的背景材料，或略談自己的感想。爲什麼
要把這些文章視若己出呢？周作人有自己的理由：「我相信翻譯是半創作，也
能表示譯者的個性，因爲眞的翻譯之製作動機應當完全由於譯者與作者之共

鳴。」〔註87〕他又解釋道：「我有一種偏見，文字本是由我經手，意思則是我所喜歡的，要想而想不到，欲說而說不出的東西，固然並不想霸占，覺得未始不可借用。正如大家引用所佩服的古人成句一樣，我便來整章整節地引用罷了。」〔註88〕

我著重要談的是知堂抄書體文章的抄書，這種文章佔了他在 1929 年到 1945 年間所創作散文的大多數。這裏也有兩種情況。

其一，主要抄一種書，如《〈蘭學事始〉》、《〈顏氏家訓〉》、《〈論語〉小記》、《〈老學庵筆記〉》、《〈廣陽雜記〉》、《無生老母的信息》〔註89〕等。這種文章通常以所抄之書的名字作為標題。《顏氏家訓》、《論語》、《老學庵筆記》、《廣陽雜記》都是作者心愛之書，有關的幾篇文章從《〈廣陽雜記〉》中可以略見一斑。該文抄錄了《廣陽雜記》的十七節，介紹清代學者劉獻廷為學的方法以及在實際中的表現，對瑣事的談論，遊記小文中對各地風物的記敘，均可見出原書作者思想明通、氣象闊大的特點，特別是經過作者的引導、評點，更能使讀者領會其佳勝處。《顏氏家訓》、《論語》雖是普通常見的著作，所抄的章節也是人們所熟知的，但作者有自己的見解，並融入自己對世事人心的感慨。這些文章往往並無一以貫之的主題思想，如果想加之以「形散神不散」的要求肯定要碰釘子的。寫此類文章，作者像出色的導遊，總是引導讀者在佳勝處留連，無關緊要處一筆帶過。這樣的文章又像是作者妙手穿成的珠串，那線卻是自己的。《〈蘭學事始〉》和《無生老母的信息》與這些文章不同，它們的抄書是為了得出某種結論。在前一篇中，作者介紹了日本杉田玄白與前野良澤苦心譯讀荷蘭解剖學書的故事，於是又聯想到清代著《醫林改錯》的王清任到義冢觀察人體的經歷，對比了中日兩國在學問上求智識活動上的差異，窺見中國在近代化道路上失敗的原因。文章的成功主要靠的是思想，同時手段也很高明，只是到了一種出神入化的境界。像無生老母崇拜這類民間信仰的資料殊不易得，在《無生老母的信息》中，作者從黃任谷編刊於道光年間的《破利詳辯》中輯錄有關資料，談了紅陽教的立教傳道情況、科學神話、儀式和教義、經文的製造等，使讀者對這一民間信仰有了較完整的瞭解。

〔註87〕《藝術與生活·自序》。

〔註88〕《永日集·序》。

〔註89〕《〈蘭學事始〉》、《〈顏氏家訓〉》收入《夜讀抄》，《〈論語〉小記》收入《苦茶隨筆》，《〈老學庵筆記〉》收入《秉燭談》，《〈廣陽雜記〉》收入《立春之前》，《無生老母的信息》收入《知堂乙酉文編》。

特別是對老母崇拜的原因的分析尤見深度，他說這一信仰其初是出於農民痛苦的呼號，並從精神分析的角度指出人們無意識中「以早離母懷爲遺恨」的對母愛的追慕。精湛的理解顯示出作者深厚的學養，那平正通達又是知堂文堂一貫的作風。

其二，圍繞一個中心抄引多種書籍，如《鬼的生長》、《關於俞理初》〔註90〕、《賦得貓》等。關於鬼的載籍可謂多矣，作者選取了鬼的生長這樣一個小題目。《鬼的生長》先引紀昀《如是我聞》中的故事，這是說鬼不生長的，再引宋邵伯溫《聞見錄》說鬼生長的故事，再重點抄錄清錢鶴岑《望杏樓志痛編補》中記錄其與夭折子女乩談的日記。作者說：「《望杏樓志痛編補》一卷爲我所讀過的最悲哀的書之一」，故所抄日記中可見出人生的至痛。周說他不信人死有鬼，卻相信鬼後有人，鬼爲生人喜懼願望的投影。所以，他以理解、同情的態度去談鬼，其幽默、親切給文章添了幾分暖色。鬼的材料富有趣味，頗適合於小品文。俞正燮爲周作人所佩服的漢代以後的三個中國古代思想家之一，《關於俞理初》引用多部前人著作中對俞生平、性格、學問的記載，抄錄俞氏爲婦女說話的言論和對於古人種種荒謬處的指摘，給予高度的評價，還以蔡元培的評價相佐證。作者的話很少，他的意見往往寓於所引材料之中，只是於關鍵處站出來略加點評。不長的一篇文字以簡筆勾勒出一位古代思想家的肖像，事實與文情俱在。《風雨談》中的《關於傅青主》與此文類似，不過前者抄別人的話只有兩三處，主要引傅山自己的言論。《賦得貓》作於 1937 年 1 月，作者在文中說數年前他就有意寫一篇講貓的文章，然而遲遲沒有動筆，從他的介紹中看，其原因是關於貓的資料太多，沒有找到一個契入點。現在終於找到了「貓與巫術」的角度，這與鬼的生長很相似，從此也可略知抄書體文章的不易。先由霽園主人著的《夜談隨錄》中引出一件巫蠱案，焦點爲其中的老姨與貓的關係。後面引錄了六部西方文化人類學著作中關於貓與巫術關係的記載和觀點，說明貓是老姨的畜養使。作者並不急於得出這個結論，而是展出了幾本書中談論的西歐貓祭、燒貓的習俗及中古時代的巫術案，並由西歐的巫術案聯繫到中國的文字獄、思想獄，認爲它們都是同一類。這樣就從對貓與巫術關係的具體的談論上升到文化批判的高度。文章中提及的書不算，直接抄錄過的就有十部之多。

以上兩種抄書文章多數沒有一以貫之的主題思想，所以往往沒有結構上的起承轉合，整篇文章給人的感覺像是雲連諸峰。文中的材料豐富有趣，但

〔註90〕以上二文分別收入《夜讀抄》、《秉燭談》。

不像波浪似的能把文情推向高潮。通篇追求自然渾成的效果，幾千字的文章只粗略地分爲幾大段。爲了不致於使全篇顯得密不透風，給人以壓迫感，令人望而生畏，他把每則引文的首句都另起一行，前空二字，這樣外觀上就變得疏密有致，很好看了。文章後面還多有附記，甚至有好幾則附記。一般是文章寫好後，又有與文章相關的新材料發現，便抄錄於後。如果文章已發表，則在收入集子編校時加入。這也是他抄書的一法。

　　抄書體的文章也有讓人不滿意的地方，有的話一再抄引。甚至還一再抄引自己的話，這尤其是在其抗戰後期所寫的帶有自我總結性質的文章中比較突出，他想勾勒出自己一貫的思想傾向，其中有爲自己附敵辯護的意思。不過也有這種情況：他對作者某部書或其中的某些言論以及別人的評價感興趣，故加以引用。後來又進一步搜求這位作者的其它著作或有關資料，寫出專門談論的文章，那麼以前曾抄引過的話就有可能被再次抄引了。如《關於俞理初》中抄錄的李慈銘評俞正燮「好爲婦人出脫」的言論以前就曾被多次稱引過。這種情況是可以理解的。抄書之作也非篇篇都好，像《秉燭談》中的《〈人境廬詩草〉》、《藥味集》中的《再談俳文》，本來可以做成專門論文，可是寫成散文讀來不免有些沉悶乏味。

　　周作人的「抄書」有什麼來源呢？我認爲他的抄書方式的源頭是中國傳統的筆記。周作人在《〈曝背餘談〉》〔註91〕中指出：「普通筆記的內容總不出這幾類：其一是衛道，無論談道學或果報。其二是講掌故，自朝政科舉以至大官逸事。其三是談藝，詩話與志異文均屬之。其四是說自己的話。四者之中這末一類最少最難得，他無論談什麼或談得錯不錯，總有自己的見識與趣味，值得聽他說一遍，與別三家的人云亦云迥不相同。」他又說他把看尺牘的眼光移了去看筆記。〔註92〕過去對筆記的正統的意見是必須「軼聞舊典往往足備考證」〔註93〕，筆記作者往往缺乏爲文的自覺，缺乏「見識與趣味」。周作人正是把類似於筆記中內容的材料以散文的手段融合起來，成爲獨立的製作，既有廣徵博引，亦備見識趣味。古人廣徵博引的筆記如爲周作人在《俞理初的詼諧》〔註94〕一文中全文引錄並大加稱讚的，俞正燮《癸巳存稿》卷四中的《女》──

〔註91〕收入《秉燭談》。
〔註92〕《秉燭談‧談筆記》。
〔註93〕這是清人譚獻的觀點，可見《秉燭談‧〈老學庵筆記〉》。
〔註94〕收入《秉燭後談》。

《白虎通》云：女，如也，從如人也。《釋名》云：女，如也，青徐州日姁。忓也，始生時人意不喜，忓忓然也。《史記‧外戚世家》，褚先生云：武帝時天下歌曰，生男勿喜，生女勿怒。《太平廣記》，《長恨歌傳》云：天寶時人歌曰，生男勿喜歡，生女勿悲酸。則忓忓然怒而悲酸，人之常矣。《玉臺新咏》，傅玄《苦相篇》云：苦想身爲女，卑陋難再陳。男兒當門户，墮地自生神，雄心志四海，萬里望風塵。生女無欣愛，不爲家所珍，長大避深室，藏頭羞見人。垂泪適他鄉，忽如雨絕雲。低頭私顏色，素齒結朱唇，跪拜無復數，婢妾如嚴賓。情合同雲漢，葵藿仰陽春。心乖甚水火，有庆集其身。玉顏隨年變，丈夫多好新，昔爲形與影，今爲胡與秦。胡秦時一見，一絕逾參辰。此諺所謂姑惡千辛，夫嫌萬苦者也。《後漢書》曹世叔妻傳云：女憲曰，得意一人是謂永畢，失意一人是謂永訖，亦貴乎遇人之淑也。白居易《婦人苦》詩云：婦人一喪夫，終身守孤子，有如林中竹，忽被風吹折，一折不重生，枯死猶抱節。男兒若喪婦，能不暫傷情，應似門前柳，逢春易發榮，風吹一枝折，還有一枝生。爲君委曲言，願君再三聽，須知婦人苦，從此莫相輕。其言尤藹然。

《莊子‧天道篇》云：堯告舜曰，吾不虐無告，沒廢窮民，苦死者，嘉孺子而哀婦人，此吾所以用心也。《書‧梓材》：成王謂康叔，至於敬寡，至於屬婦，合由以容。此聖人言也。《天方典禮》引謨罕墨特云：妻曁僕，民之二弱也，衣之食之，勿命以所不能。蓋持世之人未有不計及此者。

總共約六百字，談了「女」字的辭源，又引古人的言語、詩歌等談女人之苦，互相印證。引文就有十處之多。對資料的搜集與使用的方式與知堂文章很接近。周作人說：「俞君不是文人，但是我讀了上文，覺得這在意思及文章上都很完善，實在是一篇上乘的文字。」但若以小品文的標準來看，這篇文字還是顯得拘謹了些，情趣稍遜。

抄書體文章引起的誤解最多。人們一般認爲周作人在這些文章裏只抄古書，不發表意見，更談不上什麼藝術性，是周作人散文進入衰敗時期的表徵。從 1949 年前開始迄今，這一直是學術界流行的觀點。不過，現在這一觀點受

到了質疑。〔註95〕人們還習慣於用衡量一般小品文的標準來評周作人的抄書之作，看來要想估量它們的眞價，首先要求研究者換一副眼光。

周作人自己曾進行過一些辯解。解放後他在致香港友人的信中說：「語堂係是舊友，但他的眼光也只是皮毛。他說後來專抄古書，不發表意見，此與說我是『文抄公』者正是一樣的看法，沒有意見怎麼抄法？如關於『遊山日記』或『傅青主』（皆在風雨談內），都是褒貶顯然，不過我不願意直說，這卻是項莊說的對了。」〔註96〕早在 1935 年，針對有人稱他爲「文抄公」，他解釋道：「不佞之抄卻也不易，夫天下之書多矣，不能一一抄之，則自然只能選取其一二，又從而錄取其一二而已，此乃甚難事也。」他又進一步申述披沙揀金之苦：「孤陋寡聞，一也。沙多金少，二也。若百中得一，又於其百中抄一，則已大喜悅，抄之不容易亦已可以不說矣。故不佞抄書並不比自己作文爲不苦，然其甘苦則又非他人所能知耳。語云：學我者病，來者方多。」〔註97〕60 年代，他談自己說鬼的不易：「問題固然是不好搞，但是主要的原因卻也是因爲材料實在是難得，這些材料全都是散在古今的雜書裏，第一要有閒工夫來雜亂的看書，才能一點點的聚集起來，第二是要有這許多書籍，這卻是一件難事。」〔註98〕這裏講的還只是作文前的材料的準備，此外還要選擇角度，提煉觀點，剪輯材料，謀篇布局，也都非易事。

文載道曾模仿過周作人的抄書體文章，出版有散文集《文抄》〔註99〕等。《文抄》的出版得到過周作人的幫助，並由他作序。文載道在該書的《跋》中抄錄了周作人給自己的信札，連略去的文字都細加說明，由此可見對知堂的心儀。不僅文章的格調，就是連文章的名字也有意模仿。可是，同樣是抄書，周往往抄少見之書，文所抄的書則普通，不少書還是周作人引用過的，或者乾脆就是周的文章。抄書需要眞知灼見，而這正爲文載道所缺乏，他的不少作品因此顯得有些鬆鬆垮垮。文體的創造意味著一個作家找到了一個獨

〔註95〕在 80 年代以來的周作人研究中，舒蕪在《周作人概觀》(《中國社會科學》1986 年第 4 期、第 5 期) 一文裏最早肯定周的抄書之作爲古今未有的一種創體，他後來在別的文章中繼續申明這個觀點。

〔註96〕1965 年 4 月 21 日致鮑耀明，見《知堂晚年手札一百封》。

〔註97〕《苦竹雜記・後記》，他解放後在《關於日本的落語》（收入陳子善編《知堂集外文・四九年以後》）一文中也說過類似的話。

〔註98〕《鬼念佛》，收入《知堂集外文・四九年以後》。

〔註99〕北平：新民印書館 1944 年 11 月。

特的對世界的發言方式，形成文體的深層機制在於他的人生經驗、情感方式和審美理想等。在周作人的抄書體的背後是作家整個的以讀書爲安身立命手段的生活方式本身，從這一點上來說，這種文體是難以模仿的。文載道之失正印證了鳩摩羅什的話：學我者病。

知堂文體的成功依賴於他的讀書生活。在《我的雜學》中，周作人稱自己的學問爲「雜學」，讀書的方式是「雜覽」。這兩個詞分別出自《儒林外史》第四十九回高翰林與第十八回衛舉人的話，「雜」是相對於作爲封建文人正業的八股文而言的。周作人的借用強調了對封建正統思想的背叛，顯示了一代讀書人新的胸襟和見識，同時在一定程度上也含有對他所謂新式八股的諷刺。他的「雜學」的中心是以個人主義和人道主義爲核心的「人學」思想，他以「人學」思想爲中心建立了自己的知識結構。他在《我的雜學》中總結了自己的讀書生活，古今中外，自然人文，內容極爲豐富。把他所列的書名與其他現代作家相比較，可見他走的完全是個人的寂寞的路。正因爲讀書多，所以涵養了性情和趣味，避免了褊狹和淺薄；正因爲有穩定的思想態度，所以無論讀書什麼書，都能進能出，不失自己的立足點和判斷力，沒有頭巾氣。

他讀書頗雜，這對成就一位以談天說地見長的小品文大家特別重要。前人的筆記是他所讀書中最有特色的部分之一，其中他讀的最多的是清人的筆記。他在《談筆記》〔註100〕一文中說：「我所想看的目下暫時近三百年爲準，換句話說差不多就是清代的。」一個舊時代剛剛終結，他一度站在了新時代的浪尖上，可很快時代的浪潮又把他掀在了一邊，生活在北京這樣的文化古都，使他有便利、有時間以一個現代知識分子的平正、明達的態度，去搜求、介紹、總結前人的筆記。他從前人的筆記中汲取了思想和藝術的營養，同時筆記中的材料又特別適合進入小品文。

周作人在資料的搜求上也有自己的特點。他有幾種主要的搜集資料的方法──因類以求：他曾搜集試帖詩達一百種左右，尺牘書大約一百二十種，清代越人著作三百五十種〔註101〕；因人以求：購得日本民俗學家柳田國男的著述新舊大小二十五種，差不多是他的全部著述，有藹理斯的書二十六冊，他喜愛《顏氏家訓》和陶淵明的詩，收有《顏氏家訓》十一種版本和陶集二

〔註100〕收入《秉燭談》。
〔註101〕分別見《瓜豆集‧再談試帖》、《秉燭談‧談筆記》、《書房一角‧〈桑下叢談〉小引》。

十種〔註102〕；因代以求：如搜求清人的筆記。他搜集資料近於竭澤而漁，實在讓人欽佩。在剛過去不久的那個世紀中，像周作人這樣求書讀書，孜孜矻矻地從事學問建設的知識分子可謂寥若晨星，我們有過太多的喧囂和浮躁。

〔註102〕分別見《苦竹雜記‧〈幼小者之聲〉》、《苦茶隨筆‧藹理斯的時代》、《夜讀抄‧〈顏氏家訓〉》、《苦口甘口‧陶集小記》。

八、知堂書信

（一）「書」與「信」

　　書信在中國現代文學發軔之初就受到了青睞。《新青年》自創刊號起即設通信欄，由「記者」回答讀者的問題，隨著新文化運動的逐漸深入，涉及的內容越來越廣泛，並由單純的答問發展到對重要問題的討論。到1918年1月的第4卷第1號，通信欄中的稿件開始單列標題，獨立成篇。以後的《新青年》除少數幾期外，絕大多數都有通信，或申訴，或辯論，涉及語言文字、文學藝術、社會問題、倫理道德、政治法律諸方面的內容。1918年3月出版的第4卷第3號以《文學革命之反響》為題發表了錢玄同、劉半農的「雙簧信」，錢玄同化名王敬軒，以封建衛道士的口吻，用文言歷數《新青年》同人的罪狀，劉半農則在回信中逐條批駁，嬉笑怒罵，痛快淋漓，成為新文化運動中的名文。《新青年》的這個傳統後來被許多現代的雜誌和報紙副刊所繼承。

　　文人們也頗喜歡書信，從1920年代到1930年代中期作家書信集的出版蔚然成風，特別是在1930年代中期，書信成為小品文熱中的一道風景。田漢、宗白華、郭沫若的充滿了「五四」青春氣息的《三葉集》，於1920年出版，是第一本現代作家的書信專集。冰心先在《晨報副刊》上發表，後於1926年結集出版的《寄小讀者》，以清新婉麗的文筆，贏得了廣泛的讀者。20年代末、30年代初，一批作家的情書集競相出版，計有：蔣光慈、宋若瑜的《紀念碑》，盧隱、李唯健的《雲鷗情書集》，朱雯、羅洪的《戀人書簡》，魯迅、許廣平的《兩地書》，白薇、楊騷的《昨夜》，朱湘的《海外寄霓君》等。30年代，又出版了一批作家的書信專集：《衣萍書信》、《周作人書信》、《沫若書信集》、《朱湘書信集》。

在現代作家中，帶著濃厚的興趣和自覺寫作書信，並在這方面取得突出成就的，周作人恐怕要算作第一人。他的書信集最多，《周作人書信》由他本人編訂，1933 年 7 月青光書局出版（實即是北新書局版）。《周作人晚年手札一百封》，影印 1964 年至 1966 年香港友人鮑耀明的一百封信的手迹，香港太平洋圖書公司 1972 年 5 月出版。《周曹通信集》（兩輯）也是影印手迹，1973 年 8 月香港南天書業公司出版。雖然署周作人、曹聚仁著，但只有周作人信一百九十四封，其中致曹聚仁信八十二封，致鮑耀明信一百一十一封（《周作人晚年手札一百封》的內容全部在內），致朱樸（字樸之，號省齋）信一封。按內容共分「論辨駁斥」、「求援請助」、「請託轉達」、「查詢問答」、「訴述狀況」、「懷念感謝」六類。1966 年 2 月 19 日致鮑耀明的信收「求援請助」一類中，又重複收在「訴述狀況」中，故鮑耀明的信只有一百一十封，全書事實上也只有一百九十三封信。香港南天書業公司 1971 年 1 月出版有《知堂書信集》，除了影印周作人晚年致鮑耀明的十二封信、致曹聚仁的二十八封信的手迹外，餘悉為青光版《周作人書信》的內容。張挺、江小蕙編《周作人早年佚簡箋注》，四川文藝出版社 1992 年 9 月版，收錄周作人從 1925 年至 1936 年間致江紹原信件一百一十封。本書以周作人致江紹原信及箋注為正文，附錄江紹原致周作人信。其中一百 0 八封書信手迹影印收入江小蕙編《江紹原藏近代名人手札》（含部分信封），中華書局 2006 年 10 月出版。黃開發編《知堂書信》，華夏出版社 1994 年 9 月版，採取周作人自編《周作人書信》的分類，把他的書信分為書牘文和尺牘兩編，包括了青光版《周作人書信》的全部內容，還收錄了一百餘封在香港出版或發表的尺牘。《周作人、俞平伯往來書札影眞》，北京圖書館出版社 1999 年 6 月版，彩色影印周作人、俞平伯往來書信手稿，十六開線裝影印，函裝上下兩冊，每冊前插有照片三幀。印製考究，堪稱豪華，定價 2000 元。書信大多為首次公開，既有研究的價值，又是收藏的精品。鮑耀明編《周作人與鮑耀明通信集》，河南大學出版社 2004 年 4 月版，收錄周作人於 1960 年至 1966 年間與香港友人鮑耀明來往書信七百四十五封，同時錄入周作人晚年相關日記八百三十七則。此書是 1997 年 10 月鮑氏自編自費由香港眞文化出版公司印行的《周作人晚年書信》的重印本，新書由王世家校訂，書末附有《校讀記》，是一個較初版本更為完善的版本。周作人尚未入集的書信還有很多，其中一部分散見於解放前的報刊和解放後的香港期刊，一部分尚在個人手中。曹聚仁在《知堂回想錄》裏的《校讀小

記》中說他手邊存有三百多封周作人的信，顯然絕大多數尚未刊行。

在書信理論方面，周作人也做出了貢獻。他從自己的文學批評標準出發，高度評價了尺牘的價值：「日記與尺牘是文學中特別有趣味的東西，因爲比別的文章更鮮明的表現作者的個性。」「中國尺牘想來好的很多，文章與風趣多能兼具，但最佳者還應能顯出主人的性格。」〔註1〕魯迅也說過：「從作家的日記或尺牘上，往往能看到比看他的作品更其清晰的意見，也就是他自己的簡潔的注釋。」〔註2〕周作人在《周作人書信·序言》中把書信分爲兩部分，一是「書」，二是「信」，「大抵書乃是古文之一種，可以收入正集者，其用處在於說大話，以鏗鏘典雅之文詞，講正大堂皇的道理，而尺牘乃非古文，桐城義法作古文忌用尺牘語，可以證實。尺牘即所謂信，原是不擬發表的私書，文章也只是寥寥數句，或通情愫，或敘事實，而片言隻語中反有足以窺見性情之處，此其特色也」。這封信是帶著對當時左翼革命文學的不滿情緒的，他顯然是把書信看成與「載道派」對立的「言志派」文字的代表，文中流露著諷刺之意；除開這些，周從寫作意圖出發所作的分類還是很有理論價值的，有助於把握書信的特點，儘管有時候這種區分難以做到涇渭分明。

下面我就採用周作人的分類，把他的書信分爲書牘文和尺牘兩類來考察。

（二）書牘文

書牘文在中國文學史上具有悠久的傳統，最早可以上溯到春秋戰國時代，歷代都有一些膾炙人口的名文。中國現代文學史上的書信集雖然很多，但大多數可以歸入尺牘類，它們引起讀者重視的往往不是文章之美，而是其它因素。周作人的尺牘文大多寫在 1924 年到 1928 年，發表在當時一些著名的報刊上。這時周作人爲《語絲》的編者，在《語絲》上發表有大量的書牘文，它們在內容和文風上可以視爲《新青年》上書信的繼續。他的散文可分爲雜文和小品散文兩路，他的書牘文也有這兩種趨向。

周作人《語絲》時期的許多書牘文和他同時期的雜文一樣，表現出廣泛的社會批評和文化批評的傾向。他從個人主義和人道主義思想出發，批判國民性，積極從事新道德的建設；又積極介入現實鬥爭，在文化界與其他人士一起主持正義，譴責軍閥斬決學生，對國民黨在「清黨」事件中殘虐地殺人

〔註1〕《雨天的書·日記與尺牘》。
〔註2〕《且介亭雜文二集·孔另境編〈當代文人尺牘鈔〉序》。

表示極大的憤慨。他感到中國人缺乏寬容精神，力倡寬容，認為社會制裁的寬嚴以文化進步的高低成比例。他說：「中國自五四以來，高唱群眾運動社會制裁，到了今日變本加厲，大家忘記了自己的責任，都來干涉別人的事情，還自以為是頭號的新文化，真是可憐憫者。我想現在最要緊的是提倡個人解放，凡事由個人自己負責去做，自己去解決，不要閒人在旁吆喝叫打。」〔註3〕這是「五四」個性解放文化主題的繼續。

1925年北京發生女師大風潮，周作人與魯迅、錢玄同等著名的教授一起，站在參加學潮的學生一邊，寫下了不少義正言辭的戰鬥文字。後來由於思想和審美理想的變化，不少文章因為太正經，涉及個人，有太多他所不滿的所謂「浮躁淩厲」之氣而沒有被收進文集。《與友人論章楊書》〔註4〕就是一篇正面抨擊女師大校長楊蔭榆和教育總長章士釗的言辭激烈的文字。他寫道：「我們現在對於學問藝術沒有什麼野心，目下的工作是想對於思想的專制與性道德的殘酷加以反抗。」對思想專制與性道德的殘酷的反抗，是他本時期雜文、和雜文一路的書信的兩大基本主題，也是他進行社會批評和文化批評的最富有個人特色的部分。

對思想專制的反抗武器是他的以個人主義和人道主義為基礎的自由主義思想。《條陳四項》、《訴苦》〔註5〕兩篇都是一本正經地說反話，諷刺現實社會缺乏言論的自由。他還反對以政治運動來強制個人思想。1922年，中國有一個「非基督教非宗教大同盟」的運動，陳獨秀積極參加，而以周作人為首的五教授（還有錢玄同、沈兼士、沈士遠、馬裕藻）則發表宣言，反對這個運動以群眾的壓力干涉個人思想信仰的自由。於是，他們之間就爆發了一次公開的論戰。《周作人覆陳仲甫先生信》是這次論戰的一個重要組成部分，其中捍衛的就是思想自由的原則。〔註6〕

周作人主張自然健康的性道德，反對以善惡的判斷來談論兩性的關係，以性科學的觀點反對玄學的性愛觀，從文化人類學的角度揭露社會上的假道學們的野蠻思想。在《答張嵩年先生書》〔註7〕中，他對於喜歡用蕩檢踰閒來

〔註3〕《談虎集‧一封反對新文化的信》。
〔註4〕1925年8月12日《京報副刊》第236號。
〔註5〕均收入《談虎集》。
〔註6〕參閱本書第9頁。
〔註7〕1925年8月21日《京報副刊》第245號。

誣衊女學生的楊蔭榆、章士釗，以輕薄的言行侮辱女學生的劉百昭，與說女學生可以叫局的陳西瀅，大加排擊。

他倡導男女人格上的平等。社會上有男人對於愛過他們而又變了心的女子採取極端的做法，有的奪其生命，有的毀其名譽，周作人指出這是不承認女子有獨立人格的表現，是封建禮教三從之說的延續。〔註8〕

《北溝沿通信》〔註9〕較系統地表達了他對於婦女性的解放的觀點。他對婦女問題頗為關切，說：「因為我的妻子和女兒們就都是女子，而我因為是男子之故對於異性的事自然也感到牽引」，這正是其人道主義思想的表現。與他靈肉統一的人性觀一致，他反對古代教徒說女人是惡魔，女性崇拜者頌揚女人為聖母，指出這都是變態的心理的表現。他要求充分尊重女性與男性的性別上的差異，「現代的大謬誤是在一切以男子為標準，即婦女運動也跳不出這個圈子，故有女子以男性化為解放之現象，甚至關於性的事情也以男子的觀點為依據，讚揚女性之被動性，而以有女子性心理上的事實為有失尊嚴，連女子自己也都不肯承認了。其實，女子的這種屈服於男性標準下的性生活之損害決不下於經濟方面的束縛」。我們不得不佩服周作人在這方面的敏銳與明達，回顧中國現代婦女解放的道路，不正有過以男性化為婦女解放標誌的教訓嗎？

30 年代中期，就在抗戰爆發的前一年，周作人還寫了兩篇《讀日本文化書》、《讀日本文化書》（其二）〔註10〕。一方面充分肯定日本有值得研究的獨特文化，一方面又抨擊日本在中國面前現出的「吃人相」和採取的「卑鄙齷齪的方法」。但他不是從二者的對立統一中去認識日本文化和日本人的民族性格，而是說：「一個民族的代表可以有兩種，一是政治軍事方面的所謂英雄，一是藝文學術方面的賢哲。」「我的意思是，我們要研究，理解，或談日本的文化，其目的不外是想找出日本民族代表的賢哲來，聽聽同為人類同為東洋人的悲哀，卻把那些英雄擱在一旁，無論這是怎樣地可怨恨或輕蔑。」明明知道國難當頭，卻說出這樣迂腐的話，實在可笑得很。

周作人小品散文一路的書牘文中有一些是現代散文史上的名作，如《苦

〔註 8〕見《溝沿通信》、《溝沿通信之二》、《溝沿通信之四》，分別載 1924 年 8 月 25 日、8 月 27 日、9 月 7 日《晨報副刊》。
〔註 9〕收入《談虎集》。
〔註10〕均收入《瓜豆集》。

雨》、《山中雜信》、《烏篷船》等篇。《苦雨》〔註11〕作於 1924 年夏，作者由北京的多雨，想到南方水鄉的雨，想像著受信人所在的長安道上的雨，可謂天南地北。北京八道灣接連的苦雨，淋塌了圍墻，雨水進了書屋，他的生活失去了安寧。可他在苦雨中，又沒忘記欣賞孩子們在水中的嬉戲和蛤蟆的叫聲。當時作者和許多知識分子一樣，在「五四」退潮後經歷了夢醒了無路可走的悲哀，此文曲折地寫出了他「苦雨」中的心境。《山中雜信》〔註12〕是作者在北京西山養病時所作，內容十分駁雜，有和尚們的生活，買汽水人的爭執，對蒼蠅的態度所反映的情與知的衝突，由提著鳥籠的遊客引發的對佛經博大深厚的慈悲精神的讚美，自己在歧路面前的徬徨，對啓發民智的思考，等等；這些都是作者的所見所聞、所思所感，反映了他當時多變的心境和矛盾的思想。《烏篷船》〔註13〕寫的是作者故鄉的風物，他把烏篷船的特點和種種好處娓娓道來，讀者彷彿眞地悠然地坐在船上，「看看四周物色，隨處可見的山，岸邊的烏桕，河邊的紅蓼和白蘋，漁舍，各式各樣的橋」。或者雇一隻船到鄉下看魯迅小說裏面描寫過的社戲，瞭解中國舊戲的眞趣味，領略這蕩漾心胸的水鄉情韵。作者是熟悉自己的故鄉的，隨著他的指點，浮現在我們眼前的是一幅清麗淡遠的水鄉畫面。

那麼，周氏的書牘文與他的一般散文相比有什麼不同的特點呢？其一，它們有很強的針對性。雜文一路的書牘文針對具體的問題，進行說明、商討或辯駁。《語絲》中的數十篇書信大都是作爲編者的周作人對讀者來信的回覆，來信的人與他的關係不一樣，有朋友，有一般讀者，也有反對者，他的態度就自然有別，或平實或戲謔或嚴正。篇幅也長短不一，長的兩三千字，短的只有百十來字。小品散文一路的書信，由於「受信人」是確定的，所以這些文章也就有了一種確定的情感基調。其二，取材和表現的自由。在內容上無所限制，海闊天空，表現上可以隨物賦形，騰挪自如。再譬如《語絲》上的那些書信，既然內容不一樣，受信人不一樣，態度不一樣，那麼寫法也就不一樣。書信毋需緊緊圍繞一個中心，自然隨便，這正與小品散文有一種本質上的契合。《山中雜信》中那麼駁雜的內容，大概只有用書信體才能把它們凝聚成一個藝術的統一體。《烏篷船》最初在 1926 年 11 月 27 日《語絲》第

〔註11〕收入《雨天的書》。
〔註12〕收入《雨天的書》。
〔註13〕收入《澤瀉集》。

107 期上發表時，虛擬了一個叫「光榮」的「受信人」，當該文收入《澤瀉集》時，這個「受信人」改成「子榮」了，而「子榮」則是周作人自己曾用過的一個筆名。可見用書信體寫這篇抒情文純粹是從藝術上考慮的。確實，書信體的形式對這篇名文的成功也起了關鍵的作用。作者先說明烏篷船是他故鄉的風物，這樣他就建立了某種權威，有了自由地描寫與敘述的「權力」，他先寫烏篷船的特點，然後以烏篷船的視點，精心地選擇了幾幅富有水鄉特徵的畫面，內容之間隨著發信人口氣的變化，過渡自如，隨便灑脫。其三，親切感。這當然限於和關係較好的人通信。在《苦雨》、《山中雜信》、《烏篷船》中，讀者與作者的距離拉近了，彷彿置身於第二人稱作者的老朋友的位置，聽他訴說，如臨其境，倍感親切。冰心也曾說過：「我覺得用通訊體裁來寫文字，有個對象，情感比較容易著實。同時通訊也最自由，可以在一段文字中，說許多零碎有趣的事。」〔註 14〕道理是一樣的。

（三）尺牘

周作人特別鍾愛尺牘，尤其是蘇軾、黃庭堅和明清人的短札，寫過《日記與尺牘》、《〈五老小簡〉》、《關於尺牘》、《再讀尺牘》等文對這類文字加以介紹，還精心保存了許多同時代人的來書。在《〈五老小簡〉》〔註 15〕中他說：「尺牘向來不列入文章之內，雖然『書』是在內，所以一個人的尺牘常比『書』要寫得好，因為這是隨意抒寫，不加造作，也沒有疇範，一切都是自然流露。」

由於處境等方面的原因，周作人在 1949 年前後的尺牘迥乎不同。在 1949 年前的信中，給許壽裳的多是老朋友之間的問詢往來，致胡適的信涉及爭論、規勸等內容，至於致施蟄存、汪馥泉、趙家璧只是一般性的應酬了。江紹原是在周作人面前執弟子禮的朋友，他的專業是文化人類學，所以給他的信多是關於文化人類學方面的內容，這表示出周作人的工作的一個重要方面。

1949 年前最引人注目的是收入《周作人書信》的給他三個得意門生俞平伯、廢名和沈啓無（後背叛師門）的短札。這七十七封短札是經過精心挑選的。周在《〈周作人書信〉序信》中作過解釋：「挑選的標準只取其少少有點感情有點事實，文句無大疵謬的便行，其辦理公務，或雌黃人物者悉不錄。」

〔註 14〕《〈冰心全集〉自序》，收入《記事珠》，北京：人民文學出版社 1982 年 1 月。
〔註 15〕收入《夜讀抄》。

其中好像沒有哪一封是非寫不可的。內容也就是邀朋友聚談，傳遞幾個至交之間的消息，文稿、尺幅的往來，購書及讀書所得，談禪說夢之類，殊少烟火氣。據阿英在《俞平伯》〔註16〕一文中所記，一次林語堂拿周作人的信和一篇明人的手迹給他看，謂周不僅文章學明，就是字也在學明。難怪阿英說：「讀最近出版的周作人短信，宛如置身於深山冰雪之中，大有『無思無爲，世緣都盡』之感。彷彿在讀魏晉的『雜帖』，也彷彿在欣賞東坡山谷的『短箋』。稱之爲『現代的古文』，我想再沒有比這更適當的了。」「作者的生活，完全是『古隱逸之士』的生活。」〔註17〕

1930 年 12 月 20 日致俞平伯的信主要內容就是附記了他的兩個夢——

> 十九年十二月某日夢，大約七八歲，不知因何事不惬意而大哭，大人都不理，因思如哭得更属害當必有人理我，乃益大聲哭，則驚醒也。

> 十二月十九日夢，行路見一丐裸體而長一尾如狗，隨行強乞，甚厭之，叱之不去，乃呼警察而無應者，有尾之乞則大聲代叫警察，不覺大狼狽而醒。

在另一封信中周還把一首夢中所得談禪抒懷的詩寄給廢名。在那個動蕩的年代，這些信實在是痴人說夢，它們完全與普通的尺牘不同，是幾個到文學裏避難的同好之間的慰藉。他的一封給俞平伯的信可略見心迹：「世事愈惡，愈寫不進文中去（或反而走往閒適一路），於今頗覺舊詩人作中少見亂離之迹亦是難怪也。」〔註18〕這些短信寫作態度並不像一般書札那樣隨便，俞平伯、廢名都曾把周氏的尺牘裝裱成冊，請他題詞，既然受信人如此推重、把玩，那麼寫信人自然不會倉促濡毫了。

這些信看似枯淡，其實外枯中膏，情眞語摯。作者有著一顆敏感的心，看春日花葉尚未盛而有寂寥之感，清明時節因聞風片不見雨絲而覺得有些掃興，因秋涼而感歎時間的流逝。對朋友的愛意也常常溢於言表。1930 年 10 月 17 日致俞平伯的信是爲寄俞囑書的楹聯而寫的，謙虛了幾句後，括號說明：「晚間所寫，恐墨太淡。」尋常八字，在有意無意之間，辭約意豐，眞摯感人。然而一切都是淡淡的，如秋日的陽光，和暖而不熱烈。以文體之美來說，這些尺牘是達到現代文學尺牘的美的極致的。

〔註16〕收入《夜航集》，上海：上海良友圖書印刷公司 1935 年 3 月。
〔註17〕《夜航集・〈周作人書信〉》。
〔註18〕1933 年 2 月 25 日致俞平伯信，收入《周作人書信》。

　　周作人 1949 年後的尺牘發表的主要是致曹聚仁、鮑耀明的，從《周曹通信集》所分的「論辨駁斥」、「求援請助」、「請託轉達」、「查詢問答」、「訴述狀況」、「懷念感謝」六類，可略知這些信的內容。其中最多的是向港友求援，購食購物。周信頻繁地談到自己的生活和著作，這對於周作人研究是非常重要的。集中反映周解放後思想的，除了他的尚未出版的日記外，我以為主要就是這些給海外友人的信了。又多談及現代文學的情況，因為他是中國現代文學最重要的參加者之一，故許多地方具有第一手材料的價值。

　　有兩方面的內容特別引人注目，一是反映他自己思想及對敵偽時期附逆行為的辯解，另一個是對魯迅的談論。

　　新中國成立後，周作人雖然在有的場合稱讚過毛澤東和共產黨，但信中反映出來的他的基本立場還是自由主義的，只是更曲折、更隱晦而已。他諷刺說郭沫若的八股工夫好，傳播極少數人罵郭沫若、老舍的話，原因不過是他們與現實政治趨同。過去他曾寫信給胡適，勸他不要在上海談政治，回北平當大學教授做學問，後來在致鮑耀明信中評價胡適時仍以其喜談政治為非。

　　抗戰爆發後，北大南遷，周作人則留住北平，後來終於附逆下水。解放後這個問題是關注周作人的人注意的一個焦點。周作人於 1937 年 8、9 月致陶亢德的幾封信就以家庭「繫累太重」為由解釋自己留在北平的原因，1949年後，在《知堂回想錄》中，在給曹聚仁、鮑耀明和徐訏的信中，他反覆強調這一點。尤以《致徐訏書》〔註 19〕的解釋最為詳細：「我的家庭那時有我夫婦、及子女各一，女已出嫁，丈夫在西安，所以她住在我家，帶著兩個兒子。我兄弟的棄妻（指周建人的前妻羽太芳子——引者），就是我的妻妹，有二子一女，也住在我處，過著共同生活，此外我的母親同了魯迅前妻雖然住在別處，也要我照看，這樣說來，就是這不算在內，已經連我有十個人了。我也知道頂好是單身跑到西南去，但是撇下九個人沒有辦法，所以只好在北平『苦住』了。」接著他又說：「以上這些『說明』實在沒有什麼說服的力量，當作辯解，結果無非證明我意思〔志〕薄弱、沒有撇掉家族，犧牲別人，救出自己的毅力而已。」這就混淆了「家族」與民族的輕重，為自己曲為辯解。據唐弢《關於周作人》〔註 20〕一文的回憶，周作人當時對母親和魯迅前妻朱安的照顧是微乎其微的。

〔註 19〕1968 年 1 月香港《筆端》第 1 期。
〔註 20〕《魯迅研究動態》1987 年第 5 期。

　　至於出任僞教育總署督辦，周作人說：「關於督辦事，既非脅迫，亦非自動，（後來確有費氣力去自己運動的人）當然是由日方發動，經過考慮就答應了。因爲自己相信比較可靠，對於教育可以比別個人出來，少一點反動的行爲也。」〔註 21〕比別人出來少一點反動行爲也是事實，他只是爲了自我保存才下水的，還要考慮到以後的退路，所以他不會替日本人賣命，問題是他快把自己裝扮成現代蘇武了。

　　對於 1939 年元旦的遇刺事件，長期以來有幾種不同的說法。周作人自己咬定是日本軍部幹的，理由是他於 1938 年 5 月接受了美國人辦的教會學校燕京大學客座教授的聘書，以此可以回絕一切別的學校邀請，因而觸怒了日本人。鮑耀明曾致周作人信，告訴他一個署名 Loo Pin-fei（盧品飛）的中國學生自稱是刺殺周作人的三個青年之一。周作人在回信中對此說加以否定。〔註 22〕

　　周作人和魯迅 1923 年 7 月因家庭的矛盾兄弟失和，以後走上了不同的道路。周作人雖然寫了不少回憶魯迅的文章，提供了很多珍貴的史料，但也多攻擊的言論。魯迅生前，周作人就攻擊他的左傾和出版《兩地書》，1933 年 3 月 4 日致江紹原的信說〔註 23〕：「即如『魯』公之高升爲普羅首領，近又聞將刊行情書集，則幾乎喪失理性矣。」他在其他場合也說過不少不利於魯迅的話。在致曹、鮑的信中，他對魯迅的性格和言論進行了攻擊。他說魯迅性格有戲劇性的一面，言行也常有做作。1925 年初，魯迅應《京報副刊》的徵求發表《青年必讀書》一文，要青年人「少──或者竟不──看中國書」，顯然他不是反對一般意義上的讀中國書，而是以極端的方式告誡青年人警惕包含了種種封建毒素、勢力強固的傳統文化意識，表現出對這種文化意識的徹底反叛。這是魯迅獨特的戰鬥方式，其本身就構成了與封建文化決不妥協的對立。而周作人在 1966 年 2 月 19 日致鮑耀明的信中卻寫道：「『必讀書』的魯迅答案實乃他的『高調』──不必讀書──之一，說得不好聽一點，他好立異唱高，故意的與別人拗一調。他另外有給朋友的兒子開的書目，確是十分簡要的。」〔註 24〕

〔註 21〕1964 年 7 月 1 日致鮑耀明信。

〔註 22〕參閱本書第 66 頁。

〔註 23〕收入《周作人早年佚簡箋注》。

〔註 24〕魯迅爲許壽裳的長子許世瑛開書目，事可見許壽裳《亡友魯迅印象記》，北京：人民文學出版社 1953 年 6 月，92～93 頁。

相反，魯迅在兄弟失和之後，一直惦念著周作人，關心他的道路，對他既有深刻的理解，又有婉轉、善意的批評。尤其是周建人於魯迅逝世後不久在致周作人的信〔註25〕中所記魯迅病中關於周作人的話，手足之情感人至深：「……說到救國宣言這一類事情，謂連錢玄同、顧頡剛一班人都具名，而找不到你的名字，他的意見，以為遇到此等重大題目，亦不可過於退後云云。」「有一回說及你曾送×××（指李大釗──引者）之子赴日之事，他謂此時別人並不肯管，而你卻偓護他，可見是有同情的，但有些作者，批評過於苛刻，責難過甚，反使人陷於消極，他亦極不贊成此種過甚的責難云云。……總起來說，他離開北平之後，他對於你並沒有什麼壞的批評。」

在新中國，魯迅受到了極高的尊崇，對此周作人特別不滿。在 1958 年 5 月 20 日致曹聚仁的信中，他說：「死後隨人擺佈，說是紀念其實有些實是戲弄，我從照片上看見上海的墳頭所設塑像，那實在可以算作最大侮弄，高坐在椅上的人豈非即是頭戴紙冠之形象乎？假使陳西瀅輩畫這樣的一張相，作為諷刺，也很適當了。」在致鮑耀明的信中，周作人也說過類似的話。

他在同一封致曹聚仁的信中還寫道：「但是新青年的隨感錄中多有魯迅的名字（唐俟），其實卻是我做的，如尊者（指曹著《魯迅評傳》──引者）二一二頁所引，引用 Le Bon 一節乃是隨感錄三十八中的一段，全文是我所寫的。……我曾經說明『熱風』裏有我文混雜，後聞許廣平大為不悅，其實毫無權力問題，但求實在而已。她對於我似有偏見，這我也知道，向來她對我以師生之禮（通信），也並無什麼衝突過，但是內人以同性關係偏袒朱夫人，對她常有不敬的話，而婦人恒情當然最忌諱這種名稱，不免遷怒，但是我只取『不辯解』態度，隨她去便了。」這裏引出了他與許廣平的矛盾。1962 年 5 月 4 日致鮑耀明信云：「那篇批評許××的文章，不知見於什麼報，所說大抵是公平的。實在我沒有什麼得罪她的事情，只因內人好直言，而且幫助朱夫人，有些話是做第二夫人的人所不愛聽的。女人們的記仇恨也特別長久，所以得機會來發泄是無怪的。」他的措辭，像什麼「婦人恒情」，「第二夫人」，「女人們的記仇恨也特別長久」，就違背了他過去表述過的明達的婦女觀了。

他的解釋只是一面之詞，他也並沒有那麼超然。他對魯迅和周建人的再娶一直是持反對態度的。1937 年春節，周建人携王蘊如自滬北上省親，周作人一

〔註25〕1936 年 10 月 25 日致周作人，《魯迅研究資料》第 12 輯，天津：天津人民出版社 1983 年 5 月。

家對他們特別不好，周建人與羽太芳子所生的兒子豐二更是怒目以視。2 月 9 日周作人致信周建人，批評他遺棄羽太芳子，指責他娶王蘊如爲納妾：「王女士在你看的甚高，但別人自只能作妾看，你所說的自由戀愛只能應用於女子能獨立生活之社會裏，在中國倒還是上海男女工人掰姘頭勉強可以拉來相比，若在女子靠男子畜養的社會則仍是蓄妾，無論有什麼理論作根據。」許廣平見此信後曾把它抄錄了下來（抄件存北京魯迅博物館），其中的細節尚不清楚，但許廣平的態度是可以想見的。這可以從她和婆母魯瑞的通信中得到進一步的證明。魯瑞得知許廣平也有意北上，但鑒於王蘊如所受的委屈，於是在 1937 年 4 月 12 日信中勸她重新考慮來否。許廣平 4 月 14 日即回信：「暑間極願北上候安。如果有人不拿媳當人看待時，媳就拿出『害馬』皮氣來，絕不會象賢楨（即王蘊如──引者）的好脾氣的，所以什麼都不怕的。」〔註26〕

周作人說《新青年》「隨感錄」中以魯迅的筆名發表、後收入《熱風》中的文章有些是他寫的，舉了引用法國社會心理學家呂滂（Gustive Le Bon）觀點的隨感錄三十八中的一節爲例。這是可信的，呂滂著《民族進化的心理定律》和《群眾心理》對周作人的國民性觀點和對群眾的看法有相當大的影響，他在文章中也數次提到。承認這一點，對理解失和之前兄弟兩人的關係是重要的。

香港政治派別林立，周作人擔心言有不愼而授人以柄，措辭不免小心翼翼，有的地方甚至曲折隱晦。語句有時稍嫌粗疏，流露出倦怠、應付的情緒。老人晚景淒涼，心情的失意、落寞於字裏行間可見。

自然隨意，文字簡潔，辭約意豐，是周作人尺牘的總體特點。在《五老小簡》中他這樣稱讚東坡尺牘：「隨手寫來，並不做作，而文情俱盛，正到恰好處。」移來評價他自己的尺牘，也是很合適的。

周作人在現代書信方面的貢獻是首屈一指的，他的書信確立了中國現代文學書信的風範，增添了他散文創作的豐富性，烘托了他作爲現代一流散文家的地位。然而，研究者在談論周作人的書牘文時，很少有人顧及到其「書信體」的特徵，他的那些精緻的尺牘也還沒有被納入現代散文研究的視野。希望能引起對這個問題的重視。

（附記：文中未注明出處的書信可參閱拙編《知堂書信》，北京：華夏出版社 1995 年 1 月。）

〔註26〕魯瑞和許廣平的信見《許廣平往來書信選》，載《魯迅研究資料》第 16 輯，天津：天津人民出版社 1987 年 1 月。

附錄：中國大陸周作人研究的十一部著作

　　中國大陸的周作人研究從 1980 年開始重新起步，迄今已走過了三十年的風風雨雨。三十年來，周作人研究在非議聲中全面展開，研究對象的豐富性與複雜性得以富有深度的展示，周氏著譯文集的出版漸趨完備，人們曾有的對於周氏的單一、刻板的印象已經或者正在發生改變。截至 2010 年 9 月，共出版了周作人研究著作四十部，包括數部普及性讀物和兩部譯著，這是周作人研究成就的集中體現；其中又大致可以十一部為代表。

　　1986 年 4 月，李景彬出版了他的《周作人評析》（陝西人民出版社），這是中國大陸新時期周作人研究的第一本論著。作為新時期周作人研究最早的開拓者，李景彬 1980 年就發表了周作人研究的最早的論文《評周作人在文學革命中的主張》、《論魯迅與周作人所走的不同道路》〔註1〕。《周作人評析》以周作人的人生經歷和思想變化為主線，把他的一生分為六個階段進行全面的評析。他積極肯定周作人作為文藝理論家、批評家、散文家和翻譯家的歷史貢獻，初步擺脫了「左」的拘囿。如評價周氏在五四時期的散文創作：「在新文學運動最初的十年中，周作人為開創現代散文進行了多方面卓有成效的嘗試，特別是以他那一幟獨樹的小品文著稱於世，其聲譽和影響不下於乃兄魯迅。」這樣的論點在當時頗有膽識。作者把周作人的文學思想和散文創作置放於基於政治革命而選擇的不同人生道路中去理解。這從目錄體例上可以看得很清楚，全書六個部分對應六個人生階段，各部分的第一節依次為：「紳士階級的『浪子』」、「『五四』

〔註 1〕分別載《新文學論叢》1980 年第 3 期、《文學評論》1980 第 5 期。

時期的『浮躁淩厲』」、「『五四』以後的動搖」、「白色恐怖下的隱逸」、「日僞統
治下的沉淪」、「解放後的新生」，這樣定下帶有政治性的基調後，再論其文藝思
想、小品文創作和包括翻譯等工作在內的「雜學」。如在談「『五四』以後的動
搖」後，談「文藝思想的貧困」，再談「小品文的繁榮」，再談「『雜學』種種」；
在談「白色恐怖下的隱逸」後，談「『文學店』關門」，再談「小品文的危機」，
再談「『雜學』種種」。當時在中國現代文學研究中流行的政治革命的理論框架
支撐了作者的歷史敘述，同時也限制了他的學術成就，他的大量鮮活的閱讀和
研究體驗被束縛於其中。書中完整地勾畫出了周作人的形象，只是還有些像「霧
裏看花」。然而，在思想界的生機萌動不久，李景彬以文學史家的眼光給予帶有
歷史污點的周作人以充分的注意，以較客觀的態度，在較全面地佔有材料的基
礎上進行論述，這是十分難能可貴的。

　　1985 年 9 月問世的《周作人年譜》（南開大學出版社）是新時期以來周作
人研究的一項重大的基礎工程，給周作人的研究者和關注周作人的人提供了
很大的便利。該書由張菊香主編，張菊香、張鐵榮合著。作者以尊重歷史的
態度，審慎選用有關周作人的資料，準確、全面地呈現出譜主一生的經歷。
譜主的生平事迹及其著譯、校訂的古籍、校閱的譯文，均加記錄。書信、日
記等適當選用。周氏的全部著譯，能夠搜集到的，一律編入。對於他的著作，
可以說明其政治見解、思想狀況和文學觀念的，多作概要的介紹。然而由於
當時條件所限，該版還存在著不少問題。1990 年代末，兩個作者充分吸收新
近的研究成果，對原書進行了較大幅度的修改、增訂，於 2000 年 4 月由天津
人民出版社出版增訂本。新版字數多了近十三萬字，添入了新的材料，較爲
突出的如加強了傳主與新村關係的記述，增加了關於 1939 年元旦遇刺事件的
材料，充實了周 1949 年以後的生活、交往和寫作方面的內容。補記了佚文，
訂正了一些疏失。作者態度謹嚴，用功甚勤，但仍存在一些疏漏乃至錯訛。
明顯的如把初版《雨天的書》的新潮社誤記爲北新書局，把初版《過去的工
作》的香港新地出版社誤記爲澳門大地出版社等。

　　進入 1990 年代初以來，坊間已有十部周作人傳記，其中包括兩部周氏三
兄弟合傳。這些傳記互爭短長，但若論學術價值之高，當首推倪墨炎的《苦
雨齋主人周作人》、錢理群的《周作人傳》與止菴的《周作人傳》。周作人的
外在生活相當平淡，真正值得一寫的是他的精神傳記，因此三個作者都採用
了評傳的形式。

倪墨炎著《中國的叛徒與隱士：周作人》由上海文藝出版社 1990 年 7 月初版，該社 2003 年 8 月梓行修訂本，易名爲《苦雨齋主人周作人》。修訂本四十二萬字，比《中國的叛徒與隱士：周作人》增加了七萬字，仍保持初版本的基本格局、基本觀點和文字。該傳與《知堂回想錄》近似，以短章節結構全書，以傳爲主，評從傳出，注意可讀性、趣味性。在充分佔有材料的基礎上，以辯證求實的態度評價周作人的一生。他不迴避重要、複雜的問題，總是從實際出發，盡量作出自己的解釋。在評述過程中闡明傳主與當時歷史背景的聯繫，顯示了作者對資料學方面的深厚功底。同時我們也看到，作者與傳主的精神世界之間存在一定程度上的疏離。如他認爲 30 年代以後，周作人的散文越來越多的是讀了令人生厭的「掉書袋式的文字」，並且認爲它們比不上其解放後的散文，恐怕很值得商榷。

錢理群的《周作人傳》〔註2〕在周作人傳記中影響最大，北京十月文藝出版社 1990 年 9 月初版。2005 年 1 月第二版第八次印刷，總印數已達 35380 冊。此書最突出的特點，在於其中凝聚了作者對 20 世紀中國知識分子道路的思考，強調了周作人這一類知識分子的思想和人生道路與時代的關係，作爲自由主義的價值和悲劇，與幾代知識分子的異同等，從而使這本評傳具備了厚重的思想品格。尤其是錢理群寫過大量的研究文章，把文章中的思想溶解在傳記中，大大增加了思想深度。錢著再一個可貴之處是他避免了一些成見的干擾。像「兄弟失和」事件正好爲人們的「褒魯貶周」提供一個機會，而錢理群沒有這樣做，他列舉了種種材料，儘管已有的材料都有利於魯迅，但在缺乏最實質材料的情況下並不強做結論，還提示人們不要以簡單的是非標準看待家庭矛盾。作者並非包庇周作人，在諸如附逆之類的事情上，他的敘述和審視又是冷峻的、批判的。錢著還有使用周作人未刊日記的便利，這使得他的敘述更加細緻，更接近傳主的生活和情感。

錢著之長在於其思想性，他和倪墨炎一樣對周作人的散文藝術的感受和分析不夠，這顯露出他們與知堂精神個性之間的「隔」。因爲散文的藝術、文體與作家的精神個性、思想不是二元的，布封說過文體即人。我之所以把作品的藝術和文體放在如此重要的位置上，是因爲傳主首先是一個作家，不管傳記突出傳主的哪一方面的特質，對其藝術世界的闡釋都應該是傳記的基本層面。

〔註 2〕 江蘇文藝出版社 2010 年 1 月版《周作人正傳》是《周作人傳》的簡寫本，篇幅不及後者的一半。

在多部周作人傳之中，止菴的《周作人傳》（山東畫報出版社 2009 年 1 月）是特別能貼近傳主精神氣質的一本。作者更注重周氏的思想脈絡及其表述過程。他對周作人的民族主義、人道主義、自由主義、婦女論與兒童論、「事功」論、美文觀以及文體的流變等都有細緻深入的梳理，並考察了其思想和行為的互動。該書較少採用研究者的不同觀點，而是以周氏自己的意見為主，如對 1939 年元旦遇刺事件的解釋、出任偽職與「事功」論的關係等。作者用周作人的「事功」論解釋他的附逆，試圖把「思想」與「行事」區別開來。對這樣重要問題的不同觀點會直接導致對周作人附逆時期一系列思想和行為的不同闡釋。過多地貼近傳主，有時容易造成認識上的盲區。也許這本傳記的優點不在於高談宏議，而在細部上更見用心和功夫。作者細讀文本，發掘文本的「微言大義」，交待周作人思想、學術和翻譯興趣、風格的流變過程。有些重要的話是包含在平常的文章裏的，止菴把它們發掘出來，仔細打磨，讓其發出亮光。他正是由這些堅實的所得，鋪設了一條通往周作人精神世界的道路，從而提升了周作人研究的水平。止菴《周作人傳》再一個優點是文體之雅，這裏有著一個深受周作人文體影響的散文家的底子。周作人盛年時期的文章多抄錄書籍，只用自己簡單的話連綴起來，成就了一種「抄書體」。《周作人傳》中也有大量的抄書成分在，「抄書」構成了其基本的敘述方式。不僅重要的話，就是那些對人生經歷的記述也都用了直接引語的方式。抄書雖然影響到閱讀的流暢，但確保了材料的原汁原味，封閉了「合理想像」或「合理虛構」的空間。止菴與周作人一樣，在「抄書」的背後，是有著自家堅實而完整的見解的。

這本傳記專注於「周作人」這個文本的內部──他的思想和表述方式──的評述，很少涉及特定的歷史語境，亦少介紹傳主的思想和文學資源，這樣做自有道理；可對周作人這樣的大家來說，他的成就與局限也許在與時代的互動中，在與前人的繼承和創新的關係中，在與同時代人的關聯和比較中，才會更清晰地呈現。

錢理群還出版了他的論文集《周作人論》（上海人民出版社 1991 年 8 月）〔註3〕。本書共分三編，第一編「『周作人道路』及其意義」，重點比較了周作人和魯迅的思想發展道路、人生哲學、文學觀；第二編「開拓者的足迹」，論

〔註 3〕2004 年 10 月中華書局重印，易名為《周作人研究二十一講》。重印本刪去了原書第一編「『周作人道路』及其意義」裏的三篇文章。

述周作人的貢獻，方面較廣，包括性心理研究、兒童文學、民俗學、散文藝術、文藝批評、翻譯理論與實踐等等，這是書中成績最大的一部分；第三編「周作人與同時代人」，採用評述的方式談了周作人與章太炎、蔡元培、李大釗、陳獨秀、胡適、錢玄同、劉半農、俞平伯、廢名，以及文學研究會、創造社、現代評論派、新月派、湖畔詩社成員之間的關係，涉及中國現代文學史和中國文化史上許多重要的問題。本書涉及的研究課題眾多，簡直是一部課題論綱，預示了周作人研究的基本格局。事實上，這些課題中的絕大多數後來都得到了充分的展開。《周作人論》中所收文章的寫作時間貫穿了 80 年代，從所顯示的觀念、方法以至文風來看，可看出一代中國現代文學史學者不斷自我超越的艱難跋涉的精神歷程。

舒蕪的論文集《周作人的是非功過》（人民文學出版社 1993 年 7 月）〔註4〕是周作人研究的扛鼎之作，也堪稱中國現代文學研究的一部經典。本書收錄了他發表過的十一篇論文，是對其五年間周作人研究工作的一個總結，有些文章作了較大的修改。書中第一篇是產生過廣泛影響的長篇論文《周作人概觀》〔註5〕，連載於 1986 年第四、五期的《中國社會科學》。他在這篇文章中指出，在五四新文學和新文化運動中，周作人在外國文學的翻譯介紹方面，在新的文學理論、文學批評的建設方面，在思想革命的號召和實行方面，在新詩的創作和理論探索方面，在小品散文的創作方面，「成就和貢獻都是第一流的，開創性的」，「別人無可代替的」，「將永遠成為中國新文學寶庫的一個極重要的部分」。文章還全面評述了他自「五四」以降一直到解放後的人生和文學道路。他說，之所以要研究周作人，是因為在他身上「有中國新文學史和新文化史的一半」，因為「魯迅的存在，也離不開他畢生和周作人的相依存相矛盾的關係」，因為「周作人的悲劇，則是和中國文化傳統、中國知識分子歷史性格有著甚深的聯繫」。對周作人研究意義的肯定其實也就是從另一角度對其自身地位的肯定。舒蕪文章的意義還在於，雖然全面介紹和評述了周作人，但它更重要的意義是探索了「解決好問題的態度、尺度和角度」。該文突破了政治革命的理論框架，突出了研究對象自身的主體地位。

《周作人的是非功過》是一部沉甸甸的大書，表現出了成熟的學術風格。在他的書中有兩個最值得稱道的特質：第一，與同時期的研究者相比，更充

〔註 4〕人民文學出版社 2010 年 4 月再版，遼寧教育出版社 2000 年 9 月出版增訂本。
〔註 5〕後由湖南人民出版社作為「駱駝叢書」之一於 1989 年 8 月出版單行本。

分地估價周作人在中國新文學史和新文化史上的貢獻，旗幟鮮明地追尋他身上的正面價值。在《女性的發現──周作人的婦女論》中，他肯定周作人「第一個比較全面地論述了新文化運動和婦女解放運動應有怎樣的婦女觀」，「周作人的全部婦女論，今天讀起來都還是新鮮的、有益的」。在《我思，故我在──周作人的自我論和寬容論》中，他批判地肯定了周作人的寬容論和他關於自我的憂患意識，強調知識分子的主觀、主體、自我的重要性。第二，立論大膽、新穎，富有啓發性、開創性。舉兩個例子：他在新時期較早肯定周作人作爲思想家的身份和價值。《周作人概觀》在發表時就點到周作人作爲思想家的存在，此文收入本書時，舒蕪作了補充：「他的各個方面的歷史功績，正因爲都具有文化思想上的意義，才高出當時的一般的水平，也才能夠成爲我們不該拒絕的遺產。『五四』以來的新文學作家很多，文學家而同時還是思想家的，大概只有魯迅和周作人兩個，儘管兩人的思想不相同，個人的思想前後也有變化，但是，他們對社會的影響主要是思想上的影響，則是一樣的。」再如，相當多的研究者鄙薄周作人後期文章，指爲才盡，指爲脫離現實，指爲寫不出作品只好大抄古書，作者不同意，他的《周作人概觀》在新時期最早對知堂後期散文予以肯定。《周作人的是非功過》已經產生了廣泛的影響，今後勢必會在研究工作中繼續發揮積極的作用。

我曾說，新時期以來的周作人研究要特別感謝兩個人，他們就是舒蕪和錢理群。如果一個後生小子肯定周作人，別人可以指責他妄說，沒有學問，不懂文章，但他總不好意思說舒蕪沒有學問、不懂文章吧。舒蕪的身上也有歷史的污點，有人說他是同情漢奸，是爲了自己辯解，但他總不能說錢理群同情漢奸爲自己辯解什麼吧。錢氏積極介入現實的文化鬥爭，走近周作人顯然不是因爲同氣相求。他是權威的文學史家，其言論自有分量。其實，從學術和思想的整體來看，舒蕪和錢理群的文化、文學觀念是主流的功利主義的，這種功利主義是對新文化、新文學主流的功利主義傳統的繼承，並非周作人一路的言志派。在他們的精神深處烙印著魯迅的印記。他們都是帶著自己對當代中國社會、文化的深刻體驗走近周作人的，他們以開放、包容的心態，在周作人那裏發現了長久被主流文化、文學所忽視的「異端」的價值，發現在新文學兩種主要文學傳統的代表者魯迅、周作人之間其實並非水火不容，而是可以互補的。主流依舊是主流，但可以因爲不拒涓流而更加寬廣浩大，奔流不息。

　　1980 年代的周作人研究的興奮焦點集中在周作人的思想和人生道路上，對他的散文藝術的研究則顯得不夠。劉緒源的《解讀周作人》（上海文藝出版社 1994 年 8 月）〔註6〕是第一部以周作人的散文爲研究對象的專著，作者受印象式的鑒賞批評的影響，很少使用專業術語，以學術小品式的批評文體寫出了他解讀周作人的獨特感受。我以爲這本書最突出的貢獻在於：一、大大彌補了以前對周氏散文藝術和文體研究的不足。作者提出了許多大膽、新穎而又令人信服的觀點，讓人感覺到他確實深入到了研究對象的藝術世界中去。他給予周作人的抄書之作比他前期散文更高的評價，通過實際的考察向我們表明，那些看起來黑壓壓一片的抄書之作其實也是曲盡其妙的。他進而說：「周作人更多的是在別人的書中尋找自己，借別人的書說自己的話，所以抄書也成了他『表現自我』的極好途徑。他的文章夾敘夾議的，有時候，所抄之書成了他文中『敘』的內容，與他的『議』天然地融成了一體。」周作人追求簡單、本色，但人們往往看重周較多地運用了技巧的文章，如早期鋒芒較露的雜文，或那些色彩比較鮮亮的小品。何以如此？作者的分析是精闢的：「只因爲它們更好評、更好看，更能讓人一下子讀出好處來。但事實上，知堂散文更精彩的部分，真正能代表他的最高藝術追求的，恰恰不是這一部分，而是那些更平淡樸素，一眼望去更找不到好處的本色文章。———旦你改變了過去的看慣漂亮衣服的閱讀目光，真正從這些沒有外在魅力的本色文章中發現了人的魅力，那麼，你就將獲得更爲深邃而久遠的審美享受。在散文藝術的天地裏，你也會有『一覽眾山小』的真切體驗。」二、把周作人與同時代風格相對接近的散文家林語堂、梁實秋、豐子愷等進行了比較研究，在比較中突出了周作人的特點和成就。這樣就拓展了周作人與中國現代散文史的聯繫，使人對周的散文有了立體化的認識。他通過比較顯示出對散文藝術的真知灼見。林語堂的幽默、閒適，梁實秋的談話風，豐子愷的文雅淡泊，都與知堂有相像之處，且易引起人們的誤解，作者都進行了認真的辨析。他總結道：「總之，周作人的『簡單味』並不簡單，在他的樸拙中總是包藏著豐腴，這是豐子愷所不具備的。他的『澀味』更其複雜，不僅爲豐子愷，也爲林語堂、梁實秋及許許多多同時代散文家所不具備。可以說，『澀味』與『簡單味』是苦雨齋散文藝術的兩個極重要的特徵。」

〔註 6〕上海書店出版社 2008 年 6 月增訂再版。

　　孫郁的《周作人和他的苦雨齋》（人民文學出版社 2003 年 7 月）梳理了現代文化史和文學史上的周作人傳統。書中包括學術小品七十篇，評點周作人與圍繞在他周圍的「苦雨齋」文人群體，其中有一半左右的篇幅寫了作為朋友的錢玄同、劉半農、川島、張鳳舉、徐祖正、沈尹默、沈士遠、沈兼士，以及學生輩的廢名、江紹原、俞平伯、沈啓無等。作者有感而發，時有精到的評驚。作者對周作人的世界體味甚深，但我認為該書更大的價值是對一個個曾進出過苦雨齋的文人具體而生動的勾勒。這一部分的內容以與周作人的交往為線索，評述了他們的生平、性情、文章、學問，記錄了往往為文學史研究所忽視的細節，在某種程度上還原了以苦雨齋為中心的文人風情，從而凸出了現代文化史和文學史上周作人傳統的存在。對此，作者有著明確的自覺：「由周作人出發，上溯歷史，尋找中國文人的另一條精神脉絡，對我而言是個誘惑。他與自己的友人和學生形成的文化沙龍，對今人都無不具有文化史的意義。」在書中最後一篇文章《苦雨齋餘影》〔註7〕中，他又進一步勘查了當代文學中的「周作人傳統」，提及 1980 年代以前的俞平伯、黃裳、唐弢、錢鍾書、孫犁，以後的鄧雲鄉、張中行、舒蕪、止菴、揚之水、谷林、劉緒源、李長聲、陳平原諸人。雖然其中所論個別人與周作人的關係或可商榷，但大體上指出了當代文學中周作人傳統的脉絡。追尋周作人傳統對周作人研究的重大意義在於開示了一個有待於拓展和深化的方面。其中包涵了作者對中國文化的憂思，他說：「周作人、廢名、張中行諸人在學術中超功利的人文態度，我以為是一筆寶貴的財富。孔子以降，中國文人掉入功利之坑，凡事以『有用』為目的，漠視了靈魂問題和人生超俗的境界問題。即便像魯迅、胡適的傳統，走向極致的結果，依然還在功利主義的老路上。四年前我就說，周氏傳統，是對魯迅模式的一種補充，今天想想，態度依然不變。我以為當下的知識分子寫作，應該注意到這種互補。」

　　進入新世紀，周作人研究吸引了更多年輕的研究者加入，哈迎飛、張先飛等是其中的後起之秀。他們的研究成績均表現在對周作人思想研究的拓展與深化上。哈迎飛的《半是儒家半釋家──周作人思想研究》（人民文學出版社 2007 年 8 月），內容豐富，論析深入，是周作人思想研究的一大收穫。該書以周氏的儒家思想研究為核心，從宗教問題入手，抓住其作為啓蒙思想家

〔註 7〕 該文曾以《當代文學中的周作人傳統》為題刊載於《當代作家評論》2001 年第 4 期。

的三個基本特質：人道主義、自由主義和科學主義，探討了他與儒家文化、儒家思想、佛教文化、基督教文化，以及日本文化、希臘文化的多層關係，特別是與一些異端思想家的聯繫，深入論析了周作人作為一個啓蒙思想家的獨異性、深刻性與價值。其中一個突出的貢獻是全面論析了佛家對周作人的影響。哈迎飛通過實際的勘查，得出以下結論：「佛教的『種業論』、『苦空觀』、『中道觀』、禪宗『不立文字』的語言觀以及印度佛教文學的明智通達對周作人的影響是驚人的，尤其是原始佛教反本體的『苦空觀』和中觀思想對他的人生觀、宗教觀及中庸思想的影響，不從佛教這一角度來解讀，是很難深入其堂奧的。在某種意義上，周作人思想的複雜與深刻亦與此相關。」以前雖有周作人思想研究的論著，但往往納入一個現成的觀念框架，本書採取「回到周作人那裏去」的態度，首先承認「周作人」是一個獨立的世界。正是研究態度的進步，本書能夠深度地擺脫成見的束縛，於是在一些被忽視、被貶抑的地方見出了思想的閃光。這本厚重之作的一個不足是，各個論題之間的邏輯聯繫不夠緊密，有的地方顯得有些枝蔓，還沒有能夠立體地凸顯出周作人思想的輪廓和脈絡，並給予更高的理論概括。這也是周作人研究有待提高的地方。

張先飛《「人」的發現——「五四」文學現代人道主義思潮源流》（人民出版社 2009 年 12 月）通過大量翔實的材料，以周作人「人的發現」為中心的新文學現代人道主義觀的理論源流，並梳理了它在「五四」前後文化思想界和社會改造實踐中的延展。作者之所以特別強調「現代人道主義」，是基於以下的考量：大多數研究者有著一種普遍的、常識性的認識，即把新文學中的人道主義觀念等同於 19 世紀中期以前的各種人道主義觀念，比如文藝復興、啓蒙運動、資產階級革命、19 世紀空想社會主義等時期的人道觀。而在本書作者看來，新文學的現代人道主義觀雖與西方其他時期的人道主義觀念有著千絲萬縷的聯繫，但它具有自己獨特的思想資源，發生、發展的特定時代精神背景，以及特有的理論、思潮發展脈絡。這正是作者「現代人道主義」命名的理論意義之所在。本書掘發出了周氏人道主義思想的新質，而人道主義是周作人的基本思想，對此問題的清理夯實了這個基礎工程。作者讓我們看到了周氏「人學」觀念源遠流長的知識譜系和新質，豐富和深化了對問題的理解。如已有的研究早就指出了周氏靈肉一元的人性論與厨川白村的關係，作者更多地追溯到率先明確指出西方文化中「二希」精神的英國文化批

評家阿諾德，甚至更早的海涅等。考察這一理論在「五四」中國的流佈，指出長期以來人們誤把廚川白村的靈肉合一觀當作靈肉一元觀對待，進而指出現代靈肉一元觀有著自己獨立的觀念系統和知識譜系。它是近代以來靈肉一元思考的發展，這一思考的「先知」是布萊克。明確這一層後，作者再從觀念建構、理論框架與理論的內在矛盾三個方面對周作人的現代「靈肉一元觀」進行剖析，肯定他對「人學」的重大理論創新。本書大部分篇幅用於追溯新文學人道主義觀的理論源流，而對其在「五四」歷史語境和周作人的思想語境中的實際狀態缺乏較為完整的勾勒，也沒有照應周氏在「五四」前後思想的流變，論及的別的「五四」人物則嫌量少且浮光掠影。

舒蕪說中國新文學史有周作人的一半，這個論斷後來不斷受到詬病。他的意思是說，到了 1930 年代，周作人與魯迅成為新文學兩種主要傳統的代表者。其實早在周氏淪為階下囚的 1946 年，鄭振鐸就說過類似的話：「假如我們說，五四以來的中國文學有什麼成就，無疑的，我們應該說，魯迅先生和他是兩個顛撲不破的巨石重鎮；沒有了他們，新文學史上便要黯然失光。」〔註8〕上述十一部著作，甚至新時期以來的周作人研究的所有成果，——也包括那些批評的文章，在某種意義上都可以視為對舒蕪和鄭振鐸觀點的注解。周作人研究成果已受到文學界、文化界的廣泛關注，「周作人」的經驗正在成為中國現代文學史的主要經驗之一。也許周作人夠不上「一半」，頂多只能算是「一小半」，因為這是「異端」，是非主流，但這「一小半」卻舉足輕重。沒有這一部分，中國現代文學是不完整的，是單調的，整個中國文學史的歷史延續就會出現殘缺。以周作人傳統作為參照，我們可以很好地認識到主流功利主義文學的利弊得失。我相信，過了若干個世紀以後，周作人和魯迅等屈指可數的幾個新文學作家會和歷朝歷代的代表作家一樣，成為「現代」這一段的「地標」。你可以不喜歡周作人，甚至厭惡他，但是你無法忽視這個巨大的歷史存在。

〔註 8〕鄭振鐸：《惜周作人》，1946 年 1 月 12 日《周報》第 19 期。

參考書目

1. 〔日〕厨川白村著、樊從予譯：《文藝思潮論》，上海：商務印書館 1924年。

2. 〔日〕武者小路實篤著，毛咏棠、李宗武譯：《人的生活》，上海：中華書局 1932 年 8 月 10 版。

3. 〔法〕賴朋（呂滂）著、張公表譯：《民族進化的心理定律》，上海：商務印書館 1935 年 4 月。

4. 〔美〕Theodore W. Hunt 著、傅東華譯：《文學概論》，上海：商務印書館 1935 年 12 月。

5. 〔英〕約翰·密爾著、程崇華譯：《論自由》，北京：商務印書館 1959 年 3 月。

6. 〔美〕布龍菲爾德著，袁家驊、趙世開、甘世福譯：《語言論》，北京：商務印書館 1980 年 4 月。

7. 〔德〕路德維希·費爾巴哈著、榮震華譯《費爾巴哈哲學著作選集》，北京：商務印書館 1984 年 1 月新 1 版。

8. 李澤厚：《中國古代思想史論》，北京：人民出版社 1986 年 3 月。

9. 伍蠡甫、胡經之主編：《西方文藝理論名著選編》，北京：北京大學出版社 1986 年 8 月。

10. 〔英〕藹理斯著、潘光旦譯：《性心理學》，北京：生活·讀書·新知三聯書店 1987 年 7 月。

11. 〔英〕卡萊爾著，張峰、呂霞譯：《英雄和英雄崇拜——卡萊爾講演集》，上海：上海三聯書店 1988 年 3 月。

12. 〔美〕約翰·羅爾斯著、何懷宏等譯：《正義論》，北京：中國社會科學出版社 1988 年 3 月。

13. 童慶炳：《文體與文體的創造》，昆明：雲南人民出版社 1994 年 5 月。

14.〔美〕亞瑟・亨・史密斯著、張夢陽、王麗娟譯：《中國人氣質》，蘭州：敦煌文藝出版社 1995 年 9 月。

15.〔美〕韋勒克著、楊自伍譯：《近代文學批評史》4 卷，上海：上海譯文出版社 1997 年 7 月。

16.〔丹麥〕勃蘭兌斯著、張道眞等譯：《十九世紀文學主流》，北京：人民文學出版社 1997 年 10 月。

17. 陳望道：《修辭學發凡》，上海：上海教育出版社 1997 年 12 月新 2 版。

18.〔法〕加繆著、杜小眞譯：《西西弗的神話》，北京：生活・讀書・新知三聯書店 1998 年 10 月 2 版。

19. 李強：《自由主義》，北京：中國社會科學出版社 1998 年 11 月。

20. 魯迅博物館等編：《回憶魯迅》，《魯迅回憶錄（專著)》，北京：北京出版社 1999 年 1 月。

21.〔美〕馬泰・卡林內斯庫著、顧愛彬、李瑞華譯：《現代性的五副面孔》，北京：商務印書館 2002 年 5 月。

22. 閆潤魚：《自由主義與近代中國》，北京：新星出版社 2007 年 5 月。

23.〔清〕李圭：《思痛記》，光緒六年師一齋刻本。

24. 胡適：《胡適文存二集》，上海：亞東圖書館 1924 年 11 月。

25. 沈啓無編：《近代散文抄》（上、下冊），北平：北平人文書店 1932 年 9 月、12 月。

26.〔明〕袁宏道著、劉大杰校編：《袁中郎全集》，上海：時代圖書公司 1934 年 9～12 月。

27. 劉大杰編：《明人小品集》，上海：北新書局 1934 年 9 月。

28. 陶明志編：《周作人論》，上海：北新書局 1934 年 12 月。

29. 阿英：《夜航集》，上海：上海良友圖書印刷公司 1935 年 3 月。

30. 施蟄存編：《晚明二十家小品》，上海：光明書局 1935 年 4 月。

31. 王英（阿英）編：《晚明小品文庫》，上海：大江書店 1936 年 7 月。

32. 梁啓超：《新民說》，《飲冰室文集・專集》第 3 冊，上海：中華書局 1936 年。

33. 蔡元培：《中國的新文學運動》，《中國新文學大系導論集》，上海：上海良友圖書印刷公司 1940 年 10 月。

34. 黃裳：《錦帆集外》，上海：文化生活出版社 1948 年 4 月。

35. 許壽裳：《我所認識的魯迅》，北京：人民文學出版社 1952 年 8 月 2 版。

36. 許壽裳：《亡友魯迅印象記》，北京：人民文學出版社 1953 年 6 月。

37. 張枬、王忍之編：《辛亥革命前十年間時論選集》2 卷，北京：生活・讀書・新知三聯書店 1963 年 1 月。

38. 夏志清：《人的文學》，臺北：純文學出版社 1977 年 1 月。

39. 章炳麟著、湯志鈞編：《章太炎政論選集》，北京：中華書局 1977 年 11 月。

40. 上海圖書館編：《中國近代現代叢書目錄》，1980 年 9 月第 2 次印刷。

41. 魯迅：《魯迅全集》，北京：人民文學出版社 1981 年。

42. 〔日〕北岡正子：《摩羅詩力說材源考》，何乃英譯，北京：北京師範大學出版社 1983 年 5 月。

43. 張菊香主編：《周作人年譜》，天津：南開大學出版社 1985 年 9 月；天津：天津人民出版社 2000 年 4 月增訂本，改署「張菊香、張鐵榮編著」。

44. 李景彬《周作人評析》，西安：陝西人民出版社 1986 年 4 月。

45. 周錫山編校：《王國維文學美學論著集》，太原：北嶽文藝出版社 1987 年 4 月。

46. 〔日〕伊藤虎丸等編《日本學者研究中國現代文學論文選粹》，長春：吉林大學出版社 1987 年 7 月。

47. 朱光潛：《朱光潛全集》第 3 卷，合肥：安徽教育出版社 1987 年 8 月。

48. 張菊香、張鐵榮編：《周作人研究資料》，天津：天津人民出版社 1988 年 11 月。

49. 舒蕪：《周作人概觀》，長沙：湖南人民出版社 1989 年 8 月。

50. 賈植芳主編：《中國現代文學的主潮》，上海：復旦大學出版社 1990 年 2 月。

51. 倪墨炎：《中國的叛徒與隱士：周作人》，上海：文藝出版社 1990 年 7 月初版；該社 2003 年 8 月印行修訂本，易名爲《苦雨齋主人周作人》。

52. 張中行：《負暄續話》，哈爾濱：黑龍江人民出版社 1990 年 7 月。

53. 阿英：《現代十六家小品》，天津：天津市古籍出版社 1990 年 8 月。

54. 錢理群的《周作人傳》，北京：十月文藝出版社 1990 年 9 月。

55. 程麻：《溝通與更新——魯迅與日本文學關係發微》，北京：中國社會科學出版社 1990 年。

56. 錢理群：《周作人論》，上海：上海人民出版社 1991 年 8 月。

57. 郁達夫：《郁達夫全集》第 6 卷，杭州：浙江文藝出版社 1992 年 12 月。

58. 舒蕪：《周作人的是非功過》，北京：人民文學出版社 1993 年 6 月。

59. 羅鋼：《歷史匯流中的抉擇——中國現代文藝思想家與西方文學理論》，北京：中國社會科學出版社 1993 年 6 月。

60. 林語堂:《我的話·上冊——行素集》,《我的話·下冊——披荊集》,石家莊:河北教育出版社 1994 年 5 月。

61. 劉緒源:《解讀周作人》,上海:上海文藝出版社 1994 年 8 月。

62. 錢鍾書:《七綴集》,上海:上海古籍出版社 1994 年 8 月 2 版。

63. 何德功:《中日啓蒙文學論》,北京:東方出版社 1995 年 1 月。

64. 梁啓超:《清代學術概論》,北京:東方出版社 1996 年 3 月。

65. 施蟄存:《施蟄存七十年文選》,上海:上海文藝出版社 1996 年 4 月。

66. 曹聚仁:《文壇五十年》,上海:東方出版中心 1997 年 6 月。

67. 鄭師渠:《晚清國粹派——文化思想研究》,北京:北京師範大學出版社 1997 年 11 月。

68. 陳平原:《中國現代學術之建立》,北京:北京大學出版社 1998 年 2 月。

69. 吳承學、李光摩編:《晚明文學思潮研究》,武漢:湖北教育出版社 2002 年 10 月。

70. 孫郁:《周作人和他的苦雨齋》,北京:人民文學出版社 2003 年 7 月。

71. 阿英:《阿英全集》4 卷,合肥:安徽教育出版社 2003 年 7 月。

72. 南京市檔案館編:《審訊汪僞漢奸筆錄》,南京:鳳凰出版社 2004 年 4 月。

73. 哈迎飛:《半是儒家半釋家——周作人思想研究》,北京:人民文學出版社 2007 年 8 月。

74. 〔明〕袁宏道著、錢伯城箋校:《袁宏道集箋校》,上海:上海古籍出版社 2008 年 4 月 2 版。

75. 止菴:《周作人傳》,濟南:山東畫報出版社 2009 年 1 月。

76. 張先飛:《「人」的發現——「五四」文學現代人道主義思潮源流》,北京:人民出版社 2009 年 12 月。